살아 있는 공포
아프리카의 폭군들

살아 있는 공포

류광철 지음

아프리카의 폭군들

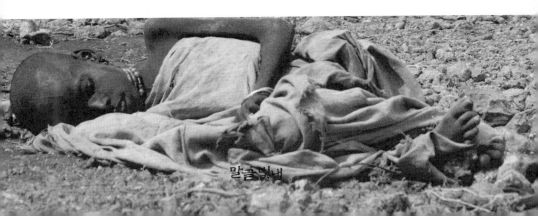

말글빛냄

차 례

들어가면서

아프리카에도 넬슨 만델라, 줄리어스 니에레레, 셍고르 등 시대를 앞서가는 탁월한 지도자들이 나왔다. 그러나 그 숫자는 많지 않다. 아프리카 국가들이 독립을 시작한 1960년대부터 지도자들이 많이 등장했으나 불행하게도 진정한 지도자는 찾아보기 어려웠고 많은 지도자들이 독재의 길을 택했다. 무지, 편견, 오만, 독선과 탐욕 등 부정적인 단어들로 무장한 절대 권력자들은 막강한 힘을 이용해 부를 축적하고 영구 집권을 꾀했다. 새천년을 맞이하면서 이러한 풍조는 크게 쇠퇴하고 선거를 통해 정권이 교체되는 순리가 점차 자리를 잡아가고 있지만 아직도 일부에서는 영구 집권을 꾀하는 독재자들이 존재하는 것이 아프리카의 현실이다. 아프리카 정치가 굳이 롤 모델을 서방에서 찾을 필요는 없다. 오히려 개도국에서 그러한 예를 찾는 것이 아프리카의 발전을 위해서는 더 현실적일 것이다. 저개발, 저소득, 낮은 교육과 보건, 빈곤과 궁핍 속에서 신음하던 국가와 국민을 희망과 꿈이 있는 새로운 세계로 이끈 마술사와도 같은 지도자들이 나왔기 때문이다.

지도자의 역할은 아무리 강조해도 지나침이 없다. 세계 5대양 6대주에서 가장 뒤처져있는 아프리카로서는 특히 훌륭한 지도자의 출현이 절실한 바람이다. 아프리카의 잠재력을 현실화시킬 수 있는 뛰어난 지도자들이 대륙을 이끌어갈 때 아프리카의 잠재적인 저력이 빛을 발하게 될 것이다. 아프리카의 독재자들과 극한적으로 대비되는 인물이 개도국에서 여럿 나왔지만 특히 세 명의 지도자들이 아프리카의 미래를 위해 참조할 만하다. 이들은 각각 자신의 조국인 싱가포르, 중국, 터키의 어려운 상황을 극복하고 밝은 미래로 나갈 수 있는 터전을 닦은 인물들이다. 이들은 각자 달랐으나 공통점이 있다. 청렴하고 사심이 없었으며 뛰어난 혜안과 판단력을 지녔다. 개혁 지향적이고 행동파였으며 문제 해결 능력이 탁월했다는 점에서도 공통점을 가지고 있다. 현재의 아프리카에는 이러한 지도자들이 필요하다.

헨리 키신저는 리콴유(李光耀 Lee Kuan Yew)를 극찬했다. "시대가 인물을 만드느냐, 인물이 시대를 만드느냐 하는 논쟁에서 리콴유는 후자가 옳았다는 사실을 증명했다." 리콴유는 나라가 잘 되려면 무엇보다 지도층이 깨끗하고 모범을 보여야 한다고 믿었다. 인류의 역사에서 익히 보아왔듯이 지도층의 부패와 타락은 국가의 몰락으로 직결된다는 사실을 직시한 것이다. 그는 깨끗한 싱가포르를 만들기 위해 최선을 다했고 그 결과 싱가포르는 아시아 금융과 물류의 허브인 일류 선진국으로 발돋움할 수 있었다. 리콴유는 냉철하고 합리적인 사람이었다. 과도한 희생을 강요하지 않았고 무리한 정책을 밀어붙이지 않

넬슨 만델라 남아프리카공화국 최초의 흑인 대통령
1993년에 노벨평화상을 수상했다. (사진. *South Africa The Good News* 제공, 2008년 5월 13일)

왔다. 나라를 깨끗하게 하려면 공무원이 모범을 보여야 하는데 그러기 위해서는 공무원에게 좋은 대우를 해줘야한다는 사실을 깨닫고 있었으며 이를 실천에 옮겼다. 민간 기업에 못지않은 대우를 받은 공무원 사회는 이권 개입 따위에 눈길을 돌리지 않고 법에 따라 정책과 행정을 집행했으며 그 결과 싱가포르는 세계에서 가장 깨끗한 사회가 되었다.

　리콴유는 또한 철저한 실용주의자였다. 그는 이념이나 철학을 따지지 않고 싱가포르의 국익에 도움이 된다면 무슨 일이든 할 수 있고 누구와도 협력할 수 있다는 열린 자세를 견지했다. 리콴유는 자유세계는 물론 이슬람 국가, 공산주의 국가, 이스라엘과 교류하면서 배우고 조국을 식민지로 삼은 제국주의 일본으로부터도 배웠다. 싱가포르가 유례없이 엄격한 사법제도를 유지하고 있는 것은 잔인한 일본의 공포정치가 범죄를 예방하는 데에는 효과가 있었다는 사실을 배웠기 때문이다. 싱가포르가 들끓는 세계 여론에도 불구하고 요즘도 가끔 마약사범을 극형에 처하는 것은 사회정화를 최우선으로 하는 국부 리콴유의 영향력 때문이다. 싱가포르 정치가 권위주의인데다 세습까지 겸한 사실상의 독재라는 비난도 있지만 리콴유와 그의 아들 리셴룽으로 이어지는 빼어난 리더십에 우수한 정책 역량을 갖춘 싱가포르의 장래는 여전히 장밋빛이다. 리콴유는 실용주의자이지만 엄격한 원칙주의자이기도 했다. 외교에서도 빼어난 업적을 남긴 그의 철학은 매우 단순했다. "싱가포르의 이익에 부합하는 방향으로 외교정책을 세우고 이를 일관성 있게 이행한다."

작달막한 키에 수수한 용모의 덩샤오핑(鄧小平, Deng Xiaoping)은 좋은 사람 같기는 하나 아무리 봐도 큰일을 할 만한 인물로는 보이지 않았다. 외모와 같이 그는 강력한 카리스마로 사람을 휘어잡는 정치지도자는 아니었으나 평범함 속에 비범함을 감추고 있는 인물이었다. 평생을 혁명가와 정치인으로 살아온 그가 정통한 분야는 인간관계와 조직력이었다. 그리고 그에게는 놀라운 인내심과 냉철한 판단력이 있었다. 이를 바탕으로 수많은 위기를 극복하고 정상에 오를 수 있었다. '3하3상' 치명적인 숙청을 세 번이나 당하고도 매번 다시 일어선 덩샤오핑에게 붙은 부도옹(오뚝이)이라는 별명은 그의 특징을 잘 나타내고 있다.

덩샤오핑은 개혁의 선봉장이자 철저한 실용주의자였다. 흑묘백묘론(검은 고양이든 흰 고양이든 쥐만 잡으면 된다.)으로 대표되는 그의 실용주의로 인해 공산주의 정치와 자본주의 경제를 혼합한 독특한 체제를 갖춘 중국이 탄생했고 오늘날 세계 제2의 경제대국이 된 것이다. 덩샤오핑은 쓸데없는 욕심을 부리지도 않았다. 주석 자리에 취임하라는 당의 열화와 같은 요청을 세 번이나 거절했으며 대신 중앙고문위원회를 만들어 늙은 간부들이 젊은 지도자에게 자연스럽게 자리를 물려줄 수 있도록 했다. 그 자신도 중앙고문위원회 주임으로 있다가 때가 되자 은퇴하여 노후를 즐겼다. 덩샤오핑이 변함없이 존경받는 이유는 그가 중국 부흥의 아버지일 뿐 아니라 사심 없는 인품과 인간적인 매력을 지녔기 때문일 것이다.

케말 파샤Mustafa Kemal Pasha(아타튀르크)는 제1차 세계대전의 패전으로 인해 유럽 열강의 먹잇감으로 전락한 오스만 제국을 구출한 뒤 오래된 제국을 해체하고 현대 터키를 창립한 '건국의 아버지'이다. 아타튀르크는 송두리째 사라질 뻔한 국가를 위기에서 구한 터키 민족의 영웅인 것이다. 아타튀르크는 빼어난 판단력과 탁월한 리더십을 가진 인물이었다. 그의 리더십의 특징은 예측하기 어려운 미래를 내다보며 현실적인 어려움을 제거해나가는 것이다. 평생을 군인으로 살아온 전쟁영웅인 아타튀르크는 무력으로 밀어붙일 수 있었음에도 불구하고 대화를 통해 국민을 설득해나가는 방법으로 권력의 정점에 올랐다.

당시 제3세계 지도자들은 대부분 군사 쿠데타를 통해 집권했지만 아타튀르크는 그들과 달랐다. 진정한 권력은 국민의 지지에서 나온다는 것이 그의 신념이었다. 놀라운 것은 100년 후인 지금에 와서도 그의 혜안과 올바른 판단력에 감탄하지 않을 수 없다는 사실이다. 아타튀르크는 몸을 사리지 않는 행동파였다. 그는 죽음을 각오하고 늘 앞에 서서 전투를 직접 지휘했다. 제1차 세계대전 때 악명 높았던 차나 칼레Çanakkale 전투나 전쟁 종료 후 프랑스와 그리스를 상대로 한 독립전쟁에서도 아타튀르크는 항상 맨 앞에 있었다. 이 때문에 터키는 1923년 7월 로잔 조약을 통해 국토를 온전히 보전하고 새로운 독립국가를 창건할 수 있었다. 그의 말이 아니라 행동을 보고 아타튀르크

케말 파샤 터키공화국 초대 대통령(1923~1938).
터키인의 아버지, 아타튀르크로 불리우고 있다(사진. 작자미상. Wikimedia Commons 제공)

를 전적으로 신뢰하게 된 국민은 나중에 그가 급격한 세속화 및 서구
화를 추진할 때에도 주저 없이 믿고 따랐다. '아타튀르크 없는 터키는
없다'라는 말은 결코 빈 말이 아니다.

• 무도한 독재자 3인방

장 베델 보카사Jean-Bedel Bokassa, 프란시스코 마시아스 응게마 Francisco Macias Nguema, 그리고 이디 아민Idi Amin은 모두 동시대인이다. 보카사가 1921년생, 응게마는 1924년생 그리고 아민이 1925년생이니 비슷한 연배들이다. 이들은 공교롭게도 모두 45세 되던 해에 권좌에 올랐다. 8년 내지 13년간 통치했으며 1979년에 모두 권력을 잃었다. 1979년은 아프리카 대륙에서 유래를 찾아볼 수 없을 정도로 잔혹한 독재정치와 기행을 일삼아 온 흑인 종신지도자 세 명이 모두 권좌에서 축출된 해로 세계인에게 기억되고 있다. 독재의 대가로 목숨을 잃은 사람은 응게마가 유일하다. 나머지 두 사람은 권력을 잃고도 호화스러운 생활을 계속했다. 아민은 망명지 사우디에서 가족들과 함께 평온한 세월을 보냈고 보카사는 1986년 10월 자신의 선택으로 수도 방기로 돌아올 때까지 프랑스의 성에서 살았다. 이들은 모두 스위스 은행 비밀 구좌에 막대한 예금을 가지고 있었다.

아프리카에는 많은 독재자들이 있었지만 이들 세 명처럼 독특한 방식으로 국가에 해악을 끼친 인물은 드물다. 부르키나파소의 토마스 상카라, 기니의 세쿠 투레, 케냐의 조모 케냐타, 리비아의 무아마르 카다피Muammar Abu Minyar al-Qadhafi, 자이르의 모부투 세세 세코, 말라위의 카무주 반다, 라이베리아의 사무엘 도우, 차드의 이센 아브레Hissein Habre, 에티오피아의 멩기스투 하일레 마리암Mengistu Haile

Mariam 등 악명 높은 독재자들이 줄을 이었지만 세 사람과 비견할 만큼 파괴적인 영향을 미친 사람은 드물다. 살육이라는 측면에서만 보면 맹기스투와 아브레 등이 어느 정도 이들과 필적할 수 있을 것이나 맹기스투와 아브레의 해악은 국가 파괴에까지 미치지는 않았다. 도우의 악명이 널리 알려진 것은 라이베리아가 미국에게 특별한 국가이기 때문이다. 미국으로 끌려간 노예의 후손들이 다시 아프리카로 돌아와 건설한 라이베리아에서 이러한 독재자가 나타났다는 사실만으로도 미국인의 관심을 끌기에 충분했다. 모부투나 모이만 하더라도 그들의 악행과 부패가 현실세계에서는 훨씬 완화된 모습으로 전달되었다.

이 3인방은 살육을 저질렀을 뿐 아니라 국가를 파괴하고 민족과 종족을 갈기갈기 찢어놓은 장본인들이다. 그러나 3인방의 악행은 외부세계에는 제한적으로만 알려졌다. 그나마 이디 아민이 가장 잘 알려졌는데 이는 그가 아시아인(대부분 인도인)을 대거 추방하여 국제적으로 물의를 일으켰고 국내적으로도 잔혹한 행위를 많이 저질렀기 때문이다. 보카사의 경우에는 나폴레옹을 본 딴 황제 대관식을 갖는 따위의 기묘한 행동 때문에 외부세계에 주목을 다소 끌었을 뿐이다. 셋 중에서도 가장 파괴적이었던 응게마에 대해서는 밖으로 알려진 것이 거의 없다. 외부세계는 적도기니에서 일어난 일에 대해서는 관심조차 기울이려 하지 않았다.

세 사람이 공유한 것은 개인적이고 상식에 벗어나며 전제군주를 닮은 절대 독재였다. 이 점이 다른 독재자들과 다르다고 할 수 있다. 이들은 사회, 경제, 정치, 군사, 종교 영역에서까지 독재를 행사했다. 개인적인 욕망을 충족시키고 항구적으로 권력을 차지하기 위해 잔인하고 폭력적인 방식에 의존했으므로 불필요한 희생이 빈번히 발생했다.

보카사는 사위가 다른 여자에게서 낳은 어린 아들을 죽였고 자신의 얼굴이 그려진 교복을 입지 않는다는 이유로 많은 학생들을 고문하고 죽였다. 종파, 지역, 인종, 종교, 계급 등 사회의 모든 분야에서 정통성이 전혀 없었던 이들은 무소불위의 권력을 무자비하게 행사하면서 일말의 도덕적 자책감도 후회하는 모습도 보이지 않았다. 세 사람은 모두 측근에게 전적으로 의존했다. 보카사 옆에는 주눅이 든 가신과 권력을 탐하는 아첨꾼들이 있었고, 응게마에게는 일가친척과 씨족이 있었으며, 아민에게는 외국 용병들이 있었다. 이들은 국민의 고통이나 사회적 요구 따위에는 전혀 귀를 기울이지 않았다.

보카사는 자신의 욕망과 기호 및 관심을 충족시키는 데만 몰두했을 뿐 그 밖의 어떤 일에도 관심이 없었다. 사회적 질서는 독재자의 이미지와 왜곡된 세계관을 반영하는 방향으로 개편되었다. 보카사의 경우 그의 몽상적인 꿈을 실현하는데 장애가 되는 요소들은 모두 인위적으로 제거되었다. 3인방은 수만 명의 희생자와 수십만 명의 난민을 만들었고 국가경제를 파탄으로 몰고 갔으며, 국가를 개인의 사유물처럼 통치했고 심한 부패를 야기했다는 점에서 공통점을 가지고 있다.

정상적인 상황이었다면 결함투성이인 3인방이 권력의 정상에 오르기는 어려웠을 것이다. 이들은 개인적, 사회적, 직업적, 정치적으로 많은 결함을 안고 있었다. 보카사는 허영심, 분노 조절 장애, 알코올 중독 등의 약점을 지니고 있었다. 보통 때라면 이들은 자신이 속한 직업군에서 낮은 위치에 머무르고 말았을 것이다. 그러나 시대적 상황이 이들을 정상으로 끌어올렸다. 이들은 식민통치가 막을 내렸을 때 자신의 자리를 지키고 있었던 극소수의 행운아들이다. 인물이 부족한 신생국가는 정부 요로에 경험 있는 내국인을 시급히 필요로 하고 있었기 때문이다. 많은 결함에도 불구하고 이들은 식민 세력이 놔두고 떠난 자리를 별 노력 없이 차지했다. 이들이 승승장구한 것은 자질이나 역량과는 아무 관계가 없다. 그저 기회를 잘 이용했고 허술하게 짜진 권력의 그물을 손쉽게 타고 올라간 것이다. 그러나 아무리 운이 좋고 저절로 기회가 왔다고 해도 정상까지 올라간 사람은 극히 일부라는 사실을 감안할 때 이들이 남다른 능력을 가지고 있었음을 부인하기는 어렵다.

응게마가 적도기니의 엘리트 관료 집단에서 생존할 수 있었던 것은 팡 족 출신으로서 보기 드물게 충성을 바치는 그에게 식민 정부가 특혜를 주었기 때문이다. 자격시험에 번번이 떨어지는 그는 하급관료가 되기도 어려운 상황이었다. 주민들이 싫어하는 그를 조그만 도시의 시장에 임명한 것은 식민 정부였다. 이를 발판으로 그는 자동적으로 국회의원이 되고 또한 장관직에까지 오르게 된다. 식민 통치 종료 후 돈벌이를 노리는 스페인 정착자들은 조종하기 쉬울 것 같은 응게마를 적극 지원함으로써 정치적 토대를 구축할 수 있게 해주었고 이를 발판으로 그는 정상에까지 오르게 된다. 트러블메이커인데다 반사회적이고 비논리적인 그의 스타일로 볼 때, 그리고 당시 산타 이사벨Santa Isabel(적도 기니의 수도 말라보의 옛 이름)에는 지적이고 논리가 정연한 야심가들이 상당수 있었다는 사실을 감안할 때 응게마가 자신의 힘으로 권력을 쟁취할 가능성은 거의 없었다. 응게마의 권력은 그를 이용하려는 세력이 가져다 준 것이다.

아민의 경우에는 영국의 지배로부터 독립한 후 급격히 아프리카 토착화를 추진했던 사회적 분위기가 그를 정점으로 끌어올렸다. 인재를 고를 때 높은 지위에 걸 맞는 능력이나 적합성 대신 편의주의가 자리를 잡았다. 식민 정부나 이제 막 형성되기 시작한 아프리카 지도층 모두 주먹구구식이었고 이를 당연한 것으로 받아들였다. 이들은 당시 아민이 소대장으로 꽤 인기를 끌고 있었으므로 그에게 더 큰 부대를 맡겨도 능히 지휘할 수 있을 것으로 판단했다. 만일 아민이 군에서 정한 절차대로 고급장교 과정을 이수하고 각종 시험을 통과해야 했다면 그는 평생 초급장교 신세를 면치 못했을 것이다.

보카사는 프랑스 식민통치가 종식된 후 막 태어난 중앙아프리카공화국 군의 사령관으로 일찌감치 내정되었다. 프랑스 당국이 관할하고 있는 군대에서 중앙아프리카공화국 출신으로 군을 맡을만한 다른 대안이 없었던 것이다. 교육이나 군 경력 등으로 보아 그는 아민을 압도했지만 프랑스가 다른 대안이 있었거나 또는 조금 시간을 갖고 사령관을 고르려고 했으면 그가 선택되지는 않았을 것이다. 그의 별난 성격과 기묘한 행동은 이미 프랑스군 내에 잘 알려져 있었으며 조롱의 대상이기도 했다. 그를 지휘자 감으로 생각하는 사람은 거의 없었다.

하필이면 아프리카에서 3인방과 같은 끔찍한 독재자가 동 시대에 출몰함에 따라 세상 사람들의 아프리카에 대한 편견에 불을 질렀다. 아프리카인이 미개하고 잔인하며 폭력적이므로 통치자들 중에 이러한 별종들이 나타난다는 것이다. 그러나 이러한 주장은 근거 없는 것이다. 세계 5대양 6대주에서는 각양각색의 수많은 독재자들이 출현했고 아프리카의 독재자들은 그 일부에 불과하다. 이 책의 후미에서 기술하는 바와 같이 3인방을 빼놓고도 아프리카에는 많은 독재자들이 있었고 지금도 일부 남아있지만 이들이 다른 대륙의 독재자들에 비해 보다 잔인하고 폭력적이라는 증거는 어디에도 없다. 세상에는 제노사이드Genocide(집단학살: 국민적, 인종적, 민족적 또는 종교적 집단의 전부 또는 일부를 말살할 의도를 가지고 이루어진 행위를 말한다.)를 일으켜 수백만-수천만 명에 이르는 목숨을 앗아간 폭군들도 있었고 한 민족을 몰살시키려고 한 독재자도 있었다.

• 아프리카식 독재

아프리카의 독재자들은 종종 숭배의 대상이 된다. 독재자는 모든 분야의 중심에 우뚝 서 있기 때문이다. 정치, 경제, 군사, 교육은 물론 종교 분야의 주요 직책까지도 그들이 좌지우지한다. 모든 정책은 독

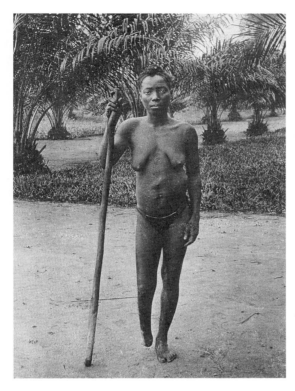

제노사이드에 희생당한
콩고의 여인.
1900∼1915년 추정(사진 작자미
상. Congo- Balolo Mission제공)

재자가 홀로 결정하며 그의 입김이 강하게 들어가 있다. 다소 개방된
정치체제를 가진 곳에서는 측근들이 충성을 바치는 대가로 의사결정
과정에 참여할 수 있다. 이들은 자신이 지닌 특권을 이용하여 수하들
을 거느림으로써 자신들의 지위를 더 공고히 한다. 이렇게 해서 비록
독재자의 엄격한 통제를 받으면서도 어느 정도 권력 분할이 이루어진
다. 그러나 정치구조가 폐쇄적인 곳에서는 권력자의 측근이라도 행정

보조원에 불과하다. 이들은 독자적인 권한을 갖지 못하며 보스의 지시만 이행하는 거수기에 불과하기 때문이다. 이러한 관계를 반영하듯 카무주 반다 말라위 초대 대통령은 각료들을 '나의 꼬마들My Boys'이라고 불렀다.

독재자와 측근 관계는 기본적으로 후견인과 고객 관계와 같다. 수하들이 절대 충성을 바치는 대신 보스는 그 대가로 정치·경제·사회적 이득을 주는 형태이다. 만일 측근이 말을 듣지 않거나 저항하는 경우 주군은 이들을 매수하거나 투옥 또는 숙청하는 방식으로 대응한다. 통상적으로 아프리카 독재자들이 오랫동안 권좌에 머문다는 점을 감안할 때 보스 형 독재는 권력 유지에 안정적인 방법으로 보인다. 그러나 구조적인 약점을 가지고 있다. 권력에 대한 대안이 없고 분쟁이 발생했을 때 조정할만한 기구가 없으며 절대 권력에 접근하는 것이 제한적이므로 엘리트들의 개인적 다툼이 조직적인 분쟁으로 비화할 가능성이 높다. 이렇게 되면 개인 사이의 불화, 복수, 악감정, 원한 등이 정치적 분쟁으로 바뀌게 되는 것이다.

독재자들의 비상식적인 성격이 독재의 무늬를 결정했다. 3인방이 독특한 성격의 소유자가 아니었더라면 캄팔라, 방기 및 말라보에서는 전혀 다른 형태의 독재가 행해졌을 것이다. 응게마의 성격이 뒤틀리고 시대착오적이며 사회 파괴적인 것이 아니었더라면 적도기니는 다른 아프리카 국가들과 마찬가지로 리더십이 부족한 독재자 밑에서 헤매는 정도의 길을 걸었을 것이다.

1971년 이후 우간다에서 비참한 테러가 발생한 것은 군이 권력을 잡았기 때문이 아니라 이디 아민이 군을 장악했기 때문이다. 군 출신이라도 아민보다 덜 미친 사람이 권력을 잡았더라면 군이 국가를 통치하는 모부투 식 군사독재 정도에 그쳤을 것이다. 보카사의 과대망상적인 성격이 판을 휘어잡지 않았더라면 중앙아프리카공화국 정부가 1966~1979년 사이에 선을 보였던 상식 이하의 정책들이 나오지는 않았을 것이다. 아프리카에서는 고집 세고 상식에 어긋나는 독재자들이 많이 나왔지만 아민, 응게마, 보카사와 같은 광인들은 처음이었다.

　　리비아의 카다피는 안하무인이고 괴상한 독재자이지만 이들과는 다르다. 그는 맹목적으로 국민을 탄압하는 미치광이와 같은 독재자는 아니었다. 그의 정책들은 국내적으로 광범위한 지지를 얻었다. 에티오피아의 멩기스투는 철권을 휘두르고 피의 숙청을 감행한 강성 독재자였지만 그의 정책들에는 사회경제적인 뿌리가 있었고 좌파 이념을 실천에 옮긴 것으로서 상식에 어긋나는 엉터리는 아니었다. 가부장적이고 시대착오적인 말라위의 반다, 가나의 제리 롤링스, 가봉의 오마르 봉고 등도 3인방에 비하면 독재자라고 할 수도 없다. 이센 아브레와 이드리스 데비 등 차드의 지도자들은 살육자임에는 틀림없으나 실용적인 차원에서 개인적 또는 정치적 반대자들을 제거한 것이지 무자비한 살육을 즐긴 것은 아니었다.

• 유사점

세 사람은 모두 낮은 신분 아니면 소수 부족 출신이었다. 아민은 카크와Kakwa라는 우간다의 소수 부족 출신이고 보카사도 음바이카 Mbaika라는 중앙아프리카공화국의 소수 부족 출신이다. 응게마는 팡 Fang 또는 에상기Esangui라고 하는 적도기니의 다수 부족 출신인데 이 부족은 숫자는 많으나 사회경제적으로는 매우 낙후된 부족이었다. 의심의 여지없이 출신이 3인방의 행동에 큰 영향을 미친 것으로 보인다. 카크와는 호전적이고 난폭한 부족으로 우간다 북서쪽 서부 나일West Nile주에서 세력이 미미한 부족이었다. 이들은 이디 아민이 나타나기 전까지는 세상에 그 존재감을 알린 적이 없다. 아민의 아버지는 철새 농부 겸 노동자였는데 상당히 오랫동안 수단에서 일했다. 어머니는 걸식하는 무당이었으니 아민 가족은 천민 계급에 속했다. 일자무식인 아민이 신분의 굴레를 벗어나는 길은 군에 입대하는 것 밖에 없었다. 아민은 식민지 군대에 취사병으로 입대했다.

음바이카는 숫자는 적으나 일찍부터 서구화되어 있어서 중앙아프리카공화국의 행정과 경제 그리고 군사 분야에서 주도적인 역할을 담당했다. 보카사의 아버지는 별것 아닌 일로 오해를 받아 프랑스 관리에 의해 살해되었고 그의 어머니는 이 일에 충격을 받아 얼마 후 자살했다. 졸지에 고아가 된 보카사는 할아버지 손에서 자랐다. 부모의 죽음으로 깊은 상처를 입은 보카사는 오지에서 탈출하고 트라우마로부터 벗어나는 방법으로 군 입대를 택했다. 이렇게 해서 결국 아민과 보카사는 같은 길을 걷게 되는 것이다. 에상기는 팡 부족의 일부로 일종의 씨족이다. 팡은 적도기니의 본토인 리오무니Rio Muni에서 가장 큰 부족이나 페르난도 포의 부비Bubi나 페르난디노Fernandinos족에게 밀려 사회적, 경제적으로 실권을 잡지 못하고 있었다. 그의 아버지가 비천한 출신으로 가봉에서 태어났다는 것 외에 응게마의 어린 시절에 대해 알려진 것은 거의 없다.

세 사람 모두 가정적으로 불운하고 어려서 트라우마를 가졌다는 점에서 공통점이 있다. 응게마는 아주 어린 나이에 고향 가봉으로부터 리오무니로 옮겨져 삼촌 손에서 자랐다. 아버지를 거의 만나지 못했고 어머니는 기억하지 못한다. 부모의 사망 후 자신을 입양한 삼촌 가족 속에서 늘 불안함을 느끼며 자랐다. 내성적이며 지능이 낮은 응게마는 늘 외국인이나 지성인 앞에서 열등감을 가졌다. 그의 내성적인 성격과 불안증은 나중에 정권을 잡은 후 통치에 큰 영향을 미치게 된다. 그는 지성인, 과학, 기술 등을 극도로 혐오했다. 응게마는 지성인 모두를 적대시하고 박해했는데 이는 어릴 적 트라우마와 관계가 있다. 서양 약품의 유통을 금한 것이나 경제를 원시적인 자급자족경제로 돌려놓은 것 등은 모두 그의 뇌리에 깊이 박힌 트라우마 때문이다. 복잡하고 정교한 현대 생활보다 단순하고 이해하기 쉬운 식민시대 이전의 전통적인 생활방식을 선호했기 때문이다.

어릴 적에 부모를 잃고 고아가 된 보카사는 그의 사회적 위치에 대해 심한 상실감을 가졌다. 그는 매우 엄격한 할아버지 슬하에서 자랐는데 부모의 죽음은 늘 아이들의 조롱거리였다. 프랑스 식민지 군대에 가담한 후 그는 자신의 존재감을 증명하기 위해 무모할 정도로 용감한 행동을 보였다. 특히 인도차이나 전쟁에 파견된 그는 용맹무쌍한 전사였다. 아민도 이들 두 사람에 못지않게 험한 어린 시절을 보내야했다. 그가 태어난 직후 부모가 이혼했는데 어머니를 따라 남쪽에 있는 군부대를 전전하다가 빅토리아 호 북부 연안에 있는 진자Jinja에 정착하게 되었다. 그곳에서 아민은 과자 따위를 파는 잡상인으로 지내면서 부유한 아시아계 사람들에 대한 증오심을 가지게 되었다. 어머니는 무당 노릇을 하면서 군인들을 상대로 몸을 팔았다. 밑바닥에서 벗어나기를 간절히 원했던 아민은 탈출구를 군에서 찾았다. 비록 취사병에 불과했지만 그는 군 생활에 만족했다.

서양 선교사의 후원으로 고등학교까지 마칠 수 있었던 보카사와는 반대로 아민은 거의 교육을 받은 적이 없다. 그는 참모총장에 임명되었을 때에도 문맹이었다. 우간다인의 주 언어인 루간다어와 영어를 거의 구사하지 못했으나 수박 겉핥기로 6개 부족언어를 약간씩 구사할 수 있었다. 학식이 없는 그는 통치에 필요한 기본개념을 잘 이해하지 못했다. 예금을 입·출금할 줄 몰랐고 수표책을 사용할 줄도 몰랐다. 예산에 대한 기본 개념이 없는 그는 참모총장으로 있으면서 막대한 예산 적자를 발생시켰다. 국가가 재정 위기에 처했을 때 그가 대통령으로서 취한 조치는 중앙은행으로 하여금 지폐를 찍어내게 한 것뿐이다. 그는 각료회의를 주재할 능력이 없었고 정부 보고서를 읽고 이해할 능력도 없었다.

응게마의 상황도 아민과 크게 다르지 않았다. 지적 능력이 낮고 조잡한 스페인어를 구사하며 세상사에 무지한 응게마는 스페인 식민 정부에서 말단 서기로 일했다. 자격시험에 네 번이나 떨어진 그는 공무원으로 채용될 수 없었으나 간부에게 머리를 조아림으로써 겨우 말단 자리 하나를 얻을 수 있었다. 능력 범위를 벗어난 자리를 정실로 차지한 응게마는 식민 정부의 지시라면 무엇이라도 수행하는 주구 노릇을 했다. 그러나 독립 후 운 좋게 권력을 잡자 180도 태도를 바꿔 적도기니로부터 모든 스페인인을 추방하는 칙령을 발표했다. 마음 속 깊이 숨겨져 있는 스페인인에 대한 적개심 때문이다. 스페인 세력을 쫓아낸 후에는 정치, 경제, 행정, 문화 등 모든 영역을 그의 지적인 능력에 맞는 수준으로 후퇴시켰다. 르네상스 시대의 시계를 되돌려 중세 암흑시대로 되돌아간 셈이다.

격투기에 능했던 보카사와 아민은 그 실력을 자랑하곤 했다. 보카사는 제2차 세계대전과 인도차이나 전쟁 참전 시 세운 무공을 열두 가지 사례를 들어 과시했다. 그는 특별히 제작한 옷에 많은 메달과 장식품을 주렁주렁 달고 다녔다. 원래부터 상식적인 사람과는 거리가 멀었던 보카사는 대통령이 된 후 잔인하고 변덕스러운 절대 군주로 변했다. 주변에 아첨꾼들이 득실거리는 가운데 이들의 알랑거리는 언행을 즐겼다. 그는 쿠데타 성공의 일등공신이며 최측근이었던 알렉산

더 반자Alexandre Banza중령을 경쟁자로 점찍어 핍박을 가했고 궁지에 몰린 반자가 쿠데타를 도모하자 체포하여 잔인하게 고문한 뒤 살해했다. 보카사는 하인이나 보좌관은 물론 장관 그리고 외국 기자들에게까지 손찌검을 해대는 폭력적인 사람으로 악명을 날렸다. 그는 1972년 방기의 죄수들에 대한 가혹행위 및 1979년 학생들에 대한 무자비한 탄압을 업적이나 되는 것처럼 자랑하는 어리석은 사람이었다.

이디 아민은 9년 동안 우간다의 헤비급 권투 챔피언이었으며 한 번도 패하지 않았다. 그의 민첩성, 스태미나, 승부욕 등에 대해 아첨꾼들은 모두 칭찬을 늘어놓았다. 그러나 1969년 밀튼 오보테Apollo Milton Opeto Obote 대통령에 대한 암살 기도 이후 아민의 비겁한 성향이 여실히 드러났다. 몸통인 그는 뒤로 숨고 손과 발에 불과한 수하들만 앞으로 내세웠다. 그는 1979년 탄자니아와의 전쟁 당시 우간다 군을 직접 지휘했는데 그의 전술은 형편없었고 결국 전쟁에서 패해 정권을 내주어야 했다. 이러한 점에서 웅게마는 보카사나 아민과는 정반대이다. 평범한 신체적 조건을 가졌던 그는 육체적 힘을 과시하는 것과는 거리가 멀다. 많은 사람을 처형하기는 했지만 보카사나 아민처럼 처형에 직접 관련한 적은 없다. 그는 소심증이 있어 피를 보거나 잔인한 광경을 보는 것을 혐오했다. 자신의 명령으로 이행된 숙청을 상기할 때마다 침울해지면서 자신 없는 모습으로 변모하곤 했다.

웅게마는 여색을 과도하게 즐기는 스타일은 아니었던 반면 다른 두 사람은 호색가였다. 실권 후 이들의 관저에서는 많은 포르노물이 발견되었다. 보카사는 루마니아 출신 무희를 비롯 많은 여인들을 거느리는 현대판 하렘을 대통령궁 내에 두었다. 17명의 부인과 수십 명의 첩 그리고 공식적으로만 55명의 자녀를 거느렸다. 부인들은 독일인, 스웨덴인, 카메룬인, 중국인, 가봉인, 튀니지인, 코트디부아르인 등 가히 국제적이었다. 그의 첫 번째 부인인 황후 캐서린은 수도 방기의 중심부에 패션 가게를 소유했는데 1978~79년 동안 학생들의 교복 공급을 독점했다. 교복을 만드는 일은 보카사의 다른 애첩이 담당했다. 수지맞는 장사를 분할해서 정실과 첩에게 나누어 준 것이다. 교복 착용을 강제함으로 말미암아 1979년 학생 봉기가 일어났고 결과적으로 그의 몰락을 초래했다. 응게마는 이해하기 힘들 정도로 기묘한 성품을 가진 사람이었다. 그는 첩들의 연인은 물론 과거에 사귄 여성들의 애인까지 찾아내어 죽이기도 했다.

• 집권

세 명의 폭군이 기회를 잡은 것은 독립이 다가오면서 형식적으로라도 아프리카 토착화가 시급하다는 생각을 식민 정부가 가지고 있었기 때문이다. 식민지에 권력을 물려주기 위해서는 받을 사람이 필요했다. 식민 정부는 적임자를 구했고 그 결과 선택된 인물이 이들 세 사람이다. 식민 정부도 이들의 자질이나 자격이 미흡하다는 사실은 알고 있었으나 다른 방법이 없었다. 이들은 상상할 수 없을 만큼 빠른

속도로 출세했다. 보카사는 부사관에서 사령관으로 진급했고 응게마는 말단 관료에서 장관이 되었으며 아민은 부사관에서 대령으로 진급했다. 정상적인 상황이라면 모든 조건과 능력이 다 갖추어졌다고 해도 최소 11년에서 17년은 걸려야 가능한 일이었다. 영국인은 아민을 분대장 감 이상으로 평가하지 않았다. 그는 처음부터 장교 재목이 아니었다. 그럼에도 불구하고 독립 후 자신의 이익을 위해 영국 장교들은 아민을 초고속으로 진급시켰다. 카크와 출신의 이 무학자는 우간다 출신으로 장교가 된 지 4년 만에 육군사령관의 자리에 오르게 된다.

스페인 식민 정부가 응게마를 발탁한 것도 영국과 마찬가지로 독립 후 자신의 이익을 지켜줄 것으로 생각했기 때문이다. 그러나 응게마는 가슴 속에 독을 품은 사람이었다. 스페인 당국이 점찍은 응게마는 야심만만한 변호사 겸 기업가인 안토니오 가르시아 트레비하노 Antonio Garcia-Trevijano 사단으로 들어갔고 그의 비호 하에 정권을 잡게 된다. 한번 정권을 잡자 응게마는 무자비하게 모든 스페인 세력을 몰아냈다. 유일하게 남은 사람은 가르시아 트레비하노 뿐이었는데 그 이유는 가르시아가 유일한 돈줄이었기 때문이다. 보카사는 정상적인 교육을 받은 사람답게 능력 면에 있어서는 다른 두 사람을 압도했다. 그는 17년 동안 프랑스 군에서 부사관으로 있다가 위관으로 진급했다. 프랑스 정부가 프랑스와 토착민을 연결해줄 고리로 그를 필요로 했기 때문이다. 인도차이나 전쟁에서 보여준 용감성, 극도로 친親 프랑스적인 성향 그리고 오랫동안 식민지 군에서 근무했던 경력이 그가 장교가 된 배경이었다. 사실 능력이나 자질 면에 있어서는 다른 두 사람에 비해 보카사의 조건이 훨씬 나았다. 식민 정부는 허영심, 다혈적인 무모함, 무책임성, 관리나 조직 면에서의 무능 등 그의 약점에 대해서는 눈을 감았다. 보카사의 허영심 많고 비현실적이며 돈키호테와 같은 성향은 정체되고 존재감 없는 신생 중앙아프리카공화국의 500명 군대를 이끌기에는 전혀 맞지 않는 것이었다.

아프리카에서 쿠데타는 개인의 탐욕, 공포, 충동 등에 의해 자행되는 경우가 많았다. 1971년 아민이 일으킨 쿠데타가 전형적인 예이다. 이 쿠데타는 개인적 공포심 때문에 벌어진 것이다. 아민은 당시 군 예산 횡령과 유용 등으로 인해 조사를 받고 있었으며 1969년 오보테 암살 미수 사건 때 그의 비겁한 행동을 비난한 동료를 살해한 혐의도 받고 있었다. 아민은 대통령의 명령에 반해 고향 출신을 군에 끌어들이고 있었으며 그에게 개인적으로 충성하는 병력을 옆에 두었다. 아민은 또한 그를 대신할만한 능력 있고 교육 수준이 높은 장교들의 진급을 안간힘을 다해 틀어막고 있었다. 이러한 행동은 그에 대한 의구심을 점점 증폭시켰고 그를 고립시켰다. 아민은 곧 사면초가라고 할 만큼 어려운 상황에 처했다. 이 싸움에서 질 경우 감옥으로 끌려가 완전히 도태될 것이라는 공포감에 사로잡혔다. 제복을 벗고 자리에서 물러나는 즉시 그야말로 아무 것도 아닌 존재가 되어버리는 것이다.

1966년 보카사의 쿠데타에서도 개인적인 동기가 결정적이었다. 보카사의 성격상 그가 차지하고 있는 군사령관이라는 자리는 성에 차지 않았다. 그는 군사적, 정치적으로 보다 힘 있는 자리에 오르고 싶어 했다. 그의 복심은 중앙아프리카공화국에서 최고의 지위에 오르는 것이다. 1965년부터 이미 그는 다코Dacko 내각에게 계획에도 없는 군사비 지출을 요구하며 그에게 전시 총지휘권을 부여할 것을 요구하고 있었다. 결정적인 계기가 된 것은 라이벌 관계에 있는 헌병사령관의 권력 장악 음모였다. 음모가 드러나자 보카사는 선수를 치기로 결심했다. 이 게임은 승자가 독식하는 게임이기 때문이다.

아민이나 보카사에게 정치적, 경제적, 사회적 동기들은 그렇게 중요하지 않았다. 이들은 오로지 개인적 야심과 욕망에 의해 쿠데타를 감행했다. 웅게마의 민간 혁명은 실타래처럼 복잡하게 얽힌 상황이 그의 증오심을 부추기고 심리적인 불안감을 증폭시켰기 때문에 일어난 것이다. 스페인 식민주의자들이 새로 독립한 공화국을 멸시하는 태도를 보고 마음속 깊이 숨어있던 감정이 끓어올랐고 그를 의회에서 축출시키려 하자 극도의 분노가 용솟음쳤다. 엘리트 세력을 동원하여 그를 무너뜨리려는 스페인의 시도는 오히려 그에게 정권을 안겨줌으로써 그가 임의로 정한 적폐 청산에 나서는 계기를 만들어주었다.

• 통치

독재자들은 모두 전문가의 의견에 귀를 기울이지 않았고 각료회의를 불신하여 폐지해버리기도 했으며 개별적인 칙령에 의해 통치했다. 이들의 옆에 있는 측근 그룹은 대개 교육 수준이 낮은 아부꾼들로 사적 이익에만 몰두하는 자들이었다. 독재자 중 누구도 장기적인 정책이나 아이디어를 내놓는 사람은 없었다. 국가를 착취의 대상으로만 간주하는 아민과 응게마는 국정의 목표나 계획 같은 것을 세우지도 않았다. 허영과 환상 그리고 변덕이 죽 끓듯 하는 보카사의 정책에는 일관성이 없었고 일반적인 행정에서도 질서를 찾아볼 수 없었다. 응게마는 적도기니를 통치한 것이 아니라 파괴시켰다. 정권을 잡은 지 1년 내에 각료회의를 필두로 정부 조직이 와해되었고 일관성 있는 정책이 모두 실종되었다. 전화로 중앙정부를 통치하면서 명령은 늘 즉흥적으로 내려졌으므로 지시사항들 간에 상충하는 경우가 다반사였다. 수도는 유령의 도시가 되었다. 대부분 관공서들이 문을 닫았고 여권이나 비자를 발급해주어야 할 외교부까지도 때때로 문을 닫았다. 수도 말라보를 좋아하지 않는 응게마는 지방으로 사무실을 옮겼다. 처음에는 바타Bata였고 나중에는 보다 내륙으로 들어가 한적한 촌 동네 몽고모Mongomo에 정착했다.

응게마는 그야말로 벽지 한촌에서 정사를 보았다. 장관들은 '유일한 기적'을 만나기 위해 이곳까지 와야 했다. 그로부터 정책에 대한 재가를 얻기 위해서 뿐만 아니라 대통령궁에 쌓여 있는 약이나 귀한 물건을 얻기 위해 그리고 무엇보다도 그가 나누어주는 현금을 얻기 위해 이곳까지 찾아왔다. 현금이 있어야 군인과 공무원에게 봉급을 줄 수 있기 때문이다. 높은 철조망과 공산권에서 온 군인들이 보호해 주는 가운데 친척, 측근, 마을 추장 등에 둘러싸인 웅게마는 한가하게 옛날이야기를 나누며 시간을 보냈다.

몽고모로 그를 찾아온 손님들은 현안 문제에 대한 재가를 얻기까지 여러 날을 기다려야 했다. 기본적으로 웅게마는 복잡한 현실 문제를 논의한다는 사실 자체를 혐오했다. 그의 취향이 이렇다보니 점차 찾아오는 손님이 줄었고 민감한 문제들까지도 전화나 전보로 다루어지곤 했다. 공공행정이나 외교와 같이 중요한 사안도 피상적으로만 다루어졌으며 전문성도 없는 그의 친인척들이 주로 처리했다. 몽고모에서 웅게마가 모든 행정을 친인척이나 같은 부족 출신 측근들에게 맡겨 놓고 유유자적하던 10년 동안 적도기니는 무법천지로 변해 테러, 살인, 강간, 절도, 노예거래 등 야만적인 상황 속에서 시달려야 했다.

우간다의 상황은 적도기니만큼 참담하지는 않으나 그와 비슷했다. 수도 캄팔라Kampala에서 국가기관은 비효율적이기는 해도 최소한 작동하기는 했다. 아민은 일체 반대를 허용하지 않았고 어떤 사안에 대해 이의를 제기하는 언론인이나 공무원이 있으면 잡아다가 직접 구타했다. 아민이 정책이라고 내놓은 것은 모순에 가득 차고 이행 불가능한 것들이었다. 정책의 효율적 이행을 도모하는 시스템이나 감독 관청도 없었다. 아민은 복잡한 정책적 문제를 이해할 수 없었으므로 공식적인 회의를 싫어했고 자문기구나 전문 관료들을 배척했다. 모든 정책은 아민을 둘러싼 측근들에 의해 자의적, 즉흥적으로 만들어졌다. 아민은 군 동료, 누비아인과 수단인으로 구성된 술친구, 고향 부족인 카크와 출신에게 둘러싸여 지냈으며, 나중에는 군 지휘관 출신으로 구성된 최고지휘관회의라는 조직을 만들어 공식적으로 이들의 자문을 받았다.

아민은 응게마와 흡사하게 자신과 지적 능력이 비슷한 측근들에 둘러싸여 맥주를 마시면서 몇 시간이고 정책을 논의하곤 했다. 이들이 내놓는 아이디어나 정책 제안은 기록되지 않았으므로 곧 잊혀졌다. 대부분이 실현 불가능한 몽상에 불과했으므로 어떤 것도 채택되지 않았다. 수도 캄팔라에 있는 행정부는 여러 부처와 공무원을 거느리고 의사결정 프로세스까지 갖춰 그나마 형식적으로는 정상적인 정부의 모습과 비슷했으나 캄팔라-엔테베 회랑으로부터 80킬로미터 정도만 벗어나도 중앙의 통치가 미치지 못했다. 아민은 결국 우간다의 극히 일부만 통치하는 독재자에 불과했고 그 외 지역의 실질적인 통치자는 주둔군이었다. 무질서하고 야만적이며 봉급을 제때에 받지 못해 수시로 반란을 일으키며 늘 반쯤 취해 있는(맥주는 유일하게 본부로부터 정기적으로 배급되는 품목임) 군인들은 자신이 주둔하고 있는 지역의 생명과 재산 등 모든 사항을 관장했다. 군인들은 중앙정부의 민간 관료들이 내놓는 법령을 혐오했으며 애당초 이를 준수할 생각도 없었다.

캄팔라에서 통하는 법은 다른 지역에서는 통하지 않았다. 아민도 이러한 관행을 묵인했다. 그에게는 중앙정부의 관료들보다 지방에 주둔하는 군 사령관이 더 중요한 존재였다. 우간다의 전통적인 경제 구조는 급속히 붕괴했다. 말라보에서 코코아 농장이 급속히 붕괴한 것과 마찬가지로 아시아인들이 경영하던 차 농장은 급속히 붕괴했다. 아민의 수하들은 아시아인이 소유하고 있는 회사를 몰수하여 재산을 박탈한 후 버렸다. 커피 재배자들은 정부가 구매하는 메커니즘을 피해 커피를 케냐로 밀수출하고 대신 소비재를 받았다. 많은 농민들은 커피 대신 생존 작물 경작으로 전환하거나 군인들의 약탈을 피해 농장을 버리고 도망쳤다. 아민 치하에서 경제는 거의 마비되었다. 모든 사람들이 돈 버는 것보다는 생존에 치중했다.

중앙아프리카공화국의 상황은 이들 국가와는 달랐다. 응게마나 아민은 통치할 마음이 없었고 능력도 없었으므로 국가의 기능이 마비되었지만 보카사는 야심만만한 사람이었다. 보카사 치하에서 국가 조직이나 행정은 마비되거나 사라지지 않았다. 대신 국가조직은 그의 존재감, 역할, 위신 등을 높이는데 사용되었다. 보카사가 권력을 쟁취한 이유는 힘을 무제한으로 행사함으로써 자기만족을 얻고 그가 나라의 아버지로서 위대한 인물이라는 이미지를 심어주는데 있었다. 따라서 국가 권력은 늘 그를 위해 사용되도록 준비되어야 했다.

보카사는 국가원수로서 자신의 역할에 대해 명확한 개념을 갖는 것은 미흡했지만 서양의 규범에 대해서는 확실한 인식을 갖고 있었다. 대통령으로서 통치를 잘하기 위해서는 조직과 행정 등 국가기관이 필수적이었다. 그러나 가난하고 주목받지 못하며 고립된 중앙아의 현실은 큰 좌절감을 안겨주었다. 통치를 잘한다고 해도 그의 위상이나 이미지가 올라가기는 어려웠다. 보카사에게 있어서 국가를 잘 통치하는 것은 자신을 칭찬하고 스스로 만족하는 것에 불과했다. 한마디로 그의 개인적인 판타지를 실현하는 것이다. 자기만족을 위한 통치로 인해 기묘하고 비생산적인 정책이 양산되었다.

1976~77년 사이에 중앙아프리카공화국은 자본주의 국가에서 사회주의 국가 그리고 이슬람 국가에서 나폴레옹 식 제국으로 얼이 빠질 듯이 급격한 변화를 수차 경험해야 했다. 방기에 있는 아첨꾼들은 제 시절을 만난 듯 날뛰었다. 모든 국가의 재정과 자원(금, 다이아몬드, 상아 등)은 보카사의 소유가 되었고 모든 국가 행정은 사소한 것까지 그의 재가를 받아야 했다. 황제가 된 그가 황궁을 차리기 위해 많은 가신과 보좌관 및 장관 등을 데리고 '조상의 고향'으로 옮긴 후에도 국가의 행정은 방기에 남은 내각과 총리에게 위임되지 않았다.

늘 그의 옆에 붙어있는 간사한 측근들은 보카사의 기묘한 행동을 부추겼다. 이들은 조를 짜서 교대로 비위를 맞추며 그를 충동질했다. 구체적이고 이행 가능한 것을 추구하기보다 다분히 공상적, 망상적인 것을 추구하는 성향은 쿠데타 전이나 후나 같았지만 보카사는 바보가 아니다. 그는 자신의 기묘한 행동에도 불구하고 현실을 무시한 적은 없다. 이것이 응게마나 아민과는 다른 점이다. 훈장이 주렁주렁 달린 제복을 입은 커다란 사진을 관공서와 기업의 모든 사무실에 달도록 하는 칙령을 발표하면서도 이 사진을 방기에서 판매하거나 외국으로 수출하는 것은 범죄로 단속했다. 국제적인 웃음거리가 될 것임을 알고 있었기 때문이다. 충동에 이끌려 엉뚱한 행동을 하면서도-이슬람국가 선포, 사회주의 선포, 국영항공사인 중앙아프리카 항공Air Centrafrique 설립, 중앙아프리카 관세동맹으로부터의 탈퇴 등-뒤늦게 자신의 잘못을 깨닫고 시정 조치를 취하곤 했다.

보카사는 수하들이 국가의 재정이 마를 정도로 착취하는 것을 허용하면서도 지나치게 탐욕스럽거나 권한이 커지지 않도록 주의를 기울였다. 사회에 물의를 일으킬 정도로 재산이 커지는 자가 있으면 반드시 손을 봤다. 자기중심적이고 찬양을 강요하는 내용으로 되어 있는 그의 정책은 적도기니의 어처구니없는 원시 회귀 정책이나 종족이나 종교를 구실로 사회계층을 뒤바꾸는 아민의 정책에 비해서는 덜 파괴적이었다. 보카사의 권위는 그가 거느리는 군부의 힘을 기초로 했지만 곁에는 아첨꾼으로 구성된 별도의 측근 그룹이 있었다. 방기 시절에는 매일 매일 통상적인 행정이 이루어졌고 독재자의 엉뚱한 발상과 전횡에도 불구하고 국민이 직접적으로 피해를 느끼지는 않았다. 물론 삶은 전반적으로 힘들었지만 중앙아프리카공화국은 가난과 내핍에 익숙해 있었다. 중앙아프리카공화국에서는 최소한 캄팔라와 말라보에서 볼 수 있는 작위적인 체포나 구금 및 살인 등은 보기 어려웠다.

• 폐해

세 독재자는 모두 무모하고 잔인하며 인명을 경시하는 성향을 보였다. 응게마는 1969년 권력을 장악한 후 현실적인 정적은 물론 훗날 정적이 될 것으로 예측되는 사람까지 모두 체포하여 숙청했다. 반 식민 운동으로 명망이 높았던 대부분의 명사들이 독립 후 몇 개월 안에 모두 잔인한 죽음을 맞이했다. 지식인이 일망타진되는 가운데 학교, 신문사, 출판사 등이 모두 문을 닫았으며 10년 동안이나 이러한 사태가 지속되었다. 독립 전 내각의 각료 거의 전부가 처형되었고 독립 전 의회의 의원 3분의 2 그리고 스스로 임명한 초기 내각의 각료 절반 이상이 숙청되었다. 뿐만 아니라 자신이 처벌을 승인한 사소한 범죄자 수 천 명이 처형되었다.

응게마는 적도기니를 초토화시켰다. 그가 물러났을 때 국가에는 지성인이라고 할 수 있는 인력이 한 명도 남지 않았다. 불과 십여 명의 기술학교 졸업생만이 남아있었다. 모든 정부 기능이 마비되었으며 각 부처는 문을 닫고 자물쇠를 채웠다. 1976년 마지막 남은 고위 공무원 그룹이 죽을 용기를 내어 국가를 봉건시대로 돌려놓은 고립정책을 완화해주도록 탄원서를 올렸다. 이들은 모두 응게마가 전임자들을 숙청한 뒤 손수 임명한 사람들로서 국가행정의 중추 세력이다. 그러나 이러한 행위는 벽을 향해 호소하는 것과 같았다. 응게마는 미동도 하지 않은 채 114명의 탄원자 모두를 체포하여 고문과 가혹행위를 자행했으며 이들 중 많은 사람을 처형했다.

아민은 오랫동안 시골뜨기 정도로 간주되었다. 겉으로 보기에는 순수하고 매력적인 측면이 있어서인지 사람들은 경계심을 풀고 어떤 범죄도 저지를 수 없는 사람으로 생각한 것이다. 그러나 이것은 그의 겉모습이었을 뿐 베일에 감추어진 내면은 딴판이었다. 아민은 함께 있는 사람의 호의를 사려고 있는 친절 없는 친절을 모두 베풀 정도로 관대했으나 적대적인 사람에게는 거의 말을 건네지 않았으며 찬바람이 불 정도로 냉정했다. 아민이 재임 중 보인 잔인한 행위는 나치를 방불케 했다. 아민은 직접 수많은 사람을 살해했다. 감옥에 수감된 죄수로 하여금 망치로 다른 죄수를 죽이게 한 뒤 죽은 죄수의 고기를 먹도록 했다. 마을 주민 전체를 기관총으로 몰살한 뒤 시체를 악어에게 던져 주었다.

아민은 이미 군 시절부터 인명을 극도로 경시하는 모습을 보였다. 케냐의 마우마우 사건 때 진압군으로서 행한 잔인한 일들을 20년 후 OAU(아프리카 통일기구: Organization of African Unity) 정상회담에서 자랑스럽게 떠벌렸다. 사실 우간다의 독립 전 그가 영국군에서 승승장구할 수 있었던 배경에는 물불을 가리지 않는 잔인한 행위가 있었다. 그는 식민 정부로부터 이러한 행위에 대한 면죄부를 얻었는데 식민 정부에게는 물불을 가리지 않고 설치는 그가 쓸모 있는 존재였기 때문이다.

아민의 폭력은 습관적이었고 그는 이를 즐겼다. 오보테 시절 일어난 두 번의 소요사태 당시 그는 과도한 진압에 앞장섰고 자신을 비겁자라고 비난한 동료 오코야를 살해했다. 1971년 쿠데타로 집권한 뒤 군과 민간을 포함한 사회의 모든 분야에서 피비린내 나는 숙청이 시작되었다. 교육받은 사람들에 대한 열등감과 질시로 인해 그는 새로 구성된 정부에 무학자들을 대거 끌어드렸다.

오보테에게 충성한 랑기Langi와 아촐리Acholi 족 출신의 장교들이 우선적으로 숙청 대상이었다. 아민은 군사 대학 출신의 거의 모든 장교들을 숙청했다. 1976년경이 되면 우간다 군은 외국인이 지배하는 군대와 비슷하게 되었다. 아민이 누비아, 수단, 자이르 출신의 장교들을 대거 군으로 끌어들였기 때문이다. 복잡한 보고나 전문적인 대화를 이해하지 못하는 아민은 내각 구성원과 전문 관료들을 대거 숙청했다. 이들은 아민에게는 성가신 존재일 뿐이다. 교육에 대해 관심이 없고 오히려 혐오하는 아민 치하에서 우간다의 교육 시스템 전체가 무너지지는 않았지만 현저히 약화되었다. 전문 지식을 익힌 사람들이 갈 곳이 없었기 때문이다. 정부 보조금이나 봉급이 현저히 삭감되자 교수와 학생들은 더 이상 학교에서 버틸 수 없었다. 이들은 학교에서 나와 부시 지대(관목, 잡목림, 가시덤불 등이 수북한 미개간지)로 돌아간 후 생계를 위해 소규모 농업에 종사했다. 우간다는 문명사회에서 원시시대로 회귀한 것이다.

보카사의 가장 큰 약점은 그의 허영심이었다. 그는 고등학교까지 마쳤으므로 학력에 대한 콤플렉스는 없는 편이었다. 그러나 그보다 더 높은 교육을 받고 재능이 뛰어난 사람들에 대한 원초적인 두려움이 있었다. 이들로부터 찬양과 숭배를 받으면서도 보카사는 만족하지 못했다. 그는 자신을 전지전능해서 감히 넘어다보지 못할 존재로 승격시키려 했다. 그가 가장 좋아하는 칭호는 '파파 복Papa Bok'이었다. 국민의 아버지 정도 된다는 이야기다. 그의 우월한 이미지가 침해되거나 도전받는 일이 생기면 보카사는 과격해졌고 폭력을 행사했다. 그러나 아민이나 응게마와는 달리 상대방이 참회하고 용서를 빌면 심각한 죄를 저지른 경우라도 용서해주곤 했다. 자비로운 그의 이미지와 부합했기 때문이다. 수백만 세파프랑(CFA 프랑)을 횡령한 각료들이 무릎을 꿇고 죄를 뉘우침으로써 사면을 받았으며 파파 복의 자비로 더 높은 자리로 승진하곤 했다. 그러나 이와는 대조적으로 파파는 생존을 위해 물건을 훔치다 방기 감옥에 수감된 잡범들에 대해서는 일체의 자비심도 보이지 않았다. 이들은 무자비하게 구타당하기 일쑤였다. 이들을 용서해도 그의 이미지 고양에는 도움이 될 것으로 보지 않았기 때문이다.

'자비로운 아버지' 이미지를 좋아하는 보카사는 대학을 비롯 각종 학교들과 기관, 군사시설, 농업 프로젝트, 도로 등에 그의 이름이 붙는 것을 좋아했다. 나중에는 교과서, 연습장, 교복 등에도 그의 얼굴이 새겨졌다. 1979년 학생 소요가 일어나자 그의 분노는 극에 달했다. 데모 자체가 문제가 아니라 그의 '자식들'이 감히 아버지에게 반항했기 때문이다. 이러한 성격 때문에 그가 권좌에 있는 동안 명시적으로 그에게 반대하는 세력은 없었다. 그가 상시적으로 직접 체벌을 가하는 습관도 공포심을 더해주었다. 그러나 수하들은 이내 그의 허영심과 분노를 이용하는 방법을 체득했다. 이들은 뻔뻔스러운 아부를 통해 그의 분노를 모면하곤 했다. 중앙아를 제국으로 만들고 보카사를 황제로 즉위시키는 아이디어도 그의 분노를 가라앉히기 위해 한 각료가 즉석에서 제안한 것으로 알려져 있다.

보카사는 세 사람 중에서는 가장 사람을 덜 죽인 편이지만 권력을 무기로 폭력을 휘둘렀다는 점에서는 동일하다. 1966년 쿠데타가 일어났을 때 그의 라이벌이던 경찰청장이 우선적으로 제거되었고 뒤를 이어 선별적인 살인과 구타가 행해졌다. 메달이 주렁주렁 달린 그의 복장을 보고 비웃는 사람들도 숙청의 대상이었다. 그는 집권 내내 부하들에게 심하게 굴었다. 신뢰할 수 없다고 판단되는 부하들은 주기적으로 총살시켰다. 처형된 사위 피델 오브루Fidel Obrou가 다른 곳에서 낳은 어린 아들까지 살해한 것을 보면 그의 잔인성이 드러난다. 근육질인 보카사는 아민과 마찬가지로 직접 폭력을 행사했다. 반역 혐의로 체포된 반자Banza 중령이 처형되기 전 그를 직접 고문했고 방기 감옥에 간힌 죄수들을 여러 차례 직접 구타했다. 1979년 학생 반란 사건 때 잡혀온 학생들을 고문하고 살해한 것도 보카사이다. 결국 그의 악행을 더 이상 용납하지 못한 종주국 프랑스에 의해 보카사는 몰락하게 된다.

아민과 보카사는 인육을 먹은 것으로 알려져 있다. 이들이 집권하는 동안 이런 소문은 이미 파다하게 퍼져 있었으나 실각한 후 관저 수색 등을 통해 소문이 사실인 것으로 드러났다. 응게마도 인육을 먹었다는 소문이 있었으나 사실은 아닌 것 같다. 그가 많은 해골을 가지고 있어 이러한 소문이 돌았던 것 같다. 그가 해골을 수집했던 이유는 마법적인 힘을 보유하기 위한 것이었다. 세 독재자들은 모두 주술과 미신에 의존했으며 자신이 신비한 힘을 보유하고 있다고 선전했다. 아민은 항상 점쟁이를 곁에 두었으며 자신이 전지전능한 힘을 가지고 있다고 자랑했다. 우간다에서 아시아계를 축출한 것이 계시에 의한 것이라고 주장했으며 자신이 죽을 날까지도 알고 있다고 주장했다. 수많은 습격과 암살 기도에도 무사한 것이 자신의 신비한 능력 때문이라고 주장하기도 했다.

명목상으로 무슬림인 아민은 주변에 이슬람 또는 토속종교를 믿는 아첨꾼들을 옆에 두었으며 우간다 내 두 개의 주요 이슬람 단체와 긴밀한 관계를 맺었다. 무슬림임을 내세워 아랍세계에 기술적, 재정적, 군사적 지원을 요청했으며 탄자니아 침공 당시 리비아로부터 군사지원을 얻었다. 우간다 내 무슬림은 인구의 15퍼센트 정도에 불과했으나 아민은 이슬람을 우대하고 다른 종교를 탄압했다. 타 종교의 사제들을 살해하거나 핍박했고 무슬림 출신을 요직에 등용시켰다. 나중에는 성공회 대주교의 살해까지 승인했다.

보카사도 주술사를 옆에 두고 자신이 모든 것을 알고 있으며 앞날을 내다본다고 주장했으나 교회와 대립하거나 그의 변덕을 종교인에게 뒤집어씌우는 것과 같은 어리석은 짓은 하지 않았다. 그는 한때 무슬림으로 개종하여 아랍 식 이름을 쓰기도 했는데 이는 아랍세계로부터 지원을 얻어내려는 일종의 정치적 책략이었다. 중앙아프리카공화국은 식민 시대 이전에 아랍 노예상인들로부터 많은 수탈을 당했던 국가이기 때문에 국가 원수가 무슬림이라는 것은 국민의 정서에 맞지 않았다. 리비아로부터 기대했던 만큼 원조를 얻지 못하자 보카사는 이슬람을 포기하고 다시 원래 종교인 가톨릭으로 돌아왔다.

응게마는 전통 종교를 숭배하는 사람이었다. 마법을 숭상하고 신봉하는 응게마는 성직자로 하여금 교회 의식 때 그를 '신에 버금가는 존재'로 숭배토록 했다. 그러다가 아예 기독교를 적합지 않은 종교로 점찍어 축출한 후 적도기니를 무신적인 국가로 선포했다. 모든 교회를 폐쇄했는데 많은 건물이 코코아 저장 창고로 전환되었으며 말라보 성당은 대통령궁의 일부가 되었다. 모든 선교활동이 중지되었고 기독교 신앙은 범죄로 간주되었다. 응게마에게는 '유일한 기적El Unico Miraclo' 등 많은 칭호가 붙었는데 자신에 대한 숭배를 제도화하지는 않았다. 그것은 모든 행정이 마비되어 그러한 일을 수행할 수 없었기 때문이다.

응게마는 낙향하면서 평소에 모아둔 많은 해골을 가져갔고 이들은 신비한 힘의 상징이 되었다. 일반대중은 그를 아프리카에는 없으나 사자처럼 용맹한 '호랑이의 화신'으로 받아들였다. 그가 전능한 불사조라는 인식이 널리 퍼져있어 정권이 무너진 다음에도 그를 지키기 위해 외국 군대가 동원되어야 했다. 또한 그가 죽은 후 환생하여 복수할 것이라는 공포심 때문에 군인들은 그를 총살시키지 못하고 모로코 용병이 동원되어야 했다.

• 심리분석

독재자들의 기묘한 행동을 이해하기 위해서는 생리적, 심리적 분석이 필요하다. 응게마는 아프리카가 낳은 미치광이 지도자이다. 지능이 낮고 단순한 그에게는 복잡한 사안을 이해할 수 있는 능력이 없었다. 어릴 적부터 열등감 콤플렉스를 가진 그는 식민 시절 상급자에게는 비굴할 정도로 복종하고 하급자에게는 오만과 독선으로 대했다. 좋은 교육을 받고 사회적 특권을 가진 사람들을 증오하며 복수심을 품었다. 독립 후 권력을 쥐자 그의 내부에서 독초처럼 자라온 복수심이 빛을 볼 기회를 잡았다. 지식층에 대한 증오심이 끓어오른 그는 적도기니 내 모든 식자층을 쓸어버렸으며 '지성인'이라는 단어 자체를 쓰지 못하도록 했다.

그는 20세기에 다다른 시계바늘을 뒤로 돌려서라도 자신의 욕구를 만족시키려 했다. 응게마는 알려지지 않은 병으로 스페인에서 치료를 받은 적이 있었으나 스페인 당국은 이에 관해 밝히지 않았다. 그는 점차 청력을 잃었다. 나중에는 자신의 연설이 들리지 않아 고함을 질러야 했다. 그러면서도 보청장치의 사용을 거부했다. 그의 거동은 기우뚱거리고 어색했다. 이로 인해 그가 뇌종양을 앓고 있었고 이 때문에 스페인에서 치료를 받은 것이 아닌가 하는 추측을 불러일으켰다.

응게마는 많은 종류의 약을 정기적으로 사용했으므로 약물로 인한 부작용이 동공에 나타났다. 앞뒤가 맞지 않는 연설, 기묘한 행동 등은 약물 부작용 때문인 것으로 추측된다. 그가 죽인 많은 사람들의 원혼이 두려워 때때로 죽은 자들의 이름을 적어놓고 일방적인 대화를 했다. 이 때문에 그가 미쳤다는 소문이 돌았다. 그는 늘 안으로만 움츠러드는 극도로 내성적인 고독한 독재자였다. 이 때문에 외부세계와 친밀한 관계를 맺을 수 없었으며 동료나 부하들이 처한 인간적인 문제에 대해서도 거의 관심을 보이지 않았다. 과연 그가 미쳤을까? 설은 많지만 이에 대한 정답은 없다. 트럼프가 가끔 비상식적인 행동을 보이지만 그가 미쳤다고 할 수는 없지 않은가. 식민종주국 스페인은 응게마에 관한 개인적인 정보를 철저히 감추었다.

이에 반해 아민의 건강에 관한 정보는 의사나 관계자들을 통해 밝혀졌다. 전문가들의 공통적인 견해는 아민이 경조증Hypomania을 앓고 있었다는 것이다. 이 때문인지 아민은 어떤 때는 절륜하리만큼 활발한 활동을 했다. 하루에도 7~8차례 회의를 주재하고 경제사회 혁신 계획을 수립했으며, 외국을 맹비난하고, 군부와 대립하는 등 정력적인 활동을 보였다. 그러다가도 맥이 빠지면 수주일 동안 칩거하며 아무 일도 안 하고 대중의 눈과 귀에서 멀어졌다. 그때마다 기습공격 등으로 그의 신상에 무슨 변고가 있었을 것이라는 세인의 추측을 불러일으키곤 했다.

아민은 자신이 신으로부터 계시를 받아 우간다를 통치한다고 주장하곤 했다. 아시아인 축출을 결정하기 직전 각료회의에서 자신이 이 문제에 관해 신의 계시를 받았다고 주장한 것이 대표적인 예이다. 잃고 있는 매독 치료가 완전하지 않아 발작을 일으킨다는 둥 갖가지 신체적, 정신적 장애에 관한 추측도 있었다. 기묘한 행동이나 폭력, 분노의 발작 등의 근본적 원인을 유년기 카크와 부족 시절에서 찾는 견해도 있다. 소수 부족의 비애, 문화적 후진성, 비천한 출신, 무교육, 가문의 뿌리와 가정생활 결핍, 사회와 유리된 자존심 등이 그의 기묘한 행동을 키웠다는 것이다.

아민 시대의 폭력과 잔인성은 미개한 세력이 득세했을 때 나타날 수 있는 현상의 극치를 보여주는 듯 했다. 불의한 세력이 권력을 잡고 보이지도 않던 인물이 정점에 오르면서 감추어졌던 증오와 복수, 응징이 활개를 치게 되었다. 제대로 된 교육이나 사회적 훈련을 받은 적이 없는 아민은 교육과 훈련을 통해 서구화된 세력과는 물과 기름 같은 관계였다. 이들과 함께 어울릴 수 있는 요소가 하나도 없었다. 아민은 자신과 비슷한 배경을 가진 사람들을 정권의 동반자로 삼았다. 운전기사, 잡역부, 경비원, 하급 군인 등이 그의 파트너가 되었다.

캄팔라에서 그가 행한 정치는 군 막사 내에서의 군기 훈련과 비슷했다. 다른 독재자들처럼 아민도 스스로를 과시하는 경향이 뚜렷했다. 자신을 원수, 종신 대통령으로 봉하고 '대영제국의 정복자' 또는 '스코틀랜드 왕좌의 진정한 계승자'와 같은 우스꽝스러운 칭호를 붙였다. 무학인 그는 교육과 경험이 풍부한 관료들을 멸시하고 혐오했으며 학식이 높은 사람을 본능적으로 불신했다.

보카사의 기묘한 행동의 원인은 무엇일까? 인도차이나 전쟁 참전 당시 머리에 부상을 입었다고 하는데 뇌 손상 여부에 관계없이 이것이 근본적인 원인은 아닐 것이다. 그의 성격과는 필연적으로 관련이 있다. 그는 매우 감정적이고 기분의 진폭이 큰 사람이었다. 극도의 복수심을 지녔고 잔인한 성격을 가졌다. 그의 곁에 있던 사람들에 의하면 한번 화가 나면 거의 정신이 나간 사람처럼 발광하고 흉포해졌다고 한다. 영락없이 미친 사람이었다. 이러한 발작은 나이가 들면서 빈도가 잦아졌다.

1977년 나폴레옹 스타일 대관식을 가진 것은 연극과 비슷한 행동이었으나 1986년 10월 망명지에서 자발적으로 방기로 돌아와 법정에 선 뒤 감옥으로 간 것은 어떻게 설명해야 할까? 혹자는 지나친 음주를 원인으로 들기도 한다. 그는 알코올 중독자였으며 결국 이로 인해 죽었다. 그밖에도 성적인 문란, 공상적인 성격, 자기만족을 추구하는 성격 등을 원인으로 들기도 한다. 그러나 보카사의 기묘한 행동이 다른 두 사람에 비해 지나친 것은 아니다.

방기의 행정은 무너진 적이 없고 그가 재정적으로 과도하게 지출하고 변덕스러웠던 것은 사실이지만 캄팔라나 말라보와 같이 무제한으로 화폐를 찍어내지는 않았다. 그의 돈줄은 국고가 아니라 프랑스 정부 아니면 중앙아프리카공화국에 거주하는 프랑스 사업가들이었다. 수천만 달러가 들어간 대관식 경비도 프랑스 정부가 지급했다. 보카사가 저지른 살인이나 숙청의 규모도 다른 두 사람에 비하면 조족지혈鳥足之血에 불과했다. 그는 서구 중산층의 생활규범에 익숙했고 오

랜 해외생활을 통해 보다 넓은 세계에 관한 시각을 갖고 있었으며 지
적인 수준도 두 사람보다는 월등했다. 이성이 있고 경험도 있었지만
통치를 그의 과대망상이나 몽상을 실현하기 위한 수단으로 이용했던
것이 결정적인 실수였다. 몽상가인 그가 권력을 잡았던 것 자체가 비
극이라고 할 수 있다.

• 유산

독재자 3인방이 남긴 상처는 엄청나다. 최소 30만 명이 죽고 200만
명이 난민이나 실종자가 되었으며 수많은 사람들이 육체적, 정신적으
로 불구가 되었다. 종족 간의 증오심이 극대화되었고 정치적 정당성
은 실종되었다. 사회적으로 연결된 고리들이 끊겨 극심한 분열이 생
겼으며 경제 붕괴, 파산, 사회적 갈등, 정치적 쇠퇴 등 부정적인 유산
만이 남았다. 독재가 끝나자 모두 안도의 한숨을 쉬었지만 문제는 그
대로 남았다. 응게마 이후에도 말라보에서 독재는 계속되었다. 덜 잔
인하지만 더 부패한 라틴 아메리카 식 카우디요Caudillo 군사독재가
응게마의 미치광이 독재를 대신했다.

광신적인 사회적 억압과 예측할 수 없는 테러가 응게마 시대의 통
치 수단이었다면 지금은 돈이 모든 것을 대신한다. 적도기니가 산유
국이 되었기 때문이다. 삼촌으로부터 권력을 탈취한 오비앙은 어느덧
40년간 권력의 정상에 있는 아프리카 최장의 집권자로서 절대적인

군주가 되었다. 그는 입으로는 민주주의와 다당제를 외치나 실제적으로 적도기니에 이러한 고상한 체제는 존재하지 않는다. 무늬만 있을 뿐이다. 적도기니에서는 지금도 주기적인 체포, 무자비한 구타, 숙청 등이 행해지고 있다. 인권과 민주주의는 실종된 지 오래다.

캄팔라와 방기의 사정도 크게 나아진 것이 없다. 독재 시절이 끝나자 테러와 게릴라 전쟁 시대를 거쳐야 했다. 정치는 여전히 지역과 종족에 의해 움직이고 있다. 캄팔라에서는 오랜 내전 끝에 1986년 무세베니가 정권을 잡아 정세는 안정되었으나 30년 이상 장기집권하면서 독재의 폐해가 심각하게 드러나고 있다. 선거 부정, 만연한 부패, 인권 유린, 빈부격차, 국가부채 등 문제가 겹겹이 쌓여 있다. 방기에서는 권력을 잃은 보카사가 다시 돌아와 무기형을 선고받고 투옥되었다가 나중에 사면을 받았다. 그는 곧 사망함으로써 세인들의 뇌리에서 잊혀진 존재가 되었다. 그러나 보카사의 집권을 가능하게 만든 사회적 요소들은 아직도 건재하다. 방기에서는 반역, 군부 동요, 부족 간 분쟁, 분리주의, 폭력, 부패, 비효율적인 행정 등이 여전히 판을 치고 있다. 내전도 종종 발생하고 있다. 중앙아프리카공화국은 여전히 아프리카에서 가장 낙후된 국가 중 하나로 남아 있다.

제1부

프란시스코 마시아스 응게마, 적도기니 공화국 대통령

아프리카 국가 중에서 적도기니 공화국Equatorial Guinea, Republic of Equatorial Guinea만큼 소외되고 덜 알려진 국가도 드물 것이다. 이 국가는 15세기에 발견되었으나 열대우림의 숲과 조그만 섬들 그리고 아프리카에서는 상대적으로 세력이 약한 스페인의 몇 안 되는 작은 식민지 중 하나라는 특성 때문에 늘 뒷전에 머물렀다. 그러나 이 나라가 결코 가난한 나라는 아니다. 1968년 독립 당시 일인당 소득이 코트디부아르와 비슷했고 1995년 이후에는 석유개발로 높은 소득을 올리고 있다.

응게마는 아프리카 독재자 중 재판에서 사형선고를 받고 처형된 유일한 지도자이다. 응게마의 통치 중 적도기니는 그야말로 망가亡家가 되었다. 풍성한 농장으로 가득 찼던 이 나라의 영토는 대부분 폐허로 변했다. 인구의 절반이 생존을 위해 난민이 되어 이웃나라로 도피했다. 지도자, 성직자, 정치인 등 교육을 받은 계층 전체가 숙청되거나 목숨을 부지하기 위해 피신했다. 이들 대부분은 옛 식민 종주국인 스페인의 수도 마드리드에 머물렀다. 교육 시스템, 사회적 기능, 공공 행정 등이 모두 마비되었고 페르난도 포 등에 거주하는 주민은 과거 노예시대와 같이 족쇄에 매인 몸으로 전락했다.

웅게마를 몰락시킨 군부 세력의 핵심은 그의 인척이나 측근들이었다. 새 대통령으로 취임한 테오도로 오비앙 웅게마 음바소고Teodoro Obiang Nguema Mbasogo 대령은 마시아스 웅게마의 친 조카이다. 그는 페르난도 포 주둔 사령관으로서 정권 핵심세력의 일부이며 한때 삼촌의 총애를 받은 인물이었다. 웅게마가 나라 전체를 망쳤지만 이에 대한 책임은 그의 측근들에게도 있다. 웅게마가 주재했던 군사평의회 전체가 잔혹한 살인에 대한 책임을 공유하고 있다. 그러나 아무도 책임을 지는 사람은 없었다. 오직 그와 몇몇 측근만 형장의 이슬로 사라졌을 뿐이다. 삼촌을 쓰러뜨리고 정상에 오른 오비앙 대통령은 아프리카 최장의 독재자로서 아직도 건재하다.

• 적도기니 공화국

아프리카에서 스페인의 몇 안 되는 식민지 중 하나였으며 스페인어를 공용어로 사용하는 유일한 국가인 적도기니는 본토인 리오무니Rio Muni와 주 섬인 페르난도 포Fernando Poo(현재 이름은 비오코Bioko), 가봉 해안지역에 산재해 있는 몇몇 도서 그리고 페르난도 포로부터 남쪽으로 640킬로미터 정도 떨어져 있는 안노본Annobon 섬 등으로 이루어져 있다. 페르난도 포와 안노본 사이에 위치한 조그만 도서 국가가 요즘 관광지로 각광받고 있는 상투메프린시페Sao Tome and Principe이다. 수도는 페르난도 포에 있는 말라보(옛 이름은 산타 이사벨: Santa Isabel)이다. 가장 큰 육지인 리오무니는 2만 6천 평방킬로미터이며 페르난도 포는 2천 평방킬로미터 정도이다. 리오무니 북쪽으로는 카메룬 그리고 동쪽과 남쪽에는 가봉이 위치하고 있다. 안노본은 길이가 11킬로미터 가량 되는 섬으로 1960년 당시 인구가 1천 5백여 명에 불과했다. 2015년 인구조사에서 집계된 인구는 5,232명이다.

한마디로 적도기니는 작은 나라로서 주목을 받은 적이 없다. 30년 전 석유가 발견되어 국민소득은 높아졌으나 이득은 모두 위정자와 세력가들이 차지하고 일반국민은 가난에서 벗어나지 못했다. 1990년대 중반부터 석유를 생산하기 시작하여 명목상으로는 아프리카에서 일인당 소득이 가장 높은 나라가 되었으며 GDP는 125억 달러로 세계에서 124위이다. 일견 잘 사는 것 같지만 극도의 빈부격차로 인해 인구의 대부분은 극빈층이다. 유엔인간개발지수에서 135위를 차지하고 있다. 인구 절반은 아직도 깨끗한 식수에 접근하지 못하며 어린아이 20퍼센트는 다섯 살이 되지 않아 사망한다. 세계에서 손꼽히는 인권 침해 국가로 알려져 있고 오비앙 대통령은 자유를 억압하는 독재자로 악명이 높다.

1960년 인구가 24만 5천 명에 불과했던 이 나라는 다른 아프리카 대국들에 못지않게 종족 분쟁과 지역주의에 시달렸다. 갈등의 가장

1883년 당시의 페르난도 포의 모습
(그림. Eugenio Alvarez Dumont 作)

큰 원인은 인종과 민족이 다른 육지의 리오무니와 바다의 페르난도 포가 강제로 합쳐져 한 국가가 된 때문이다. 스페인이 이렇게 만든 것인데 스페인은 식민통치 중 낙후된 리오무니에 대해서는 거의 신경을 쓰지 않았으므로 양측의 격차는 점점 더 벌어졌다. 양측은 크기, 인구, 경제, 생산물, 소득, 사회구조, 교육수준은 물론 자연적 환경도 천양지차이다.

페르난도 포는 사화산, 분화구에 형성된 호수, 깎아지른 계곡, 용암

이 형성한 비옥한 땅 등을 가지고 있어 평평하고 단조로우며 척박한 토질을 가진 리오무니와는 대조적이다. 독립 당시 페르난도 포에는 2천여 개에 이르는 스페인 식 핀카스Fincas(농장)가 있었다. 백인 소유인 300여 개 대형 농장이 15만 에이커를 차지했다. 이에 반해 1,600여 개 흑인 농장의 면적은 모두 합쳐도 17,500에이커에 불과했다. 리오와 페르난도의 경제적인 격차는 독립 후에도 계속 벌어졌다. 페르난도의 부비Bubi 족과 페르난디노라고 하는 혼혈 크레올Créole 족은 서구화되었으나 숫자는 많지 않았다. 이에 반해 수적으로 우세한 리오의 팡Fang 족은 가난하고 미개했으니 양측의 갈등은 필연적이었다.

페르난도 포의 원래 이름은 포르모사Formosa('아름답다'는 뜻)인데 최초로 이곳을 방문한 포르투갈 인의 이름을 따 페르난도 포로 개명되었다. 페르난도 포는 1778년 포르투갈이 스페인에게 양도한 땅이다. 스페인은 브라질 일부의 영토권을 포기하는 대신 페르난도 포를 얻었다. 스페인이 새로 얻은 식민지를 관장하려는 시도는 3년 후인 1781년에 창궐한 황열병으로 인해 제동이 걸렸다. 사망자가 속출하자 섬으로부터 철수해야 했던 것이다.

1827년 영국은 노예선 색출을 위해 클라렌스Clarence(산타 이사벨의 옛 이름)와 산 카를로스 만에 해군기지를 설치했다. 그 결과 해방된 많은 노예들이 페르난도 포에 정착했다. 나중에는 자마이카와 시에라리온으로부터 풀려난 노예들도 이곳으로 몰려들었다. 이 섬은 쿠바의 죄수들을 수감하는 곳으로도 사용되었다. 따라서 페르난도 포의 인구

구성은 다양할 수밖에 없다. 영국에게 6만 파운드를 받고 섬을 팔려는 시도도 있었으나 국력 약화를 우려하는 애국 시민의 반대로 무산되었다.

스페인은 1844년이 되어서야 페르난도 포에 본격적인 통치를 위한 시설을 짓기 시작했고 1898년까지 항구적인 지배체제를 마련했다. 그러나 한때 천하를 호령했던 '무적함대'의 위용이 유럽에서 현저히 약화되자 스페인은 해외 식민지 경영에 열의를 잃었다. 식민 정부가 페르난도 포에 배정한 예산은 매우 빈약한 것이었다. 스페인 정부는 카메룬이나 가봉과 같은 내륙 쪽의 영토를 탐냈으나 아프리카 내 기반도 없고 힘도 없는 그들에게는 그림의 떡이었다. 더군다나 미서전쟁Spanish-American War에서 패한 스페인은 더 약화되어 내륙 쪽에서는 리오무니에서만 겨우 존재를 유지할 수 있었다. 페르난도 포의 대농장Plantation 경영에 필요한 노동력을 구할 수 있도록 유럽 국가들이 리오무니 관할을 허락했기 때문이다. 1920년대에 이르러 리오무니에 대한 스페인의 효율적인 관할 체제가 형성되었고 1939년이 되자 리오무니의 경제 개발이 시작되었다.

1950년대 중반 스페인 정부는 식민 지배를 다소 완화하는 조치를 취했다. 종전까지 해군제독이 관장했던 식민 정부의 수장에 최초로 민간인이 임명되었고 식민지의 명칭이 '기니만 스페인 영토'로부터 '스페인령 적도기니'로 바뀜으로써 피식민지인은 이론적으로는 완전한 스페인 시민이 되었다. 피식민지는 마드리드 의회에 여섯 명의 대

미서 전쟁 중 마닐라 만 전투 장면(그림. 작자미상. 미국립해군박물관 소장)

표자를 선출하여 보낼 수 있게 되었다. 이에 따라 1960년 선거가 시
행되었으며 그해 12월 스페인계 기니인 세 명이 의회에 진출했다.
1959년 시행된 개혁조치는 급격히 쇠퇴하는 식민주의 환경에서 스
페인이 국제적 명성을 얻어 살아남기 위한 조치였다. 또한 지브롤
터Gibraltar를 둘러싼 영국과의 분쟁에서 지지 세력을 얻기 위한 조
치이기도 했다. 마침내 1963년 스페인은 적도기니에 자치권을 부
여했다.

　페르난도 포(비오코)의 원주민은 부비 족이다. 적도기니 인구의 15

퍼센트를 차지하는 부비는 15세기 이전에 카메룬으로부터 이곳으로 건너왔다. 내륙 쪽의 팡 족은 압도적인 다수로 인구의 80퍼센트를 차지하며 67개의 부족을 거느리고 있다. 스페인이 대농장 경영을 위해 내륙으로부터 계속 노동자들을 데려왔으므로 부비는 점차 소수 부족으로 전락할 위기에 처했다. 특히 팡 족의 숫자가 증가했으므로 부비는 팡에게 지배권을 뺏길까봐 두려워했다. 이로 인해 부비는 스페인 식민 정부에 적극 협력했다. 스페인의 비호 하에 부비는 크레올 Créole(유럽인의 자손으로 점령 식민지 지역에서 출생한 사람)과 함께 적도기니에서 사회경제적으로 가장 진화한 부족이 되었고 행정관리나 교사직 등을 독차지했다. 페르난도 포에는 해방된 노예의 후손인 페르난디노스Fernandinos가 4천여 명 정도 있었다. 이들은 스페인 대농장의 지배인으로 일하면서 1920년대에 중산층이 되었는데 서부 아프리카에서 가장 부유한 크레올 사회를 형성했다.

이 섬에서 주목해야 할 인종집단은 나이지리아 출신의 계약근로자들이다. 1975~76년 당시 웅게마 정권에 의해 강제로 축출당하기 전까지 4만 5천 명에 달하는 이 대농장 근로자들은 페르난도 포 경제의 핵심이었다. 섬 인구 18만 명의 16퍼센트 정도를 차지하는 팡 족은 농장일은 여성의 몫이라고 생각할 정도로 보수적이었으므로 대농장에서 일하는 것을 싫어했다. 이들의 꿈은 하루 빨리 리오무니로 돌아가서 자신의 커피 농장을 일구는 것이었다. 부비도 대농장에서 일하는 것보다는 소규모라도 자신의 카카오 농장이나 커피 농장에서 일하

페르난도 포의 원주민들(그림. Alfredo Perea 作, 1864)

는 것을 선호했으므로 이러한 점에서는 팡과 성향이 일치했다.

　부비와 팡이 모두 대농장의 일꾼이 되는 것을 거부했으므로 섬의 경제는 자연스럽게 해외노동력에 의존하게 되었다. 특히 코코아 농업의 경우 전적으로 외국 노동자에 의존해야 했다. 1905년 스페인은 라이베리아와 협정을 맺고 대규모 계약 노동자를 섬에 데리고 왔다. 그러나 라이베리아 근로자 숫자는 1927년 거의 노예 수준에 가까운 계약 내용이 밝혀지면서 급속히 감소하게 된다. 이후 계약을 개선하기 위한 노력 및 카메룬 근로자로의 대체 시도 등이 있다가 결국 이보 족 Ibo이 대다수인 나이지리아 근로자가 오면서 이들이 35년간 중추를 이루게 된다. 나이지리아 근로자 수가 토착민 숫자를 능가하면서 언어, 문화, 음식 등 생활에 큰 영향을 미치게 되었으며 페르난도 포는 다민족 사회로 변모했다. 그러나 1975~76년 사이 웅게마 정권이 근로계약을 형편없는 조건으로 밀어붙이자 나이지리아 정부는 근로자 송출을 전면 중단하고 남은 근로자 대부분을 본국으로 송환시킴으로써 페르난도 포 경제 침체의 원인이 되었다.

적도기니의 경제는 코코아, 커피, 목재 3개 품목의 수출에 거의 전적으로 의존했다. 그러나 1968~69년 스페인 지주 및 기업인들의 대규모 이탈과 1975~76년 나이지리아 근로자들의 철수 등으로 인해 경제가 거의 파산 상태에 이르렀다. 1979년 웅게마 실각 후 국제사회로부터 상당한 금액의 원조가 도달했으나 적도기니의 경제는 독립 이전의 생산성을 회복하지 못한 채 오랫동안 낙후된 상태에 머물렀다.

적도기니의 3대 수출 품목 중 코코아가 가장 중요했다. 1970년 코코아는 적도기니 전체 수출 중 66퍼센트를 차지했다. 1854년 브라질에서 페르난도 포로 도입된 코코아는 곧 경제의 중심 품목으로 등장했다. 이 섬의 화산 토양, 높은 습도, 많은 강수량 등이 코코아 산지로 가장 좋은 조건을 제공했고 높은 질을 보장했다. 1910년 페르난도 포는 세계에서 10번째 생산국이 되었으며 점점 그 순위가 올라갔다. 코코아는 페르난도 포로부터 인근 가나와 나이지리아에도 전파되었다. 스페인의 보조금을 받던 시절에는 전량이 스페인으로 수출되었으나 스페인과의 관계가 악화된 후에는 동유럽과 바터 무역의 대상이 되었다. 1975년 생산된 코코아는 거의 대부분 동독으로 수출되었으며 1976년 생산품은 소련, 중국, 쿠바 등으로 수출되었다. 독립 전 연간 코코아 생산량은 3만 5천~4만 톤에 달했다. 그러나 응게마의 집권 후 모든 것이 변해버렸다. 1970년 농장 국유화조치가 일어났고 응게마에게 충성하는 팡 족에게 농장을 배분하자 생산량은 2만 2천 톤으로 감소했다. 이후 나이지리아 노동자가 철수하자 생산량은 3천~8천 톤으로 급감했다. 6만여 명에 이르는 부비 및 팡 근로자들을 사실상 노예화했음에도 불구하고 코코아 생산은 부진을 면치 못했다. 1979년 쿠데타 직후 방문한 스페인 농업전문가들은 코코아나무의 상태를 살핀 후 원상회복 가능성에 대해 회의적인 견해를 피력했다.

적도기니에서 두 번째로 중요한 품목인 커피는 리오무니에서 대부분 재배되었다. 소규모 가내 농업 형태로 재배되는 커피의 질은 좋지 않은 편이었으나 독립 전 연 평균 6천 톤이 수출되었다. 거의 전량이 스페인으로 수출되었으며 외화 수입의 24퍼센트를 차지했다. 커피는 정착 농민의 주요 수입원이었으므로 응게마가 집권한 후에도 생산량은 그다지 줄어들지 않았다. 1968년 극심한 흉년으로 수확이 감소한 후 연 생산량은 4,800톤 정도로 고정되었다. 커피의 질이 낮아 가격도 낮았으므로 생산을 더 증가시킬 유인 요건은 형성되지 않았다. 커피 생산이 감소되었음에도 불구하고 코코아 등 주요 수출 품목이 붕괴된 상황에서 외화벌이 수단으로서 커피의 가치는 보다 상승했다. 웅게마 정권 말기 몇 년 동안 리오무니에서 꽝 농부들이 생산하는 커피는 정권의 버팀목이 되었다.

목재는 전통적으로 세 번째로 중요한 수출 품목으로 외화 수입의 9퍼센트 정도를 차지했다. 목재는 대부분 본토의 밀림지역에서 생산되었는데 독립 전 스페인 벌목회사들은 연 30만 톤의 견목재Hardwood를 생산했다. 웅게마 집권 후 오만한 스페인 벌목회사들과 새로 구성된 말라보 정부 간에 심각한 갈등이 발생했다. 1969년 위기가 닥치자 스페인 기업들은 앞 다투어 적도기니를 빠져나갔다. 불과 몇 개 회사만 남아 벌목을 계속했으며 이들은 사실상 적도기니에 남은 몇 안 되는 외국인 회사들이었다. 외국인이 떠난 1970년 이후 목재 수출은 거의 무시해도 될 수준으로 떨어졌다. 전통적으로 적도기니 정부와 가까운 북한이 목재 사업에 뛰어들고 있는 것으로 보인다. 최근 밝혀진 바에 의하면 칠보Chilbo라는 목재회사가 중국 원저우에 있는 위안예 우드Yuanye Wood에 10만 달러 상당의 목재를 팔았는데 위안예 우드는 목재 대금을 칠보가 아니라 싱가포르의 한 원자재 중개회사에 보낸 사실이 드러났다. 미국과 유엔의 대북 제재를 피하기 위해 제3국의 협력자를 활용한 것으로 보인다. 칠보는 북한회사로서 북한 노동자들이 이곳에서 일했다고 하며 이름도 북한에 있는 산 이름에서 따온 것이라고 한다. 서부 아프리카의 밀림에 있는 자원까지 북한의 비밀자금으로 활용되고 있는 현실에 새삼 경악하지 않을 수 없다.

● 응게마의 어린 시절과 정치적 성장

프란시스코 마시아스 응게마Francisco Macías Nguema는 1924년 1월 1일 가봉의 월레우 은템Woleu Ntem주 오옘Oyem에서 태어났다. 그의 아버지는 팡 족의 일부인 에상기 씨족 출신이었으며 주술사였는데 친동생을 죽였다고 한다. 응게마가 9세 되던 때 아버지가 사망했다. 아버지는 씨족 대표로 보다 나은 임금 조건을 협의하기 위해 추장 칭호를 쓰려다 이를 못마땅하게 여긴 스페인 관리에게 맞아 죽었다고 한다. 그로부터 1주일 후 어머니가 자살함으로써 응게마와 열 명의 형제들은 고아로 남았다. 깊은 트라우마를 지니게 된 응게마는 삼촌 집에서 양육되었다.

응게마가 어린 시절을 보낸 곳은 몽고모Mongomo 주 니아산용Nyasanyong이다. 청소년 시절 응게마는 공부에 소질이 없었고 학교와 교회에서 사람들과 잘 어울리지도 못했다. 이 때문에 늘 열등감을 가지게 되었다. 초등학교를 마친 후 하급관리가 되기 위해 시험을 치렀는데 1950년 네 번째 만에 겨우 합격했으며 그것도 스페인 당국이 특혜를 주었기 때문에 가능했다. 응게마는 공공사업부의 삼림국 직원으로 일하면서 바타, 리오 베니토, 몽고모 등지에서 근무했다. 통역 보조로 일하면서 자신의 이익을 챙겼는데 무식한 농부들로부터 뇌물이나 선물을 받았으며 한편으로 스페인 위정자들에 대해서는 비굴할 정도로 아부와 굴종을 행했다. 응게마는 식민 정부의 눈에 비정치적이고 나긋나긋하며 믿을만한 조력자로 비춰졌다.

아프리카 식민지에 독립의 물결이 다가오면서 스페인은 팡 족 출신 엘리트 중에서 충성을 바칠 사람을 찾고 있었는데 마침 응게마가 적절한 인물로 꼽혔다. 이렇게 해서 1960년대로 접어들면서 응게마는 예기치 않게 승승장구하게 된다. 1963년 응게마는 몽고모 시장으로 임명되었으며 이어서 리오무니 의회 의원이 된 후 연이어 리오무니 대표로 수도 산타 이사벨에 있는 국회에 입성했다. 1964년 응게마는 온두 에두 자치정부의 공공사업부 장관으로 임명되었고 이어서 부총리가 되었다. 1967년 독립이 다가오는 가운데 응게마는 변호사 겸 사업가인 안토니오 가르시아 트레비하노Antonio Garcia-Trevijano에게 포섭되어 그의 지원과 보호를 받게 된다. 유력한 사업가인 트레비하노는 응게마를 자신의 야심을 실현시키기 위한 도구로 이용코자 했다.

● 독립과 응게마의 집권

적도기니에서 민족주의 운동이 처음 일어난 것은 1959년으로 식민지의 지위가 낮아진데 대한 저항이었다. 초대 가봉 대통령 레옹 음바Léon M'ba의 사위인 아타나시오 은동 미요네Atanasio Ndong Miyone가 앞에 나섰다. 팡 족과 가봉에 있는 리오무니 피난민의 전폭적인 지지를 얻은 미요네는 적도기니해방운동MNLGE이라는 정당을 창당했는데 나중에 적도기니국민해방운동(모날리게MONALIGE: National Liberation Movement of Equatorial Guinea)으로 이름이 바뀌었다. 모날리게MONALIGE는 1964년 군사조직을 편성했으며 즉각적인 독립과 스페인 자산의 국유화를 목표로 했다. 모날리게는 대중의 인기를 누렸으나 비전이 부족하고 해외에서 원격 지휘하는 은동 미요네의 리더십 스타일, 그리고 내부 갈등으로 인해 조직은 취약했다. 구 식민지 관료 출신으로 조용히 모날리게에 가입한 응게마는 당시만 해도 전혀 알려지지 않은 인물이었다.

한편 리오무니에서는 실용적이고 기회주의적인 적도기니국민연합운동(뭉게: MUNGE)이 결성되어 독립 과정에서 주목을 받게 되었다. 이 당의 리더는 목사 출신인 보니파시오 온두 에두Bonifacio Ondu Edu로서 뭉게MUNGE는 과도 자치공화국의 정부 역할을 수행했다. 이밖에도 여러 개의 민족주의 정당이 창당되었으나 상호 반목과 불화가 심해 결집된 민족주의 운동은 일어나지 않았다. 스페인 식민 정부가 페르난도 포와 리오무니로 영토를 양분한 뒤 '분할통치' 함으로써 두 지역의 종족들 간에 갈등이 커진 것이 반목의 결정적 원인이었다. 부비에게는 늘 본토의 팡에 의해 압도될지 모른다는 불안감이 있었고 섬 내 페르난디노를 비롯한 여타 소수파는 부비의 장악에 대해 근심을 가졌다.

1963년 12월에 시행된 기본법과 주의 자치에 관한 국민투표에서는 이러한 종족 간의 갈등이 여실히 드러났다. 이후 적도기니의 독립을 촉구하는 유엔의 압력에 의해 1968년 4월 스페인 당국이 개최한 헌법회의에서 스페인이 기초한 기본법이 제출되었는데 팡 족 지배에 대한 우려를 완화시키기 위한 내용이 포함되었다. 그러나 페르난도 포는 기본법 초안을 강하게 비판했다. 산타 이사벨에서는 분리를 외치는 시위가 일어났으며 시민들은 리오무니를 제외한 적도기니의 독립을 옹호했다. 헌법회의를 둘러싼 갈등과 분열은 온두 에두의 리더십에 치명적인 상처를 입혀 뭉게MUNGE 해체를 초래했고 이 틈을 타 응게마가 점차 떠오르게 되었다.

스페인의 악행을 본받은 것처럼 보이는 뭉게MUNGE 내각은 정실과 부패 그리고 장관들의 사치스러운 생활과 행정적 무능력을 여실히 드러냈다. 이러한 가운데 적도기니에서 가장 유력한 스페인 사업가인 트레비하노에 의해 발탁된 마시아스 응게마는 불명예스러운 온두 에두를 대신할만한 정치인으로 부상했다. 당시 모날리게의 리더로서 공공행정장관이었던 응게마는 트레비하노의 재정 지원과 여타 스페인 기업가들의 지원을 얻게 되었는데 이들은 고분고분하고 말 잘 듣는 응게마를 내세워 독립 후 큰 경제적 이익을 얻고자하는 그룹이었다. 응게마 주변에는 모든 정당의 비주류 정치인과 온두 에두 정부에서 소외된 정치인들이 모여들었다. 마시아스 그룹Grupo Macias으로 알려진 이들이 기성 정치인을 신랄하게 공격하는 가운데 응게마는 갑자기 중요한 인물로 부상했다. 연단에 오른 응게마는 광범위한 지지를 이

페르난도 포의 수도 산타 이사벨(그림. Federico Ruiz 作, 1864)

끌어내지는 못했으나 정부에 대한 험한 욕설만큼은 사람들에게 깊은
인상을 심어주었다.

　1968년 10월 독립 후 대통령 선거가 실시되었는데 후보 중 누구도
과반수 득표에 미치지 못했다. 인구밀도가 높은 마을, 추장 집회, 팡
족 거주지 등을 찾아다니며 맹렬한 연설을 행한 응게마가 선전함으로
써 선두 주자로 떠올랐다. 응게마 36,716표, 온두 에두 31,941표 그리

고 은동 미요네가 18,223표를 얻었다. 결선 투표를 앞두고 은동이 연대를 제의했으나 오만한 온두가 이를 거절하자 은동은 응게마 지지를 선언하며 사퇴했다. 응게마는 은동에게 외교장관 직을 약속했다. 이 거래로 인해 응게마는 쉽게 대통령에 당선되었다. 당선된 지 3개월이 채 되지 않아 체포, 구금 및 살해 등 정치탄압이 벌어졌다. 가봉으로 피신한 온두는 자살했다는 설이 있는가 하면, 적도기니로 소환된 후 조작된 쿠데타 혐의로 1969년 1월 수감되었는데 신체를 절단하고 눈알을 뽑는 고문 후에 살해되었다는 설도 있다. 이후 종주국 스페인과의 불화가 일어나자 적도기니에 체류하고 있는 스페인인 대부분이 서둘러 나라를 빠져나갔다. 바야흐로 광인 응게마의 시대가 도래한 것이다.

적도기니가 독립의 기쁨을 맛본 것은 4개월여에 불과하고 곧 피바람이 몰아닥쳤다. 1969년 2월 기폭제가 되는 사건이 일어났다. 리오무니를 시찰하던 응게마가 바타Bata에 있는 한 건물에 스페인 국기가 게양되어 있는 것을 목격한 것이다. 이는 사실 사소한 문제였고 외교적으로 항의한 후 곧바로 시정될 수 있었지만 열등감이 강한 응게마는 이를 용납할 수 없는 사건으로 확대시켰다. 원래 마음 속 깊이 감추어져 있던 스페인에 대한 적대감이 분출된 것이다. 적도기니에 남아있는 스페인인들의 오만한 행동, 외국인이 좌지우지하고 있는 경제구조, 스페인 관리들이 여전히 자리를 지키고 있는 현실, 이런 것이 총체적으로 응게마를 자극했다. 얼마 전 부비의 본거지인 산타 이사벨에서 냉대를 받은 것도 그를 자극했다. 욕설과 거친 입담으로 스페인 식민주의를 맹비난하는 연설을 내뱉으면서 응게마는 스페인 국기를 당장 내릴 것을 요구했다. 스페인 측이 이를 거절하자 사태는 폭력으로 돌변했다. '마시아스 청년단'으로 불리는 일단의 젊은이들이 바타 시내를 누비고 다니며 외국인을 공격했다. 목재 하적장을 지키던 스페인 관리인 한 명이 살해되자 폭력 확대를 우려한 스페인 대사는 주둔군에게 공항을 폐쇄하고 모든 통신수단을 보호할 것을 지시했다. 이에 대해 응게마는 스페인 대사의 소환과 함께 모든 스페인 경비 병력을 철수하고 이를 유엔평화유지군으로 대체할 것을 요구했다. 그리고 국내 전역에 비상계엄을 선포했다.

폭력사태와 응게마의 거친 연설에 놀란 스페인 커뮤니티는 수년 전 자이르(지금의 민주콩고공화국)에서 벌어졌던 것과 유사한 학살이 일어나지 않을까 우려했다. 7천 여 명의 스페인인은 서둘러 적도기니를 빠져나갔다. 3월 은동 외무장관과 이봉고 유엔주재 대사가 합동으로 마드리드를 방문한 후 귀국해 사태 수습에 나섰다. 응게마가 이들의 충고에 귀를 기울이지 않자 이들은 지지자를 규합하여 쿠데타를 모색했다. 그러나 쿠데타는 실패했으며 두 사람은 응게마 지지자에 의해 잔인하게 살해되었다. 이 사건과 관련하여 부비 출신인 국회의장과 산타 이사벨 시장 등 200명 이상의 부비 인사들이 체포되어 고문 끝에 모두 살해되었다. 이 사건은 마치 응게마의 공포 정치 시작을 알리는 신호탄과 같았다.

국가가 내전 양상으로 빠져들자 남아 있는 스페인인의 탈출이 시작되었다. 3월 말까지 스페인 커뮤니티의 90퍼센트 이상이 국외로 탈출함으로써 남은 스페인인이라고는 리오무니의 60여 명 그리고 페르난도 포에 있는 수백여 명에 불과했다. 행정관리, 교사, 기술자, 전문가, 농장 소유인, 상점주인 등 중상류층 거의 전부가 나라를 빠져나갔다. 이로써 이들과 함께 일했던 수만 명의 적도기니인은 일자리를 잃었다. 무역과 상업이 크게 위축되고 서비스 부문이 동결되었으며 화폐경제가 축소되고 세금과 관세 수입이 곤두박질 쳤으며 행정과 사회 서비스가 마비되었다. 적도기니에 재앙이 닥친 것이다.

1969년 스페인인의 대탈출과 함께 응게마 공포시대의 문이 열렸다. 헌법이 정지되었고 모든 정당은 강제로 응게마 정당으로 통합되었다. 산타 이사벨의 행정 관료는 대부분 리오무니의 팡 출신으로 교체되었다. 코코아 농장의 인력을 팡 족으로 채움에 따라 페르난도 포의 인구구조에 변화가 일어났다. 적도기니는 점차 아프리카 판 '다카우 나치스 캠프'로 변했다. 1969년 사태 후 《뉴욕 타임스》지는 응게마를 '자존심이 세고 변덕스러우며 세련되지 못한 사람으로서 그에게 주어진 복잡한 일에 대처할 준비가 전혀 되어있지 않은 사람'으로 논평했다.

1970년 7월 응게마는 공식적으로 일당 독재국가를 부르짖고 1973년에 종신 대통령이 되었다. 스페인 및 서방과 관계를 단절하였으며 공산주의를 신 식민주의로 간주하는 거친 비판에도 불구하고 중국, 쿠바 및 소련과 특별한 관계를 맺었다. 소련과 특별 무역협정 및 운송

조약을 체결하였으며 소련은 그 대가로 차관을 제공했다. 운송조약으로 인해 소련은 어업 프로젝트를 추진할 수 있게 되었고 루바Luba에 해군기지를 건립했다. 소련은 루바 기지와 말라보 공항에 대한 접근권을 활용하여 앙골라 전쟁에서 유리한 위치를 차지할 수 있었다. 중국과 쿠바는 재정, 군사 및 기술적 지원을 행했다. 공산 진영은 이제 서부 아프리카의 중심에 교두보를 마련한 것이다.

● 숙청과 파괴

스페인 사람들은 웅게마를 단순하고 지적 수준이 낮으며 다루기 쉬운 인물로 생각했지만 웅게마의 마음 깊은 곳에서는 백인에 대한 분노가 자리 잡고 있었다. 웅게마는 자신을 꼭두각시처럼 조종한 식민 정부와 마치 주인이라도 되는 것처럼 그를 모욕하고 업신여긴 스페인인들에게 원한을 품었다. 웅게마가 권력의 정점에 오르도록 지원했던 스페인인들은 나중에 그 대가로 말라보에서 경제의 주도권을 잡기는 했으나 그들이 기대한 이권에는 크게 미치지 못했다. 그들에게 주어진 경제적 이익은 웅게마를 지원해서가 아니라 이제 그들만이 웅게마를 외부 세계와 연결시킬 수 있는 고리이기 때문에 얻는 반사이익에 불과했다.

웅게마는 교육받은 자, 지식인, 자기보다 수준이 높은 사람에 대해 병적일 정도로 반감을 가졌다. 젊은 시절부터 그는 외국인과 지식인에 대해 깊은 콤플렉스를 가졌는데, 자신보다 사회적 지위가 높은 사람에 대해서는 지나친 굴종 그리고 낮은 사람에 대해서는 극도의 오만으로 표출되었다. 정권을 잡자마자 응게마는 모든 교육받은 자와 지식인층에 대한 숙청에 나섰다.

적도기니에서는 아예 '지식인Intellectuals'이라는 용어의 사용이 금지되었다. 교육장관이 각료회의에서 이 용어를 사용하자 응게마는 즉시 그를 처벌했다. 수년 내에 모든 도서관이 폐쇄되었고 출판활동이 금지되었다. 서양식 교육을 금지하고 지성인을 퇴출시키는 것이 아프리카가 당면한 가장 큰 과제로 부각되었다. 외국 문화와 교육이 아프리카의 순수한 정기를 오염시키고 있다고 주장했기 때문이다. 그럼에도 불구하고 응게마 자신이 얻은 45개의 명예 직위 중에는 '교육, 과학, 문화의 그랜드 마스터'라는 타이틀도 포함되어 있었다.

1973년 응게마는 의학 학위와 병원장 자리를 의학이나 행정과는 아무 관계가 없는 축구선수와 마시아스 청년단 관계자에게 수여함으로써 지성을 무시하는 극치를 보였다. 응게마의 광적인 행동은 계속되었다. 안경을 쓴 사람을 지성인으로 몰아 사형에 처하는가 하면 탈출자를 막기 위해 모든 배를 파괴했으며 본토에서 외국으로 나가는 유일한 도로도 폐쇄했다. 중앙은행 총재를 사형시킨 후 은행에 남아 있는 모든 재화를 자신의 관저로 옮겼다. 1975년 크리스마스이브에는 약 150명의 반대파 인사들이 처형되었는데 말라보에 있는 축구장에서 메리 홉킨스의 'Those were the days(그때가 좋았지)'를 크게 틀어

응게마 대통령 초상이 그려진 적도기니 공화국의 구(舊) 화폐, 1969년(사진 Hayko, 2010)

놓고 총을 난사하여 죽였다.

무슨 목적에서 권력을 추구했는지 모르지만 일단 정상에 오른 후 응게마의 모든 행동은 징벌적, 파괴적 그리고 부정적이었다. 그의 어떤 행동이나 정책도 적도기니와 국민에게 득이 되지 않았다. 말라보, 바타 또는 몽고모에서 나오는 모든 칙령과 발의는 후진적, 퇴보적, 파괴적이었으며 도덕적으로도 타락한 것들이었다. 1971년 5월 칙령을 통해 그에게 입법, 사법, 행정을 아우르는 절대 권력이 주어졌고 10월에 반포된 법은 대통령이나 정부를 협박하는 행위는 사형, 그리고 대통령을 모욕하는 행위는 30년 형으로 규정했다. 1972년 7월 칙령을 통해 모든 정당을 연합국민당(추후 연합국가인민당으로 개칭)으로 통합한 뒤 웅게마가 종신 당수가 되었다. 1973년 7월 국민투표에서 채택된 신헌법은 대통령에게 절대적인 권한을 부여했고 3개월 후 대통령 선거에서 그는 종신 대통령으로 취임했다.

권력 후반기가 되면 웅게마는 몽고모 벙커를 강화하여 철옹성으로 만든 자신의 세계에 침울하게 들어앉아 그의 친족으로 구성된 마피아 집단에게 국가의 통치를 맡겼다. 1969년 이후 적도기니는 마치 지구의 국가가 아닌 것처럼 세상으로부터 멀어져갔다. 국가적인 문제나 경제에 대해 초보적인 웅게마는 어떠한 설득력 있는 정책이나 국가의 목표 또는 발전 계획 등도 내놓지 못했다. 그가 국내 및 해외에서 행한 연설은 매우 장황하고 두서없으며 고함을 지르는 것에 불과했다. 논리적으로 말이 안 되는 소리를 지껄이면서 장광설을 늘어놓곤 했다. 팡어로 시작한 연설은 시간이 지나면 스페인어로 바뀌었다가 다시 팡어로 돌아오곤 했는데 누구도 진지하게 귀를 기울이지 않았다. 즉흥적인 연설을 하기 일쑤였고 늘 고함을 질렀는데 이는 귀가 먹어가는 증세 때문이기도 했다.

웅게마는 리더로서의 자격이 전혀 없는 사람이었다. 모든 일을 즉흥적으로 처리했고 감정적으로 대응했으며 사회적 파장을 전혀 생각하지 않고 이기적으로, 자기가 하고 싶은 방식으로만 일을 처리했다. 1975년 페르난도 포 농장에서 일하는 나이지리아 근로자들이 전면 철수한 것은 그가 앞뒤를 가리지 못한다는 사실을 명백히 보여준 것이다. 이는 스페인인을 추방한 것보다도 더 적도기니 경제에 재앙을 가져올 것이 분명했다. 페르난도 포에 있는 코코아 농장은 스페인 농장주들이 떠난 후 적도기니 정부의 수중으로 떨어진 가장 소중한 자산이었다. 코코아나무를 지키고 관리하기 위해서는 숙련된 나이지리아 인력이 반드시 필요했다. 그러나 응게마는 그들에게 봉급도 제대로 지급하지 않고 노예와 같이 다루었다. 화가 난 나이지리아 정부가 근로자 모두를 철수시킨 것은 당연한 조치였다. 응게마의 광기 어린 통치로 공포에 질린 스페인 대농장 소유주들과 기업인이 탈출하여 경제와 행정에 큰 공백이 생겼다. 이들의 탈출로 기술과 자본 모두가 사라져버린 것이다.

수출과 재정수입이 격감했음에도 불구하고 곧바로 국가 예산이 무너지지는 않았다. 외국인이 떠난 자리는 공석을 채우지 않던지 아니면 급료를 훨씬 적게 받는 팡 족 출신으로 대체했다. 그러나 전문지식이 없는 이들이 국가 행정을 제대로 수행할 리 없었다. 1970년 예산안은 편성도 되지 않았다. 경제와 통계 전문가들이 없었기 때문이다. 재정에 대한 책임제도는 대통령의 독재가 정치, 경제, 사회 분야로 확대되면서 완전히 실종되었다. 국가가 운영하는 상점이 재화의 분배 역할을 맡았다. 제한된 물품을 가지고 겨우 버티던 상점들마저도 화폐경제가 실종되면서 대부분 문을 닫아야 했다. 화폐경제 대신 물물거래가 자리를 잡았고 수출용 작물 대신 생존형 작물이 재배되었다.

1970년대 초에는 국제무역거래도 바터로 이루어졌다. 가끔씩 외국 물건이 배로 들어오면 정부의 엘리트나 보안 관련 직원들에게만 배포되었다. 가르시아 트레비하노는 말라보의 무역 거래를 독점하면서 막대한 재산을 모았다. 스페인 시민권을 박탈당한 그는 적도기니 외교관 여권으로 여행하면서 적도기니의 공식적인 외교 대리인 행세를 했다.

나이지리아 노동자들은 이미 페르난도 포에서 고난을 겪은 역사를 가지고 있다. 그러나 응게마 정권이 들어서면서 그 정도는 훨씬 더 심했다. 많은 노동자들이 폭행, 성추행 등을 당했고 살해되기까지 했다. 이들은 임금을 포함 근로계약상의 수혜를 거의 받지 못했다. 1971~72년 사이에 본국으로 돌아가기 전 밀린 임금 지급을 요청했던 근로자 중 95명이 살해되었다. 그러자 1973년에는 체불 임금 문제로 2만여 명의 인력이 본국으로 귀환했다. 1974년이 되자 나이지리아 정부는 자국민이 학대당하는 것을 더 이상 좌시하지 않고 적도기니와 맺은 근로자 충원 조약의 갱신을 거부했다. 자국 근로자에 대한 가혹 행위가 계속되자 국내에서는 이 섬을 무력으로 침공하여 점령해버리자는 여론까지 일었다. 이로 인해 양국관계는 더욱 악화되었다. 설상가상으로 응게마 수하의 보안세력이 페르난도 포에 남아있는 나이지리아 외교관에게 위해를 가하자 1975년 나이지리아 정부는 모든 근로 인력을 송환키로 결정했다. 나이지리아 노동력이 철수하자 코코아 생산은 급감했다.

코코아 생산은 독립 당시 연 3만 5천~4만 톤 수준이었고 스페인인 철수 후 1만~2만 2천 톤으로 줄었는데 1977년에 8천 톤으로 감소했다가 1979년에는 3천 톤까지 내려갔다. 당시 몽고모에서 은둔하고 있던 응게마는 코코아 농장 부흥에 참여할 근로자 모집을 위해 잠시 동안 애국시민운동을 벌였다. 그의 노력에도 불구하고 자발적 노동자가 1천여 명에 불과하자 응게마는 10개 주에서 각각 2,500명씩 근로자를 강제로 징집토록 명령했다. 강제 징집을 피해 수만 명이 가봉과 카메룬 등으로 피신했다. 그러나 응게마의 명령으로 인해 인구의 20퍼센트 이상이 강제로 끌려와 노동자 신세가 되었다. 경비병에 의해 수시로 폭행, 구타, 살해되는 불운을 겪게 되는 강제 징용자들의 노동생산성은 극히 낮았다. 이들은 코코아 농업이 완전히 침몰하는 것만 겨우 막았을 뿐 코코아나무의 보존과 회생 등 생산성 향상을 위해서는 아무 역할도 하지 못했다.

말라보는 거의 유령도시가 되었다. 마치 전쟁이나 참혹한 역병을 겪은 것처럼 보였다. 거의 모든 가게가 문을 닫았고 재래시장도 사라졌다. 우체국이나 정부 부처들도 모두 문을 닫았고 시내에는 다니는 차가 거의 없었다. 모든 거래와 상업은 중단되었다. 가끔 외국 선박에 실려 말라보 항에 들어오는 물품은 엄청난 가격에 바로 팔려나갔다. 쿠바 산 시가는 킬로그램 당 12달러, 중국 맥주가 병 당 10달러, 계란은 개당 1달러였다. 1967년 170달러였던 일인당 국민소득은 1975년 70달러로 떨어졌다. 한때 국민 영양 공급에 일등공신이었던 어업은 전면 금지되었다. 밀수와 탈주를 막기 위해 정부는 모든 선박과 카누 등을 파괴했다. 외국으로 나가는 항공편은 주 3편에 불과했다. 두알라로 가는 아에로플로트 항공 2편과 마드리드로 가는 이베리아 항공 1편이 운행되었다. 국민에 대한 철권 탄압과 모든 경제행위 금지에도 불구하고 국민이 기아에 시달리지는 않았다. 섬의 토양이 워낙 비옥하고 비가 많아 주민들은 생계작물을 재배하여 생존할 수 있었다.

그러나 무엇보다도 무서운 것은 응게마의 트레이드마크가 된 공포였다. 스페인 식민 정부가 물러간 뒤 온두 에두 살해부터 시작하여 1969년에 실행한 숙청은 조직적이고 잔인했다. 수백 명이 응게마의 직접 지시에 의해 살해되었으며 수천 명이 그가 내린 판결로 인해 사형에 처해졌다. 질식할 것 같은 의심과 감시의 눈초리에서 누구든 어떤 일로도 체포될 수 있었다. 체포된 자의 죄에 대해서는 형식적인 조사조차 이루어지지 않았다. 혐의가 있는 자에 대해서는 응게마에게 처벌을 상신하는 동시에 투옥시켰다. 처벌의 내용은 대부분 사형이었고 죄수들은 잔인한 방법으로 죽었다. 응게마가 죽인 사람들 중 많은 수가 부비 족이나 지식인들이었으나 그들만으로 그치지 않았다. 팡족 중에도 많은 피해자가 발생했다. 응게마는 사람들을 처형하는데 종족이나 인종을 가리지 않았다.

1960년대 한창 성장하고 있던 국가의 리더들이 모두 희생되었다. 자치공화국 시절 11명의 장관들이 처형되었고 응게마 정부 각료 중 10명이 처형되었다. 1968년 이후 22명의 장관, 2명의 국회부의장, 다수의 보안부 요원과 고위공무원 37명이 처형되었다. 이 시대에 희생된 사람들의 숫자는 5만~8만 명에 이른다. 응게마 시대 적도기니를

'아프리카의 다카우'라고 부르는 이유가 여기에 있다. 1974년 세계교회협의회는 "1968년 이래 적도기니에서 국가테러로 인해 많은 사람이 살해되었고 전체 인구의 4분의 1이 해외로 도피했으며 감옥은 죄수로 넘쳐나고 국가는 하나의 거대한 집단수용소로 변했다."라고 발표했다. 이 단체는 적도기니의 30만 인구 중 8만 명이 살해당한 것으로 추산했다.

처형은 보통 공개되지 않았으나 어떤 때에는 전격적으로 발표되는 경우도 있었다. 예를 들어 1974년 6월 바타에서 일어난 쿠데타 음모는 널리 공개되었다. 이 사건에 주동자 114명이 연루된 것으로 발표되었으며 많은 사람들이 재판에 출석하여 증언했다. 그러나 정작 범인들은 재판정에 없었다. 음모가 발각되자마자 주모자 모두가 자살한 것으로 정부가 발표했기 때문이다. 주모자들의 가족과 친지들을 체포하는 과정에서 보다 많은 사람이 자살했다. 마치 자살 전염병이 퍼진 것과 같았다. 체포될 경우 당할 고통이 얼마나 큰지 말해주는 대목이다. 1975년 부통령 보시오 디데오Bosio Dideo를 비롯한 수십 명이 체포되어 처형되었는데 그 이유는 사지가 절단된 응게마 대통령의 모습을 그린 포스터가 말라보 시내에 붙었기 때문이다. 이들을 처형한 것은 모든 반사회적 세력에게 경종을 울리기 위한 것이라고 정부는 발표했다.

1976년 12월에는 국제사회에서 적도기니의 고립을 종식시켜 줄 것을 탄원한 고위공무원 100여명이 체포되어 고문을 당했다. 이들 중 많은 사람이 처형되었다. 적도기니에서 숙청 선풍이 불자 숙련노동자와 지식인의 대탈출이 일어났다. 응게마 정부가 전복될 당시 단 한 명의 대학 졸업자도 적도기니에 남아있지 않았다. 코코아농장에서 강제노역에 투입될 근로사단의 창설로 경제적 상황은 보다 악화되었다. 이제 일반 노동자와 농민들까지 줄을 지어 적도기니를 탈출했다. "인구 비례로 보아 이는 역사상 어느 나라에서 일어난 것보다 규모가 큰 대탈출이었다." 탈출자의 숫자는 응게마 집권 내내 늘어났으며 1979년 쿠데타로 그가 실각한 후에도 적도기니로 되돌아온 사람의 숫자는 많지 않았다. 심한 트라우마에 시달렸기 때문이다. 1990년대에 이르러 적도기니가 안정을 되찾으면서 귀국한 사람들이 일부 있었다.

● 통치

응게마 정권 출범 시에는 말라보에 정상적인 정부에 못 미치기는 해도 그와 비슷한 조직이 있었으나 1973년경이 되면 모든 정부 조직이 붕괴되고 의사결정 과정도 소멸되었다. 적도기니는 전제군주처럼 군림하는 응게마 개인이 소유하는 영지로 변했다. 응게마는 공식적으로 종신대통령, 군 통수권자 및 교육, 과학, 문화의 총수가 되었으며 30개 이상의 직책을 겸임했다. 모든 결정, 칙령, 선언, 예산집행 등은 매우 사소한 것까지 모두 응게마가 직접 관장했다. 외국인에 대한 비자 발급과 자국민의 여권 발급을 직접 결재했으며 공무로 해외에 나가는 모든 외교관과 공무원의 여비를 직접 지급했다. 엄청난 양의 자국 화폐와 외화가 몽고모에 있는 관저에 보관되었는데 응게마의 결재가 있어야 사용할 수 있었다. 응게마 정부의 내무장관은 이렇게 말했다. "천국에 들어가려면 세례증명서가 있어야 하고 적도기니에서 살아가려면 푼트(PUNT: 응게마가 만든 '노동당'으로 이외의 정당은 금지되었음)에서 발급한 카드가 있어야 한다." 외화가 부족하면 외국인을 인질로 잡아 몸값을 받아내기도 했다. 한 독일 여성은 5만 7천 달러를 지불하고 풀려났고 스페인 교수는 4만 달러, 한 소련인은 6천 달러를 지불해야 했다.

내각이 있기는 했으나 회의는 거의 없었다. 특히 1970년대에는 내각 구성원 대부분이 살해되거나 투옥되었기 때문에 모일 수도 없었다. 몇몇 부서들은 문서상으로만 존재했으며 어떤 부서들은 작동하고 있다는 흉내만 냈다. 정부 부처는 어떤 사소한 결정도 내릴 수 없었고 집행할 수 있는 예산도 없었다. 공무원에 대한 봉급도 간헐적으로만 지급되었을 뿐이다. 1973년 3월 새 헌법은 지역 자치를 폐지하고 모든 행정, 입법, 사법적 권한을 무기한으로 응게마에게 부여했다. 모든 권력을 움켜 쥔 응게마는 그때그때 상황에 따라 편의적으로 마음 내키는 대로 통치했다. 화폐경제가 사라지고 물물교환과 생존경제가 자리 잡았다. 강제 노동, 고립주의, 사회문화적 퇴보, 개인의존주의가 적도기니의 심벌로 등장했다.

몇 차례 관료들에 의한 아마추어적인 음모가 있었고 군부 내 불만

세력에 의한 경미한 쿠데타 시도가 있었으나 결정적인 것은 없었고 응게마 정권은 11년 동안이나 지속되었다. 정권이 무너진 것은 대규모 시위나 군의 반란에 의한 것이 아니고 많은 아프리카 국가에서 보는 것과 같이 응게마가 측근들의 영향력을 견제함으로써 내부에서 쿠데타가 일어난 때문이다. 응게마 정권이 예상보다 오래 버틸 수 있었던 이유는 첫째 공포와 테러를 통해 저항할 힘을 상실시킨 것, 둘째 모든 지식인을 숙청하거나 추방시킴으로써 잠재적 반대 세력의 뿌리를 뽑은 것, 셋째 외국의 영향으로부터 벗어나 국가를 철저히 고립시킨 것, 넷째 응게마가 초인적인 힘을 가지고 있다고 선전 광고하고 이를 적절히 활용한 것, 다섯째 적도기니 내 모든 물자와 직위 등을 철저히 장악하고 이를 패거리들에게만 나누어준 것, 여섯째 개인과 친족 네트워크를 동원하여 보안군을 장악한 것 등이었다.

3,500명에 이르는 보안부대는 응게마 권력의 핵심이다. 이들은 교육정도가 낮고 무질서하며 부패한 집단이었다. 1969~71년 사이에 부비 족과 페르난디노 출신을 모두 축출하고 다시 조직된 보안부대는 응게마의 가까운 친인척, 몽고모 출신 지인, 에상기 씨족 및 리오무니의 팡 족 등으로 구성되었다. 보안부대는 규율이 느슨하고 무기도 부족했지만 국민을 협박하여 굴종시키는 데는 탁월한 수완을 발휘했다. 장교단은 고위공무원단과 마찬가지로 모두 응게마와 혈육 및 친인척 관계로 얽혀있었다. 이들은 자신의 생존과 삶을 응게마에게 전적으로 의존했다. 현금, 토지, 의약품, 수입물품, 사치품 등 모든 귀중한 재

화는 응게마가 거느리는 아첨꾼들과 정부 내 측근 및 보안부대에게만 지급되었다.

응게마의 집권으로 내륙의 팡 족이 부상했으나 자세히 들어다보면 팡 족 가운데서도 에상기 씨족이 적도기니의 엘리트 세력으로 떠올랐다. 현대판 왕조를 구축한 에상기는 응게마가 처형된 후에도 적도기니를 굳건히 다스리고 있다. 응게마의 조카로 정권의 제2인자였던 테오도로 오비앙 응게마 음보소고Teodoro Obiang Nguema Mbosogo대령이 현재까지 국가를 통치하고 있는 것이다. 응게마가 가장 신임했던 그는 1975년 국가보위군 사령관, 페르난도 포 군사령관, 국방장관 등을 지냈다.

다른 조카들인 다니엘 오요네Daniel Oyone는 보안부대장과 국방장관을 지냈고 모 마예Mo Maye는 군사령관, 미차 은수에Micha Nsué는 대통령 경호실장, 엘라 은셍Ela Nseng은 대통령 보좌관 및 리오무니의 민병대 사령관을 맡았다. 응게마의 부인 중 하나인 클라라 오사Clara Osa는 의약청장, 삼촌 유진 은투투무Eugene Ntutumu는 리오무니의 주지사였고 어머니 쪽 친척인 에부나 오우오노 아산고노Evuna Owono Asangono는 유엔대표부 대사, 이복형제 한 사람은 대법원장에 임명되었다. 이밖에도 사촌들인 보니파시오 응게마 에소나Bonifacio Nguema Esona는 외무장관과 부통령, 마시에 은투투무Masié Ntutumu는 내무장관, 펠리시아노 오요노Feliciano Oyono는 푼트당 사무총장, 음바 오나나Mba Onana는 국가보위군 제2사령부 사령관, 플로렌시오 마예 엘라

Florencio Maye Ela는 바타 해군사령관 등을 지냈다.

　이들은 빙산의 일각일 뿐이니 권력이 어느 정도로 응게마의 일가친척에게 집중되었는지 짐작할 수 있다. 보안부대는 무소불위의 권력을 갖고 체포, 고문, 강간, 처형 등을 무시無時로 행했다. 이들이 저지른 실수는 문책되지 않았다. 여행 시에는 통행증을 받아야 했는데 통상 강제노동을 위해서만 발급되었다. 모든 도로에 검문소를 세우고 군인들이 통행을 통제했다. 카누나 보트를 소유할 경우 해외 도피 또는 반란의 증거로 간주되었다. 응게마는 주기적으로 보안부대에게 반대파로 의심되는 자들을 체포하여 교훈을 심어주도록 지시했다. 1970년 통계청장이 인구가 감소한 것으로 발표하자 모욕을 당했다고 느낀 응게마는 즉시 그를 체포하여 사지를 자를 것을 명했다.

　또한 응게마는 외국 방문 전에는 늘 여러 명의 정치범을 처단함으로써 자신의 부재중에 있을 지도 모르는 음모의 싹을 잘랐다. 내륙에 권력을 집중시킨 응게마는 늘 페르난도 포가 떨어져나갈지 모른다는 두려움을 가지고 있었다. 이 때문에 보안부대로 하여금 부비와 페르난디노의 동향을 철저히 감시토록 명령을 내렸다. 응게마는 통상적인 정치와 행정은 친인척에게 맡기고 자신은 니아산용Nyasanyong에 구축한 철옹성 같은 벙커에 주로 거주했다. 1970년대 후반이 되면 그는 자신의 고향에 만든 이 콘크리트 건물에서 대부분 시간을 보냈다. 야간조명, 철조망 등이 설치된 건물은 겹겹으로 보호되었으며 200여 명의 측근 경비병들과 공산권에서 보낸 보안 요원이 24시간 건물을 지켰다. 집권 초기에는 말라보의 대통령궁 그리고 이후에는 바타에 1천 2백만 달러를 들여 지은 대통령궁에서 지냈으나 안심이 되지 않았는지 고향으로 거처를 옮긴 것이다.

응게마는 적진敵陣이라고 생각하는 페르난도 포는 거의 방문하지 않았다. 바타도 가끔 방문했을 뿐이다. 편협한 지역주의의 상징이라고 볼 수밖에 없는 거의 원시적인 도시 몽고모가 적도기니의 사실상 수도가 되었다. 바타에 웅장하게 건설한 중앙은행이 아닌 바로 이곳에 국가의 모든 돈이 저장되었다. 자국 화폐와 외화가 진흙으로 지은 창고의 바닥에서 썩거나 마피아 스타일로 싸구려 가방에 담겨 여기저기 굴러다녔다. 화폐뿐만 아니라 중요한 약품도 모두 이곳에 보관되었다. 응게마는 많은 사람이 죽거나 고통을 당할 경우에만 마지못해 이 약품들을 풀곤 했다. 1976년 안노본Annobon에서 발생한 콜레라로 수많은 사람이 죽어가고 있음에도 불구하고 응게마는 의약품을 풀기는커녕 국제사회의 약품 지원 제의도 거절했다. 이 벙커에는 또한 조약을 포함한 각종 국가의 중요문서들도 보관되었다. 바로 이곳에 모든 장관과 군 고위 장교들이 모여 응게마의 눈치를 보고 비위를 맞추면서 소위 '국가정책'을 입안했다. 응게마는 약에 취해 있지 않을 때에는 마을 장로 및 일반 농부들과 모닥불을 피워놓고 오랫동안 유쾌한 대화를 나누곤 했다. 이것이 그가 진정으로 좋아하고 즐긴 유일한 시간이었다. 페르난도 포의 행정과 치안은 조카 오비앙이 전담했고 리오무니의 행정과 치안은 오비앙보다 덜 가혹한 성격의 부통령이 담당했다. 그러나 이 두 사람이 응게마를 제거하기로 합의함으로써 그의 운명은 정해지고 말았다.

● 응게마는 광인인가

이디 아민, 장 베델 보카사 및 다른 기묘한 독재자들의 경우와 마찬가지로 응게마의 경우에도 그가 미쳤다는 주장이 계속 제기되었다. 스페인 학자들은 응게마가 처음부터 미쳤다고 주장한다. "미친 상태에서 가끔 정신이 돌아오면 제어할 수 없는 폭력적 성향에 빠졌다. 미친 듯이 날뛴 후 탈진하는가 하면 시무룩하게 처져있는 것은 그가 조울증에 걸렸다는 징조이다." 응게마는 스페인에서 네 번 치료를 받았는데 두 번은 뇌종양으로 치료받은 것으로 알려져 있다. 응게마는 또한 점차 귀가 먹었으며 신경쇠약 증세를 보였다.

응게마는 방(bhang: 해쉬쉬의 일종), 이보가iboga 등의 환각제를 다량 복용한 것으로 알려져 있다. 서양 학자들에 의하면, 해외로 망명한 적도기니인은 이구동성으로 응게마가 미쳤고 달의 주기에 따라 기분이 영향을 받았으며 그가 죽인 희생자들의 복수를 두려워하고 있었다고 증언한다. 이들은 특히 응게마가 집권을 위해 제거한 온두 에두와 아타나시오 은동의 복수를 겁냈다고 말한다. 여하튼 응게마는 11년 동안 집권하면서 적도기니를 초토화시켰다. 그가 직접 처형을 명한 사람이 최소 1천 명 이상이며 5만여 명의 처형에 책임이 있다. 전례 없는 폭력과 공포정치로 30만 인구 중 최소한 5만여 명이 살해되었고 12만 5천여 명이 해외로 망명했다. 지식인 중에 남아 있는 사람은 거의 없었다. 집계에 따라 다르나 당시 적도기니에 살고 있던 30만~40만 주민 중 5만~8만 명이 죽었다. 인구비례로 볼 때 이는 나치 독일보다 더 악랄한 학살이었다. 응게마는 폭력적이고 예측할 수 없으며 반지성적이라는 점에서 캄보디아의 도살자 폴 포트와 비견되고 있다.

마시아스 응게마는 공식적으로 세 번 결혼했고 많은 여인들과 비공식적인 관계를 가졌으며 물라토(흑백혼혈) 여인을 특별히 선호했다. 여성과의 관계에 있어서도 그의 증오와 복수심은 여전했다. 그는 마지막 부인이 사귀었던 모든 연인들을 철저히 조사해서 살해했고 그가 한때 연모했던 여인들의 남편을 색출하여 살해했다. 많은 사람을 죽였던 응게마는 결국 본인도 폭력적인 죽음을 맞이했다. 1979년 9월 응게마가 총살되었을 때 형을 집행한 것은 돈을 주고 고용한 모로코 총살대였다. 적도기니 총살대는 응게마가 호랑이가 되어 그들을 공격할 것으로 생각하여 총살 집행을 거부했다. '호랑이'는 응게마의 별명 중 하나였으며 사람들은 그가 마법적인 힘을 갖고 있다고 믿었다. "당신은 해가 떠있는 동안에는 응게마에게 저항할 수 있으나 해가 지면 반드시 그의 편에 서야 한다." 응게마는 끊임없이 그의 초인적인 힘을 과시했고 정말로 그런 힘을 갖고 있다고 믿도록 국민을 세뇌시켰다. 그의 주술적인 힘에 대한 믿음은 핵심적인 통치 요소의 하나가 되었다.

전통적인 주술에 대한 확고한 신념, 자신의 영적인 힘을 믿고 다른 사람들도 이를 믿도록 세뇌한 것, 서방 종교 탄압, 그리고 이러한 것을 그의 정통성 강화에 이용한 사실 등을 모르면 어떻게 응게마가 그런 말도 안 되는 폭정을 펼칠 수 있었는지 이해하기 어려울 것이다. 존경받는 팡 족 주술사의 아들로 태어난 응게마는 그가 초능력적인 힘을 보유했다는 사실을 끊임없이 선전함으로써 모든 권력을 합법화할 수 있었다. 몽고마에 있는 관저에 가장 강력한 힘을 가졌다고 믿는 모든 주술사들의 해골을 모아 소유함으로써 그는 영적인 힘을 한 손에 집중시킬 수 있었다. 그가 이러한 힘을 가졌다는 사실을 널리 알리도록 했고 백성들에게 공포를 심어주도록 전력을 기울였다. 명색이 기독교 국가인 적도기니에서 이제 종교 탄압은 기정사실로 다가왔다.

응게마는 모든 교회에 그의 초상화를 걸도록 했고 설교 시 그를 '유일한 기적El Unico Miraclo'으로 찬양하거나 '마시아스 응게마 외에는 신이 없다'라고 외치도록 했다. 말을 듣지 않을 경우 교회가 폐쇄될 것을 우려한 성직자들은 무조건 지시에 따를 수밖에 없었다. 이들은 "신은 파파 마시아스 때문에 적도기니를 창건했다. 마시아스가 없었다면 적도기니도 없었을 것이다."라고 선전해야 했다. 응게마는 이것으로 만족하지 않았다. 교회 성직자들을 끊임없이 괴롭히고 기독교를 이방종교로 매도하는 연설을 해대던 그는 1974년 11월~1975년 4월 사이에 내린 일련의 칙령들을 통해 종교 집회, 장례식, 설교 등을 금지하고 기독교식 이름을 사용하는 것도 금지했다. 모든 교회들이 폐쇄되거나 코코아 저장 창고로 전환되었다. 산타 이사벨 성당은 동구에서 들어오는 무기창고로 탈바꿈했다. 외국 성직자들은 모두 추방되었고 국내 성직자들은 체포, 구금되거나 일부는 처형되었다. 로마가 기독교를 박해하던 시절을 방불케 할 만큼 기독교 숭배는 범죄행위로 간주되었다. 1978년 5월 적도기니는 공식적으로 아프리카 최초의 무종교국가가 되었다.

적도기니에서 이와 같이 참혹한 일이 벌어지고 있음에도 불구하고 서방국가들이 보인 행태는 극히 이기적인 것이었다. 이들은 적도기니의 상황과 관계없이 응게마 정권과 우호적인 관계를 유지했다. 스페인은 응게마의 경제적 궁핍을 틈타 자신의 이권을 확장하려 했다. 스페인은 구 식민지 내 이권을 보호하기 위해 적도기니에서 오는 모든 뉴스를 비밀로 다루었다. 응게마 정권에게 경고를 주기는커녕 경제 원조와 예산 지원 등을 계속했고 가끔 구금되는 자국민을 빼오기 위해 몸값 지불을 주저하지 않았다.

유엔기구들도 인권 문제 등을 거론하지 않은 채 원조 프로그램을 계속 운영했다. 응게마 정권이 말기에 들어 고립되었을 때 유엔개발계획(UNDP: United Nations Development Program) 등 유엔 기구들이 주는 현금 원조는 가장 중요한 수입원이었다. 스페인의 영향력이 점차 감소하면서 다른 국가들도 군침을 흘렸다. 프랑스는 리오무니의 목재를 독점하기 위해 적극적인 로비를 벌였다. 서방국가 중 유일하게 말라보에 외교 공관을 유지할 정도로 공을 들였다. 프랑스 외에 적도기니에 외교 공관을 가진 국가들은 나이지리아, 가봉, 카메룬 등 이웃 국가들과 소련, 중국, 동독, 북한 등 공산국가 몇 개국에 불과했다.

1969년 이후 응게마 정권을 지탱시켜 준 것은 공산주의 국가들이었다. 1970년 말까지 적도기니는 소련 및 북한과 우호협력관계를 수립했고 다른 공산국가들과의 관계도 급격히 향상되었다. 해군 및 어업 관련 특혜가 소련에게 주어졌고 소련은 새로 얻은 기지인 산 카를로스에 대규모 어업선단을 파견했다. 이 선단이 잡은 고기의 일부는 코코아 농장 강제 노동자의 주요한 식량으로 활용되었다. 400여 명으로 구성된 중국 기술지원단은 리오무니에 본부를 두고 주로 도로 건설에 종사했다. 쿠바는 응게마 경호부대의 일부를 구성했고 그의 보안부대를 훈련시켰다. 소련 어업선단을 포함한 모든 공산권 인력은 1979년 쿠데타 후 후임 정권의 요청에 의해 철수했다. 이웃국가들과의 관계는 응게마 집권 내내 긴장 상태에 빠졌다. 많은 피난민이 이웃국가로 몰려들었는데 이들은 '형제국'이라는 관점에서 피난민을 수용하고 정치적으로는 불간섭 정책을 펼쳤다. 나이지리아와의 관계는 페르난도 포 농장의 근로자 문제로 한때 파국 직전에 이를 정도로 악화되었다. 가봉과의 관계도 좋지 않았다. 가봉이 오구에Ogouée 하구에 위치한 몇 개의 무인 사주砂洲(sandbar: 해안이나 호수 주변의 수면 상에 나타나는 모래와 자갈로 이루어진 퇴적 지형)들을 무단으로 점유하자 한때 전쟁이 일어날 정도로 분위기가 험악했으나 양측이 자제함으로써 간신히 위기를 넘겼다. 분쟁지역에 석유가 매장되어 있다는 사실이 알려짐으로써 양국 간에 긴장관계가 지속되었다.

● 쿠데타와 응게마의 최후

1979년 8월 3일 일어난 쿠데타는 일종의 집안싸움이었다. 33세의 오비앙은 몽고모에서 응게마의 측근을 제외하고 직접 모든 민간 및 군사 분야의 인물들을 음모에 가담시켰다. 쿠데타 주역은 개혁을 약속하며 응게마를 재판에 회부했지만 이들의 동기가 그렇게 순수한 것은 아니다. 이후 들어선 정부도 전 정부에 못지않게 독재적이었기 때문이다. 응게마에 대한 혐의는 정권 출범 후 5년간 그의 실정에 관한 것들이 대부분이었다. 1975년 후에 일어난 일에 대해서는 묻지 않았다. 그것은 1975년에 오비앙이 페르난도 포의 주지사로 임명되었으므로 이 후의 일에 있어서는 공동 책임이 있기 때문이다. 공개재판에서 응게마가 1975년 이후의 일에 대해 언급하려 할 때마다 발언을 제지당했다.

응게마의 마피아 정권이 전복된 근본적인 배경은, 국정의 실패로 인해 궁핍하고 인색해진 응게마가 배분하는 물질적 혜택이 축소된 것에 엘리트층의 불만이 쌓인 때문이었다. 뿐만 아니라 응게마의 자의적인 약식 구속이나 숙청 등이 일상화되면서 지금까지 그에게 충성을 바쳐왔던 측근 내부에서 동요가 일었고 그에 대한 반감이 표출되었다. 응게마와 오비앙 사이에 냉랭한 기류가 흘렀고 보안부 내 측근들

2008년 당시의 오비앙 응게마 대통령(사진. Rodrigues Pozzeborn-ABr)

도 응게마의 변덕에 따라서는 자신들도 언제 숙청될지 모른다는 공포
에 휩싸였다. 1979년쯤이면 유엔과 유럽연합이 응게마 정부를 강력
히 규탄하고 있는 국제적인 상황도 영향을 미쳤다.

1979년 6월 국가보안부 소속 장교 여섯 명이 몽고모 별장으로 응게
마를 찾아가 수개월 째 봉급을 받지 못하고 있는 장교들에게 봉급을
지급해줄 것을 요청했다. 이들의 무례한 태도에 분노한 응게마는 여
섯 명 전부를 총살형에 처했다. 그들 중 하나가 오비앙의 막내 동생이
었고 분노한 오비앙은 응게마에 대한 충성 맹세를 접었다. 같은 시기
에 응게마는 군부 내에서 반란 음모가 있다는 낌새를 눈치 채고 숙청
을 준비하고 있었으며 이로 인해 측근들이 동요하고 있었다. 응게마
의 부관이었던 살바도르 엘라를 비롯한 몇몇 장교들은 이미 투옥되었
다. 오비앙 자신도 몽고모 농장에서 직접 일하도록 강요하는 삼촌 때
문에 분노하고 있었다.

한편 오비앙을 더 이상 신뢰하지 말라는 충고를 받은 응게마는 리
오무니 주지사에게 페르난도 포를 공격할 해군 함정을 출동시키라
는 명령을 내렸다. 그러나 이미 군 내부에서 반 응게마 세력을 총집결
시킨 오비앙은 응게마의 폐위를 선언하고 몽고모로 병력을 출동시켰
다. 쿠바와 북한 장교들의 지휘 아래 친위 병력이 수일 동안 결사적으
로 저항했으나 응게마는 결국 무너졌다. 자신이 보유하고 있는 화폐
의 대부분을 불태운 후 외화가 가득 든 2개의 여행 가방을 들고 탈출
을 시도했으나 곧 붙잡히고 말았다. 그 전에 응게마는 세 명의 자녀들

을 북한으로 피신시켰다. 이들은 유년 시절을 북한에서 보낸 후 지금은 다른 나라에서 살고 있다.

쿠데타 세력은 응게마 처리 방안을 논의했다. 재판 회부, 추방, 정신병동 수감 등을 놓고 검토한 결과 재판에 회부키로 결정했다. 재판은 9월 24일 시작되었는데 응게마와 수 명의 정부 인사들이 제노사이드Genocide(집단학살: 국민적, 인종적, 민족적 또는 종교적 집단의 전부 또는 일부를 말살할 의도를 가지고 이루어진 행위), 횡령, 인권위반 및 반역 등 혐의로 기소되었다. 응게마의 혐의에 대한 증거는 제한적이었다. 예를 들어 법정은 8만 건의 살인 혐의 중 500건만을 증거로 인정했다. 응게마는 "나는 국가 원수이지 교도소장이 아니다"라고 하면서 모든 혐의를 부인했다. 검사는 응게마에게 사형, 정부 인사들 중 다섯 명에 대해서는 30년 형, 네 명에 대해서는 1년 형을 구형했다. 9월 29일 선고가 내려졌는데 구형보다 훨씬 가혹한 형량이었다. 국제사법재판소의 옵서버까지 참관한 이 재판에서 응게마를 포함한 여섯 명에게는 사형 및 재산 몰수, 두 명에게는 14년 형 그리고 다른 두 명에게는 4년 형이 선고되었다. 특별 군사법정은 1심 밖에 없었으므로 이로써 형이 확정되었다.

이날은 응게마가 대통령으로 선출된 지 11년째 되던 날이었는데 오후 6시 '블랙 비치 교도소Black Beach Prison'에서 그는 다섯 명의 인사들과 함께 모로코 수비대에 의해 사살되었다. 응게마는 조용하고 의연한 모습으로 최후를 맞이했다고 한다. 적도기니 출신 군인은 누구도 총살에 가담하지 않았다. 이들은 여전히 응게마의 초인적인 힘을 두려워했다. 그가 죽은 후 호랑이로 나타나 복수할 것이라고 믿었기 때문이다. 사람들은 응게마가 죽고 난 뒤에도 오랫동안 그의 유령이 적도기니를 활보하고 있다고 믿었다.

2007년 응게마의 딸 모니카 마시아스가 서울에 나타났다. 모니카는 어머니가 1979년 수술을 받기 위해 북한에 가면서 아들 및 다른 딸과 함께 데리고 갔다. 4개월 후 아버지가 죽자 어머니는 조국에 있는 큰 아들을 보호하기 위해 적도기니로 갔고 북한에 있는 아이들과 헤어졌다. 모니카는 김일성의 보호 아래 북한에서 성장했다. 15년 동안 북한에 머물면서 만경대 혁명학원 등을 다녔고 한국어를 익혔으며 김일성을 친 아버지와 같이 여겼다. 그녀는 1994년 스페인으로 떠났다. 김일성은 그녀에게 비행기 표와 6개월 동안 넉넉히 살만한 돈을 주었다. 얼마 후 적도기니를 방문 중이었을 때 김일성의 사망 소식을 듣고 북한대사관에 가서 김일성 영정 앞에서 절을 하고 울었다고 한다. 그녀는 미국을 거쳐 한국으로 건너갔으며 지금은 남자 형제들이 있는 적도기니와 어머니와 언니가 살고 있는 스페인을 오가며 지내고 있다. 한국의 직물을 적도기니와 스페인에 수출하는 것이 그녀가 하는 일이다. 모니카는 다른 사람이 김일성에 대해 뭐라고 하든 자신에게는 아버지와 같은 존재라고 말한다. "열심히 공부하여 기품 있는 여성이 되어라." 자신이 스페인으로 떠날 때 김일성이 남긴 말이라고 한다.

• 오비앙 정권과 오늘의 적도기니

오비앙은 정권을 잡은 직후 유엔인권헌장 준수와 정치범 석방, 종교의 자유 및 전면 개혁을 선포했다. 군이 주도한 개혁으로 폭력이 줄어들고 국제적인 고립에서 벗어났다. 종교 탄압이 끝나고 학교가 문을 열었으며 대학 설립 계획이 발표되었고 정부가 발간하는 신문도 간행되었다. 식품과 의약품이 대규모로 해외에서 유입되었으며 제한적이지만 물과 전기의 공급도 시작되었다. 소련과 맺은 어업협정이 시들해지면서 소련대사관 인력이 100명에서 12명으로 축소되었으며 쿠바의 군사고문단이 철수했다. 서방과의 관계가 다시 시작되었다는 상징으로 스페인의 카를로스 국왕이 1979년 12월 중순 말라보를 방문했으며 1982년에는 교황이 방문했다. 군부는 붕괴된 경제를 속히 재건코자 했으나 어려움에 봉착했다. 스페인 전문가들이 조사한 결과 11년간의 관리 부실로 코코아나무의 상태가 엉망인 것으로 밝혀졌다. 정부는 코코아 농장을 과거 스페인 지주들에게 돌려주는 대신 이들이 코코아나무를 회생시킬 것을 제안했으나 이 제안을 받아들이는 사람은 극소수에 불과했다. 1979년 코코아 생산은 6천 톤 미만에 불과했다. 유럽의 지원으로 1987년에는 생산량이 1만 1천 톤으로 증가했으나 이후 다시 곤두박질하여 1991년에는 4천 톤으로 급감했다.

경제적 위기가 닥칠 것으로 우려하고 있던 때 극적으로 석유가 발견됨으로써 코코아에 대한 관심은 급격히 떨어졌다. 1995년 미국 석유회사 모빌이 적도기니 연안에서 대규모 석유 매장지를 발견한 것이다. 1990년대 중반까지 전형적인 농업 국가였던 적도기니는 1995년 자피로Zafiro 유전과 1999년 라세이바La Ceiba 유전 발견 이후 석유와 가스 부문에 대한 대규모 해외투자가 이루어지면서 산유국으로 변모했다. 지금의 적도기니는 하루 36만 배럴의 원유 수출로 사하라 이남 Sub-Saharan Africa 아프리카에서 나이지리아와 앙골라에 이어 3위의 산유국이다.

응게마를 몰아냈다고 좋아했던 국민은 얼마 지나지 않아 다른 독재자를 맞이하게 된 것을 알아 차렸다. "뱀의 머리가 잘렸지만 적도기니에는 또 다른 뱀이 남아있다." 쿠데타 1년 후 유엔인권위원회는 혁명평의회가 군사독재 기구로 변질되었다고 경고했으며 스페인 언론은 적도기니의 상황이 1978년과 같거나 이보다 더 나쁘다고 보도했다. 불법 체포나 임의 살인과 같은 행위는 점차 줄어들었으나 강제노동, 강압, 집단적인 부패 등은 여전했다. 응게마 시절 누렸던 부패의 원천이 사라지자 권력층은 무역, 투자, 인도적 원조 등에 군침을 흘렸다. 군 조직 전체가 부패의 온상이 되었다. 1979~81년 동안 스페인과 IMF로부터 3천 6백만 달러의 원조가 들어왔으나 대부분이 유용되었다. 응게마 시절에는 궁핍하게 살 수밖에 없었던 군 장교들은 1983년경이 되면 사치스러운 군 시설을 이용하고 군 소유 농장에서 휴가를 즐길 수 있게 되었다.

해외 난민 송환 정책에 따라 수천 명이 고향으로 돌아왔으나 암울한 현실을 보고 대부분이 스페인이나 가봉으로 다시 돌아갔다. 오비앙은 서서히 내각을 민간화 했다. 지역 안배를 위해 부비 족 출신의 장관들을 등용하고 1985년에는 부비 족 총리까지 임명했으나 실질적인 권력은 여전히 팡 족에게 집중되었다. 최초의 혁명평의회는 대부분 에상기 씨족이나 몽고모 출신과 같은 오비앙의 친인척들로 구성되었다. 이들 중 1979년 음모에서 오비앙 편에 가담하지 않은 사람들은 점차 한직으로 쫓겨났다. 두 명의 부통령 즉, 살바도르 엘라와 플로렌시오 마이예 엘라는 각각 중국대사와 유엔대사 직을 맡아 해외로 나갔다. 다른 친척들은 지방의 한직으로 밀려나거나 완전히 숙청되었다. 오비앙이 권력을 독점하자 이에 반대하는 사람들이 음모나 쿠데타를 간헐적으로 시도했다. 이들은 주로 군 내부의 엘리트나 야심가들이었다. 1985년 1월에 일어났던 바타 주둔군의 반란이나 1986년 7월 친인척 음모사건에 많은 장교와 병사들이 참가한 것을 보면 오비앙에 대한 반감이 깊어지고 있음을 알 수 있었다.

한편 스페인과의 관계는 점점 악화되었다. 오비앙을 비롯 혁명평의회 구성원 대부분이 스페인 원조의 막대한 부분을 유용했다는 사실이 마드리드 언론에 보도되자 스페인 정부는 적도기니에 대한 약속을 재검토했다. 양국 간에 긴장이 높아지자 1983년 6월 오비앙은 모든 스페인 보안 요원의 철수를 요청했다. 오비앙은 사이가 벌어진 스페인 대신 점차 프랑스 쪽으로 기울었다. 프랑스 편에 가담할 경우 자국 화폐를 세파CFA 프랑과 연동시켜 에퀠레 화의 안정을 도모할 수 있고 주변국과 공동 관세를 시행하여 리오무니로부터 농산물이 불법으로 유출되는 것을 막을 수 있었다. 1983년 적도기니는 프랑스 적도아프리카의 관세동맹에 가입했으며 1984년에는 비 프랑코폰 국가로는 유일하게 프랑 존의 회원이 되었다. 적도기니의 프랑스 권 아프리카로의 편입과 세파 프랑 도입으로 리오무니의 목재 수출이 증가하는 등 경제는 점차 호전되었다.

오늘날의 적도기니는 응게마 시대와는 다르지만 철권통치가 유지되고 있다는 점에 있어서는 유사하다. 변덕과 광기 및 살인이 횡행했던 암흑시대는 아니지만 적도기니는 여전히 부패하고 모든 권력이 오비앙 한 사람에게 집중되어 있는 독재국가이다. 오비앙은 현재 아프리카의 최장수 독재자이기도 하다. 경제의 주춧돌로 등장하면서 명목상으로 적도기니를 아프리카에서 가장 소득이 높은 국가로 떠오르게 한 일등공신은 석유개발이다. 1992년부터 수출을 시작한 석유는 1997년에는 하루 6만 배럴로 늘어났다. 그러나 국민에게 돌아가는 혜택은 미미하다. 오비앙 일가는 스위스 은행에 비밀구좌를 만들어 석유수입을 빼돌리고 있으며 주요 무역거래는 오비앙 일가가 설립한 회사의 손에 의해서만 이루어지고 있다. 응게마를 처형한 모로코 수비대는 계속 권한을 누렸다. 이들은 교도소를 관리하면서 고문과 처형을 전담했으며, 이런 식으로 오비앙은 자신의 책임을 떠넘기는 술책을 구사했다. 1985년 적도기니는 유엔 인권헌장에 서명했으나 인권

오비앙 응게마 대통령 부부가 오바마 전 미국 대통령 부부와 백악관에서 포즈를 취하고 있다.
2014년 8월 5일(사진, Amada Lucidon, 백악관 소장)

탄압은 여전하며 특히 히스패닉 계 기니인의 인권 상황은 매우 열악한 것으로 알려져 있다. 1984년 《아프리카 컨템포러리 레코드Africa Contemporary Record》지는 "아프리카에서 최악의 정권 중 하나가 무너지고 다른 정권이 들어섰지만 상황이 나아지기는커녕 오히려 점점 더 악화되고 있다"라고 보도했다.

오비앙은 40여년의 긴 통치 동안 반대파에게 전혀 자비를 베풀지 않았다. 명목상으로는 다당제 민주주의 국가이지만 실제적으로 적도기니의 선거는 하나의 쇼에 불과하다. 오비앙의 독재는 석유 붐을 이용하여 권력을 공고히 하고 자신과 측근의 부를 확대하는 한편 일반국민에게는 희생을 강요하는 방식이다. 오비앙의 가족들은 엑슨 모빌이나 아메라다 헤스와 같은 미국 석유회사들로부터 막대한 돈을 받은 것으로 알려져 있다. 국제투명성기구Transparency International는 적도기니를 가장 부패한 12개 국가 중 하나로 지목했으며 프리덤 하우스(Freedom House: 비영리 인권단체)는 오비앙을 세상에서 가장 착취적인 독재자 중 하나로 지목했다. 1979년 8월 이래 12번의 쿠데타 시도가 있었으나 모두 실패했다.

현재의 상황은 오비앙의 아들 테오도로 웅게마 오비앙 망게와 보안부서에서 실권을 가진 다른 인척들 간에 갈등이 일어나고 있는 형국이다. 오비앙은 친미 노선으로 전환하여 미국과 좋은 유대 관계를 유지하고 있다. 유엔총회를 계기로 뉴욕을 방문하여 오바마 대통령과 리셉션에서 공식적으로 사진을 함께 찍기도 했다. 2011년 11월 새로운 헌법이 통과되어 대통령 임기는 7년씩 2회로 제한되었고 총리직이 폐지되었다. 반면 부통령제가 신설되었으며 상원의원 70명 중 55명은 선거로 선출하고 15명은 대통령이 임명토록 개정되었다. 오비앙은 신헌법이 소급되지 않으므로 2016년 선거부터 적용되어야 한다고 주장하고 있다. 이렇게 되면 그는 권좌에 앉은 지 50년이 지난 2030년에나 물러날 전망이다.

제2부

이디 아민,
우간다 공화국 대통령

　서쪽에 마시아스 응게마가 있었다면 동쪽에는 이디 아민Idi Amin Dada Oumee이 있었다. 적도기니와 우간다는 여러 면에서 다른 나라이다. 크기, 종족의 구성, 식민 시절 이전의 역사, 전통적인 사회구조, 경제의 잠재력, 정치의 진화 등 여러 측면에서 상이하다. 무엇보다 지리적으로 고립되고 낙후한 적도기니에 반해 우간다는 일찍부터 '아프리카의 진주'로 불릴 정도로 전도양양했고 고립된 적이 없으며 나름 각광을 받았던 나라이다. 윈스턴 처칠은 우간다를 '동화와 같은 나라'라고 찬양했다. 우간다에는 길이가 130킬로미터, 최고점인 마르게리타봉Margherita의 높이가 5,109미터에 이르는 달의 산맥Mountains of the Moon이 적도 부근에 자리 잡고 있다. 국토가 비옥하고 푸르며 울창한 삼림도 있고 유명한 호수들도 있다. 끝없이 펼쳐져있는 평야와 구릉으로 이루어져 있는 풍요로운 나라이다.

　탄압적이고 가부장적인 스페인 식민주의에 비해 영국 식민주의는 착취라는 점에서는 동일했으나 훨씬 세련된 모습을 가지고 있었다.

분열된 사회와 전통 엘리트들 간의 갈등으로 우간다의 독립과정은 결코 쉽지 않았으나 영국은 산타 이사벨에서의 스페인과는 달리 결코 우간다의 독립을 방해하거나 지연시키려 하지 않았다. 그렇지만 두 나라의 독립 후 나타난 독재자들은 잔인하고 야만적인 절대 군주들이 었다는 점에서 공통점을 가지고 있다. 두 사람의 성격이 다른 만큼 독재자들이 집착한 분야는 서로 달랐지만 개인을 신봉토록 강요하는 독재라는 점에서는 같았다. 권력 집중, 자기만족을 위해 권력을 자의적으로 이용한 점, 국가 정책이나 목표의 결핍, 독재 유지를 위해 사회의 모든 계층을 파괴한 점, 이로 인한 사회경제의 황폐화 등에서 공통점이 있다.

요즘 아프리카에서 예상 밖으로 트럼프 대통령에 대한 인기가 높다고 한다. 다른 나라에서 트럼프에 대한 인기는 필리핀, 나이지리아, 케냐, 남아프리카공화국, 폴란드, 헝가리 등의 순서이니 아프리카에서의 인기를 짐작할 수 있다. 트럼프는 아프리카를 '거지소굴'이라고 비하하고 나미비아의 이름을 '남비아'로 잘못 부를 정도로 아프리카를 경시한 대통령이다. 그런데도 왜 인기가 높을까? 그것은 트럼프의 스타일이 아프리카인의 정서에 크게 어긋나지 않기 때문이다. 과장되고 비상식적인 언행도 경우에 따라서는 용납되는 것이 아프리카의 정서이다. 혹자는 트럼프의 재산, 권력 및 머리 등에 관한 과신과 자랑이 과거 이디 아민의 행태와 비슷하다고 한다. 아프리카인의 이러한 정서가 이디 아민과 같은 괴물을 지도자로 맞아들이는 데 기여한 것은 아닐까?

이디 아민 대통령(사진 작자미상, 뉴질랜드 국립기록보관소 소장)

• 우간다 공화국

　내륙국인 우간다Republic of Uganda는 24만 평방킬로미터로 한반도 보다 면적이 조금 넓으나 아프리카에서 큰 나라는 아니다. 동쪽으로 는 케냐, 북쪽으로는 남수단, 서쪽으로는 DR콩고, 남서쪽으로는 르완 다, 남쪽으로는 탄자니아와 국경을 맞대고 있다. 인구는 성장세에 있 어 현재 4천 5백만 명쯤 된다. 공용어로 영어와 스와힐리어를 사용하 는데 루간다어도 널리 사용되고 있다. 팔레스타인에서 시작하는 세계 최대의 지구대인 리프트 밸리Rift Valley의 서쪽 급경사면을 타고 내려 오는 물이 빅토리아 호수로 모여 나일 강의 원류를 이룬다. 이 거대한 호수는 우간다, 케냐, 탄자니아가 공유하고 있다. 빅토리아 호수는 우 간다의 어머니이며 젖줄이다. 북부와 북동부 토양은 척박하지만 다른 곳은 비교적 비옥하며 특히 빅토리아 호수 주변의 토질은 매우 비옥 하여 경제중심지로서 많은 사람이 살고 있다. 이 땅을 보물처럼 여긴 윈스턴 처칠은 일찍이 우간다를 '아프리카의 진주'라고 불렀다. 영국 은 유럽에서 집단으로 이주해 올 유대인 국가의 후보지 중 하나로 이 지역을 선택하기도 했다.

　우간다에는 40여개의 부족이 있는데 케냐의 키쿠유와 같이 압도적 으로 다수인 부족은 없고 10여개 부족들이 세력 균형을 이루고 있다. 이들은 영국이 오기 전까지 오랫동안 부족국가를 이루며 살았다. 영 국은 처음부터 이 땅에 눈독을 들였다. 우간다가 나일강의 근원을 이루고 있고 나일강을 토대로 살아가는 이집트는 수에즈 운하를 가지고 있기 때문이다. 수에즈 운하는 영국이 보석처럼 여기는 인도로 통하는 직항로였다. 영국은 이곳에 임의로 국경선을 그었다. 그 결과 우간다의 영토는 전통적인 부족의 영토와 일치하지 않고 자이르, 수단, 케냐, 탄자니아, 르완다 등과 겹치게 되었다.

우간다는 인종적으로 세계에서 가장 다양성이 높은 국가 중 하나이다. 점차 부족이나 인종에 대한 의식이 엷어지고 있기는 하나 아직도 다수를 차지하고 있는 몇몇 부족은 자신만의 정체성을 고수하고 있다. 종족을 구분 짓는 가장 중요한 요소는 언어이다. 반투어, 동부 나일어, 서부 나일어, 중앙 수단어 등이 대표적 언어이지만 이외에도 많은 소수어가 있다. 1,700~2,300년 전 서쪽에서 우간다 남부로 이주해온 반투계 인Bantu이 중요한 부족을 이루고 있다. 동부 반투어족 중 간다가 있는데 인구의 17퍼센트를 차지하며 우간다에서 가장 큰 종족이다. 간다는 빅토리아 호수 서북부에 밀집 거주하며 가장 중요한 작물인 커피와 면화를 생산한다. 영국이 빅토리아 호수에 진출했을 당시 그들의 왕국인 부간다는 중앙집권화 되어 있고 세습 봉건 왕국의 형태를 가진 힘 있는 국가였다.

영국은 부간다Buganda와 손을 잡고 이 지역을 장악했으며 부간다는 영국이 우간다 전체를 지배하는데 앞장서는 꼭두각시 노릇을 했다. 당시 수도 캄팔라Kampala와 상업 중심지인 엔테베Entebbe가 모두 부간다 왕국에 속해 있었으며 캄팔라-몸바사 철도를 통해 외부세계와 연결되었다. 영국은 부간다에 학교, 병원, 도로, 상업지역 등을 건설했으므로 자연스럽게 이곳이 가장 선진화되고 소득이 높은 중심지가 되었다. 특혜를 입은 부간다는 식민 정부의 앞잡이 노릇을 계속했고 행정 관리직을 독차지했다. 부간다의 언어가 우간다의 공식 언어로까지 채택되자 남부와 북부의 종족들은 큰 불만을 가지게 되었다.

서부 반투어 부족으로는 바뇨로Banyoro가 있다. 바뇨로 왕국은 당시 이 지역에서 가장 크고 오래된 왕국이었는데 영국이 들어와 부간다와 손을 잡는 통에 부간다에게 패권을 내주고 말았다. 반투 계열인 바뇨로는 정착 농민으로서 엄격한 위계질서를 가진 왕국을 이루고 있었다. 식민 시대 이후 부간다가 바뇨로의 기름진 땅을 많이 차지했고 이로 인해 두 부족은 독립 후 오보테Apollo Milton Opeto Obote 대통령이 실시한 국민투표에서 바뇨로에게 유리한 결과가 나올 때까지 첨예한 대립상태에 있었다. 서부 나일계 종족으로는 호전적인 랑기Langi와 아촐리Acholi가 있는데 이들은 인구로 봐서 각각 6번째와 8번째 쯤 되는 부족들이다. 유목민인 이들은 옮겨 다니는 생활방식 때문에 중앙집권적인 권력을 형성하지 못했고 대신 여러 씨족들이 연합하여 집단적인 권력을 형성했다. 랑기와 아촐리는 식민 정부에 거세게 저항하다 진압된 후 부간다가 권력을 독차지한 것에 앙심을 품었으며 남쪽 부족에 대해 시의심을 가지게 되었다. 밀튼 오보테가 부간다 족에 저항하기 위해 형성한 부족연합체에 가담한 랑기와 아촐리는 이디 아민이 권력을 장악하기 전까지 정치권력의 중심추가 되었다.

아촐리 족의 전사, 1877~1880년 추정(사진. Richard Buchta, 피트 리버스 박물관 소장)

랑기와 아촐리의 동쪽으로는 동부 나일계로 알려진 카라모종 족 Karamojong이 있다. 국경 너머 케냐의 투르카나Turkana 지역에 사는 주민들과 인척관계인 카라모종은 북동부 우간다의 척박하고 물이 부족한 환경에서도 잘 적응했다. 이들에게는 1920년대까지 중앙정부의 행정권이 미치지 않았으며 1950년대가 되어서야 겨우 발전기금이 배분될 정도였다. 카라모종은 사회정치적으로 분산되어 있으며 준 유목민인 부족으로 국경을 넘나들며 목축을 주업으로 삼고 있다. 우간다에서 두 번째로 큰 종족은 테소Teso이다. 테소는 카라모종, 랑기와 아촐리 및 간다-소가 족의 중앙에 위치하고 있다. 여러 종족들에 둘러싸인 테소는 사회경제적으로 발달한 남부 반투계 주민과 북부의 미개한 나일-수단계 주민을 연결시키는 가교 역할을 하고 있다. 테소는 농업 정착민으로 면화 재배를 주업으로 삼고 있다. 이밖에도 수단과의 국경인 북쪽에는 누비안(누비아 족Nubia)으로 알려진 소수 부족들이 고립되어 살고 있는데 목축과 농업을 겸하고 있다. 이들은 척박한 영토로 인해 주기적으로 일을 찾아 남부와 북부로 이동하는 철새 부족이다.

우간다의 식민 역사는 1894년부터이다. 영국의 보호령으로 식민통치가 시작되었으며 68년만인 1962년 10월 독립했다. 식민통치가 시작되면서 흩어져 살던 잡다한 부족들이 강제로 하나가 되어 살아야 했다. 이들은 생활방식, 사회 계급구조, 세계관, 종교, 역사 등이 근본적으로 달랐으므로 쉽게 합쳐지기 어려운 존재였다. 이 때문에 70여 년 후 독립체로 나타난 우간다라는 국가는 함께 지냈던 긴 세월에도 불구하고 통합된 국가가 아니었다. 서로 갈라지고 분열되고 상이한 사회경제적인 구조를 가진 이질적인 집단이었다. 가장 큰 문제는 예나 지금이나 마찬가지로 남북지역 간의 뿌리 깊은 갈등과 분열이다. 왕국체제를 갖춘 남부에는 정착민으로서 사회적인 구심점이 있고 발달 정도가 높은 반투 계열의 사람들이 살았고, 북부에는 부족 중심으

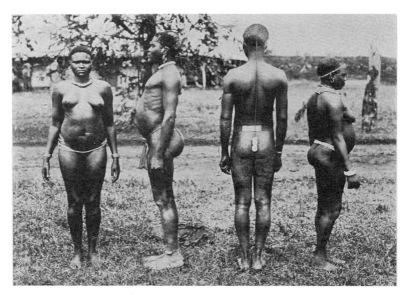

카라모종 족karamojong, 1902년 추정(사진 작자미상. 도서 The Uganda Protectorate –Johnson Harry Hamilton著, Hutchinson & Co 에서 발췌)(피트 리버스 박물관 소장)

로 분화되고 사회경제적 발달이 더딘 나일-수단 계통의 유목민이 살았다. 이들은 물과 기름처럼 갈등과 분열이 심했으나 한 가지 면에서는 공통점이 있었다. 그것은 오만하고 지배계급을 지향하는 간다('바간다'라고도 하며 간다 족이 세운 국가가 '부간다'임) 족을 혐오한다는 점이다. 따라서 간다에 대항하는 정치적인 합종과 연횡이 성행했다.

수십 년에 걸쳐 진행된 남부의 현대화와 북부의 정체는 또 다른 갈등의 원인이었다. 1960년대에 들어 뒤늦게 지역의 균형 발전을 도모하려는 움직임이 있었으나 이미 사회적 갈등은 예견되었다. 지역 간의 불균형에 관한 데이터를 보면 이들은 한 나라가 아니고 서로 다른 나라처럼 보였다. 인구의 17퍼센트를 차지하는 간다는 고위 공무원의 47퍼센트를 차지했고 마케레레 국립대학교의 구성원 중 압도적인 다수를 차지했다. 인구의 8퍼센트인 테소는 관직의 2퍼센트만을 차지한 반면 경찰에서는 15퍼센트를 차지했다. 랑기와 아촐리는 관직에 있어서는 미미했으나 군에서는 인구비율을 300퍼센트 이상 초과할 정도로 약진했다. 반면 북부 종족들은 사회의 모든 분야에서 진출이 미미했다. 부간다는 독립을 원하지 않았다. 이들은 영국 보호령 안에 계속 남아 다른 종족보다 우월한 지위와 특권을 누리려고 했다.

또 하나의 분열 요인은 종교이다. 부간다에 도착한 여러 종파의 서양 선교사들은 각자 자신의 종파를 선교했다. 곧 종파 간에 충돌이 벌어졌고 유혈사태가 일어났다. 종파들은 대개 왕족, 귀족 또는 추장들과 연결되어 있었다. 부간다에서는 종교적인 끈이 출세의 지름길이었다. 종파별로 자신이 지지하는 사람을 요소요소에 심어 세력 확장을 도모했다. 부간다 내각은 개신교가 지배했다. 네 명의 개신교 신도, 한 명의 가톨릭교도, 한 명의 무슬림 등의 비율로 내각이 구성되었다. 부간다 내에서 종교적 분포는 가톨릭 49퍼센트, 개신교 28퍼센트 그리고 무슬림 6퍼센트로 가톨릭이 다수였으나 영국이 개신교를 지지했기 때문에 개신교 신도가 내각을 지배했다.

종파와 정치가 밀접히 연결되어 있어 기독교 종파들은 정치적 파벌과 같이 행동했다. 간다 족 대부분이 가톨릭교도인 반면 부간다 행정부 요원의 다수가 개신교도였으므로 상황이 더욱 복잡해졌다. 간다인은 가톨릭 정당을 공공연하게 지지할 수 없었다. 리더십에 대한 집단적 저항으로 비춰질 가능성이 높았기 때문이다. 그렇다고 해서 개신교 정당을 지지하지도 않았다. 따라서 부간다에서 가장 잘 나가는 정당은 종교적으로 중립을 지키는 정당이었다. 그러나 부간다 밖에서는 많은 반투계 개신교도들이 종교적 경계를 넘어 가톨릭 정당을 지지했다. 가톨릭 정당이 반 부간다 정서를 보다 잘 대변해줄 것으로 믿었기 때문이다.

농업은 전통적으로 우간다 경제의 근간이다. 비옥한 토양과 좋은 기후 그리고 풍부한 강우량으로 말미암아 우간다는 각종 작물의 경작에 유리한 여건을 가지고 있다. 우간다는 주식을 자급자족하며 커피, 면화 및 차의 수출로 외화의 90퍼센트를 벌어들였다. 이러한 작물에 효자 품목인 동을 더하여 풍족한 외화 보유고를 누린 우간다는 매년 경상수지 흑자를 기록하면서 1960~65년 사이 동아프리카에서 1인당 국민소득이 가장 높은 나라가 되었다. 1961~72년에는 인프라 구축비용이 급격히 증가하면서 수입이 4배로 증가했으나 수출도 2배가 늘어 여전히 흑자를 기록했다. 농업 여건이 탄탄함에도 불구하고 우간다는 작물의 다양화에는 소극적이었으므로 특정 농산물의 국제시장 가격에 따라 부침이 심했다. 농업 이외 다른 산업은 좀처럼 발전하지 못하는 가운데 외국의 투자는 이웃나라 케냐에 집중되었다.

독립 후에는 새로운 문제가 발생했다. 정부의 방만한 지출, 허약한 예산 통제, 예산 남용, 공무원의 재정 책임제도 부재 등의 문제가 불거진 것이다. 특히 군이 승인되지 않은 예산을 쓰고 있는 사실이 드러났다. 비록 무역 흑자는 달성했지만 예산 남용으로 외화가 부족하게 되었고 결국 유동성 위기가 발생했다. 1971년 경제성장은 그 전까지의 연 평균 성장 5.2퍼센트에서 2.1퍼센트로 급강하했으며 5개년 경제발전 계획 중 목표를 이룬 분야는 하나도 없었다. 개인 자산이 국외로 유출되기 시작하면서 국가의 재정은 보다 불안정해졌다.

자산 유출은 1969년 오보테의 '좌익 선회' 정책이 발단이었다. 이로 인해 인도인이 주축인 아시아계 기업인들의 생존이 위협을 받았기 때문이다. 이디 아민에 의해 추방되기 전까지 아시아계는 우간다의 상업과 공업에서 중추적인 역할을 담당했다. 아시아인 대부분은 식민지 시절 초기 캄팔라-나이로비 철도공사 당시 인도와 파키스탄 등지에서 근로자로 아프리카에 온 사람들과 이들에게 음식을 공급하기 위해 온 사람들이었다. 이들은 기민한 상술로 우간다 경제를 휘어잡았다. 아시아인은 차별적인 법규에도 불구하고 경제의 상승세를 틈타 미들맨으로서 자리를 잡았다. 자본은 미미했지만 타고난 근면함과 수입이 적더라도 오랜 시간 일하는 것을 마다하지 않는 성실함으로 불같이 일어섰다.

이렇게 해서 1910년까지 우간다에는 세 종류의 근로자 계급이 형성되었다. 행정과 농업 개발은 유럽인, 무역과 수공업은 인도인, 그리고 아프리카인은 유럽인 소유 농장에서 일하거나 도시의 값싼 근로층을 형성했다. 이렇게 형성된 계층은 40년 이상 지속되었다. 독립 당시 아시아계는 우간다의 소매 상권을 독점하고 있었으며 이외에도 도매 상권의 4분의 3을 장악했고 목화와 차 농장의 대부분도 지배했다. 1968년까지 전문직업의 80퍼센트와 민간경제의 36퍼센트를 외국인이 차지했다. 이러한 왜곡된 경제구조에 대해 토착원주민의 불만은 점점 커졌다. 지방에서는 원주민들이 주기적으로 파업과 폭동을 일으켰다. 아시아인의 숫자가 적어 이들이 부를 축적해가는 것이 눈에 금방 띄기 때문이다. 오보테 정권이 아시아계의 경제적 역할을 축소하는 정책을 입안하고 사회주의적인 목표를 도입하자 위험이 목전에 와 있다는 사실을 감지한 아시아계는 자산을 해외로 반출하기 시작했다. 쿠데타가 발생한 1971년까지 이미 아시아계의 자산 도피는 우간다 경제에 심각한 영향을 미쳤다.

• 이디 아민의 출생과 성장

이디 아민은 1925년 수단과 우간다 국경의 서부 나일주에 속한 조그만 마을 코보코Koboko에서 카크와 부족 출신 아버지와 루그바라 부족 출신 어머니 사이에서 태어났다. 카크와는 소속이 불분명한 부족으로 우간다, 수단 및 자이르에 흩어져 살며 특별히 우간다에만 소속된 부족은 아니다. 부모는 그가 출생한 직후 이혼했고 아민은 어머니를 따라 빅토리아 호수 연변의 진자Jinja로부터 40킬로미터 정도 떨어진 누비아 족의 거주지인 봄보Bombo에서 살았다. 아민이 무슬림이 기도 하지만 이것이 그가 누비안으로 알려진 이유이다. 어머니는 군인들과 어울려 지내면서 무당 노릇과 전통 약초 처방을 했으며 아민은 집안에 도움이 되기 위해 도보 행상을 하면서 지냈다. 아민은 봄보에 살 때 이슬람 초등학교에 들어갔으나 몇 년 되지 않아 자퇴했으며 이것이 학력의 전부이다. 그는 읽고 쓰는 능력을 갖추지 못했다. 9살 때부터 어머니 곁을 떠나 부랑자로 살았다. 10년 동안 마을 주변을 돌아다니며 음식물을 구걸하고 담배나 싸구려 술 등을 팔았다. 사랑과 애정의 결핍, 아무도 인정해주는 사람이 없고 의지할 사람도 없이 구걸하며 살았던 최악의 어린 시절이 그의 성격 형성에 큰 영향을 미쳤음은 말할 필요도 없다.

아민은 1946년 영국의 왕립 아프리카 소총군단King's African Rifles 에 들어가 처음에는 접시닦이로 일하다가 보조 요리사가 되었고 나중에는 보병으로 근무했다. 무학인데다 5개 언어를 조금 안다고는 하나 제대로 구사하는 언어 하나도 없는 아민은 거구의 몸집과 장기인 완력에 의존하여 두각을 나타냈다. 193센티미터의 장신으로 거구인 그는 1959~1960년 우간다의 복싱 헤비급 챔피언을 지냈으며 무패의 전적으로 은퇴했다. 럭비와 수영에도 뛰어나 영국군 장교들의 인기를 독차지했다. 무슬림으로 무학이나 고분고분하고 명령에 복종하며 강건한 육체와 힘을 지닌 아민은 영국이 아프리카 병사에게 원하는 스타일이었다. 아민은 1950년대 보병으로 근무하면서 케냐의 마우마우

마우마우 무장 투쟁 단체의 공격을 피해 왕립 아프리카 소총군단이 보급품을 이동시키고 있다.
1952년~1956년으로 추정(사진 작자미상, 영국 임페리얼 전쟁박물관 소장)

반란 진압에 참가했고 1960~62년에는 장교로서 북부 우간다 카라마
종 지역의 정찰 책임을 맡았다. 이 당시 그의 도를 넘는 잔인한 행동
으로 말미암아 자칫하면 해임될 뻔 했으나 그의 능력과 충성심을 인
정한 영국군 장교들의 호의로 겨우 살아남을 수 있었다.

아민은 카라마종 인을 체포한 뒤 이들의 성기를 탁자 위에 내놓게
하고 침입 행위를 계속하면 성기를 자르겠다고 위협했다. 아민은 누
비아인으로 구성된 진압부대를 이끌었다. 영국군 장교는 상대가 수
상할 때는 우선 총부터 쏘고 나서 심문하라고 가르쳤는데 아민은 이

를 금과옥조로 삼았다. 아민은 또한 소리 내지 않고 사람을 죽이는 방법을 터득했으며 침묵하는 포로의 입을 열려면 어떻게 고문해야 하는지도 배웠다. 1959년 아민은 당시 식민지 영국군에서 올라갈 수 있는 가장 높은 계급인 아판데(Afande: 준사관)에 올랐고 우간다로 돌아온 후 1961년 정규 장교로서 중위가 되었다. 우간다 인으로 중위까지 오른 사람은 단 두 명에 불과했다.

그는 우간다의 카라모종과 케냐의 투르카나 유목민 사이에서 흔히 벌어지는 가축을 둘러싼 분쟁을 조정하는 업무를 담당했다. 아민은 1962년 독립 직후 대위로 진급했고 이듬해 소령이 되었으며 1964년에 육군 부사령관 그리고 1965년 육군 사령관에 임명되었으며 1970년에는 합참의장직에 올랐다. 독립 당시 그는 영국군에 끝까지 남은 두 명의 우간다인 중 하나였다. 따라서 우간다 군이 창설된 후에는 초고속으로 진급할 수 있었다. 무학인데다 지적 능력이 떨어져 진급할 때마다 그것이 마지막인 것처럼 보였으나 오뚝이처럼 계속 진급했다. 이렇게 해서 그는 보조 요리사에서 대령이 되었고 마침내 합참의장으로 정상에 올랐다.

군에서 출세하는데 버팀목이 되었던 자질은 그가 정권을 잡은 뒤 권력을 휘두를 때에도 변함없이 활용되었다. 그가 평생을 두고 의지했던 것은 물리적인 힘이다. 개인적으로든 군에서 높은 지위에 있든 이 힘을 늘 활용했다. 완력과 스태미나 그리고 힘을 과시하려는 의지는 그의 약점인 지성, 통찰력, 균형 잡힌 판단력 등을 보완해주었다.

완력으로 인기를 얻었고 이를 바탕으로 진급에 진급을 거듭했다. 왕성한 성적 능력으로 인해 그는 부대 내에서도 첩을 두고 여러 개의 방을 차지하는 특권을 누렸다. 1970년대에 그는 공식적으로 6명의 부인과 30여 명의 첩을 거느렸다. 자식들은 30~45명에 달하는 것으로 추정된다. 아민은 자신의 체력을 자랑이라도 하듯 섹스를 즐겼다. 대상은 색깔 있고 야한 여자를 포함해 학생에서부터 성숙한 여성 그리고 거리의 여자로부터 대학 강사까지 다양했다. 아민에게는 성도착증이 있었다. 그의 성생활에서 특이한 점은 즐거움의 절정에 도달하기 위해 살인을 쾌락으로 삼는다는 사실이다. 이 때문에 그가 상대한 많은 여인의 남편이나 애인들이 아민의 성적 쾌락을 위한 희생물이 되었다. 죽은 남자들의 시신은 어디론가 흔적도 없이 사라졌다.

아민은 마우마우Mau Mau 투쟁(케냐가 영국의 식민지배에 대항하여 벌인 독립운동)에 가담한 자들을 잔인하게 고문하고 처형함으로써 진급할 수 있었고 1965~66년 그리고 1969년 군사 작전 때 오보테의 왼팔이 되어 무자비하게 무력을 행사함으로써 군 사령관의 지위에 오를 수 있었다. 그는 과거에 해왔던 대로 걸림돌이 되는 오코야 장군을 힘으로 제거하고 권력을 잡았다. 한번 권력을 잡자 살인, 고문, 폭력, 협박 등 자신이 해온 방식을 문제 해결 수단으로 공식화했다. 일을 해결함에 있어서 일방적이고 단순하며 확실한 방식을 선호했다.

아민은 영국군에 있을 때 상관들에게 무조건 복종했다. 그러나 마음으로 복종한 것은 아니고 속으로는 원한과 독을 품고 있었다. 사소한 일과 작은 모욕도 기억했으며 복수의 기회를 노렸다. 권력을 잡자 아민은 그동안 원한을 품어 왔던 사람들에게 분노를 발산했다. 그가 추방한 아시아인들, 그가 탄 가마를 메게 한 서양인들이 본보기이다. 그리고 아민은 그를 늘 비웃었던 군사 간부학교 출신의 엘리트들을 무자비하게 숙청했다. 지금까지 어떤 아프리카 지도자와도 다른 그야 말로 서민 중의 서민이라고 할 수 있는 아민은 정책을 결정함에 있어서 단순한 이념이나 선입견 또는 미신, 편협함, 편견 등에 의존했다. 아무리 높은 자리에 올랐다고 해도 아민은 천생 가난한 농촌 출신에 지나지 않았고 그에게 익숙한 습관과 전통에 따랐다. 그의 외교적 스타일에는 중산층 이상이 지니고 있는 세련미가 전혀 없었다. 우간다에서도 가장 밑바닥 출신이며 프롤레타리아 중에서도 프롤레타리아 출신이지만 강한 완력을 가진 자가 권력을 움켜쥔 것이다.

아민은 진급을 계속하면서도 늘 고립되었고 자리에서 쫓겨나지 않을까 두려워했다. 장교단 내에서 훨씬 교육 수준이 높은 동료들에 둘러싸여 있는 아민은 자신이 경멸의 대상이라는 사실을 잘 알고 있었다. 아민은 계급이 낮은 수단 및 누비아 출신 군인들과 주로 어울렸다. 누비안, 루그바라, 카크와 출신 병사들, 운전사, 잡역부 등이 그의 측근이었다. 그리고 오보테의 명령에 반해 수단의 아니아 니아Anya Nya 게릴라들을 은밀히 군으로 충원했다. 밑바닥에 있던 사람들이 그의 충신이자 권력 기반이 되었다. 권력을 잡은 후 그는 이들을 군내 고위 간부로 초고속 진급시켰다. 이러한 예는 비일비재했다.

1971년 4월 아민은 당번병이자 운전사인 이스마일 일병을 대위로 진급시켰다. 와리스 알리 하사는 갑자기 중령으로 진급하여 음바라라 주둔군 사령관에 임명되었다. 통신부대 하사 베카는 소령으로 진급하여 통신부대장이 되었고 쿠데타에서 큰 역할을 한 다른 하사 무사는 중령으로 진급하여 기계화여단장이 되었다. 1977년 동부 여단장 그리고 1년 후 합참의장으로 임명된 사람은 쿠데타에 가담한 남부 수단 출신의 트랙터 운전수였다. 쿠데타 전 아민에게 충성을 바친 장교들은 모두 진급하여 높은 자리에 올랐다. 오코야 살해 사건에 연루된 스머츠 구웨데코 대위는 2년이 채 못 되어 장군으로 진급한 후 공군 사령관이 되었다. 군내 아촐리와 랑기 족 출신 숙청을 지휘한 후세인 말레라 중위는 1974년 장군으로 진급한 후 합참의장 대리가 되었다. 카크와 출신인 찰스 아루베 대위는 1972년 장군으로 진급한 후 합참의장에 올랐으나 아민과 사이가 벌어진 후 살해되어 시체가 나일강에 버려졌다.

우간다 내 무슬림 인구는 10퍼센트에 불과하나 1977년까지 군내 22명의 최고위 간부 중 17명이 무슬림이었고 13명은 가장 작은 주인 서부 나일 주 출신이었다. 그리고 이들 중 7명이 카크와 족, 4명이 남부 수단 그리고 2명이 누비아 족 출신이었다. 일반 병사들의 종족 구성도 크게 왜곡되었다. 병력의 대다수가 외국인으로 충원되면서 50퍼센트가 수단 및 누비아, 25퍼센트가 자이르 출신이었다. 이들 대부분은 권력과 약탈을 노리고 군에 들어온 사람들이었다. 우간다군은 혼란으로 가득 찼다. 외국인이 주인이 되고 내국인은 하인이 되는 기묘한 상황이 벌어졌다.

● 대립의 정치

우간다의 정치사는 대립과 줄다리기의 역사이다. 부간다 분리주의자 대 우간다 국가주의자, 신격화된 카바카kabaka 왕 등 남부의 전통 세력 대 현대 정치권력, 중앙세력 대 지방세력 등으로 나뉘어 대립을 계속했다. 이밖에도 가톨릭-개신교-무슬림 간의 대립, 민간과 군의 대립, 이념적·개인적 대립 등이 합쳐져 복잡한 대립 구조를 이루었다. 영국의 간접 통치로 인해 종족과 지역별로 심각한 갈등이 발생했다. 중앙정부는 외국 세력으로 간주되었으며 바간다(간다)는 영국의 사주에 의해 움직이는 꼭두각시로 치부되었다. 지방정부와 지역 정치는 지역 주민의 환심을 얻는 데만 몰두했다. 허약하고 근시안적인 지방 정당들은 지역문제에만 몰두했고 지방 세력가들과 연계되었다. 이들은 자신이 속한 지역 내에서만 영향력을 가졌으며 상호 권력 다툼으로 붕괴되는 경우가 허다했다.

독립이 다가오면서 부간다는 특별한 지위를 원했으나 영국이 이를 거부했다. 그러자 부간다는 1961년 1월 분리 독립을 선포하며 저항했다. 이를 막기 위해 헌법에 부간다의 특수한 권리를 일부 인정하는 방안이 검토되면서 부간다는 분리를 포기하고 우간다의 일부로 남았으나 문제가 완전히 해결된 것은 아니었다. 이번에는 부간다 내에서 분열이 일어났다. 부간다가 지배적인 왕정으로 남아 있기 원하는 세력과 다른 종족들과 마찬가지로 우간다의 일부로서 현대적인 세속국가로 다시 태어나기 원하는 세력 간의 갈등이다. 이로 인해 오로지 왕당 KY과 민주당DP으로 갈라졌다.

우간다에서 처음 전국적인 정당으로 나타난 것은 민주당(DP: Democratic Party)이다. 1956년 간다 족 가톨릭 세력이 창당한 민주당은 부간다 정부의 가톨릭교도 차별에 대해 저항했다. 민주당은 부간다에서 다수 가톨릭교도의 지지를 확보하는 동시에 다른 지역의 반부간다 정서에 편승하여 1961년 3월 선거에서 승리했다. 그러나 이 선거는 부간다에서는 거의 무시된 선거였다. 의회 대표 직선에 반대하는 카바카 왕의 항의에 호응하여 유권자의 98퍼센트가 선거에 불참했기 때문이다.

1961년 민주당의 주요 라이벌은 우간다국민회의(UPC: Uganda People's Congress, 이하 본문에서 '국민회의'로 줄임)였고 국민회의를 이끄는 리더가 랑기 족 대표로 참가한 밀튼 오보테였다. 국민회의도 민주당과 마찬가지로 지역 이익에 충실하고 분권화된 권력 구조를 가진 정당이었다. 국민회의의 지지기반은 랑기와 아촐리 족의 본거지인 나일 지역이었는데 반 부간다 정서에 편승하여 부소가Busoga와 토로Toro및 부뇨로 등 다른 지역에서도 지지를 얻었다. 49만 표를 얻은 국민회의는 40만 표에 그친 민주당보다 득표수에서 앞섰으나 의원수에서는 43 대 35로 뒤졌다. 부간다의 비타협으로 인해 이러한 선거 결과가 나타나자 향후 독립 우간다에서 부간다가 아무 역할도 하지 못할 것이라는 위기감이 카바카 궁에 번졌고 이로 인해 '오로지 왕'(King Alone, KY: Kabaka Yekka) 당이 창설되었다. '오로지 왕' 당은 그야말로 카바카(무테사 2세: Major General Sir Edward Frederick William David Walugembe Mutebi Luwangula Mutesa II)에 대한 절대적 충성을 목표로 하는 당이었다.

1962년 선거 결과 민주당 또는 국민회의 어느 쪽도 과반을 얻지 못한 가운데 '오로지 왕당KY'은 국민회의와 연립정부를 구성하여 15명의 내각에서 다섯 자리를 얻었다. 양당의 연합은 민주당을 물리치고 권력을 잡는다는 점에서는 의기투합했으나 이념이 너무 달랐다. 공동의 적인 민주당이 약화되자 양당 내부에서 파열음이 일어났다. 전통주의자와 분리주의자가 느슨히 결합한 '오로지 왕당'은 서서히 분열되었다. 왕당파와 의회파 간에 갈등이 노출된 것이다.

민주당과 '오로지 왕당' 모두 약화되자 국민회의가 과반수를 차지하면서 1964년경에는 단독 집권이 가능하게 되었다. 이들은 독립 전 부간다에게 부여한 특권을 수정하는 방향으로 헌법을 개정하려 했다. 그러나 국민회의 내에서도 정쟁이 일어났다. 국민회의는 지역 세력가, 종족 리더 등 이념적으로 상이한 집단이 서로 정략적인 측면에서 결합한 존재였기 때문이다. 국민회의 엘리트들은 랑기와 아촐리를 떠나서는 아무런 존재감이 없는 사람들이었기 때문에 뿌리 채 흔들리기

우간다의 수도 캄팔라에 위치하고 있는 왕Kabaka의 궁전. 2014년 2월 5일 (사진. NatureDan, One Work)

시작했다. 반 부간다 파는 국민회의가 '오로지 왕당'과 손을 잡은 것에 분개했고 청년 강경파들은 '오로지 왕당'의 반대로 자신들이 원하는 사회주의 이념을 실천할 수 없다는 사실에 분노했다.

위기에 처한 오보테는 중립적인 태도를 취했다. 그는 '오로지 왕당'을 소외시키지 않는 가운데 좌익의 공격을 막고 권력기반을 강화하려 했다. 그러나 식민지 시대로부터 내려오는 문제들 특히 '잃어버린 주' Lost Counties에 관해 어떤 조치를 취하지 않고는 국민의 지지를 얻을 수 없었다. 오보테는 결국 이 문제를 국민투표에 부쳤다. 1964년 11월 실시된 국민투표에 19세기말 부간다의 침입으로 광대한 땅을 잃은 부뇨로 주민이 대거 참여함으로써 이 땅은 부뇨로의 손으로 다시 돌아갔다. 이 사건으로 이미 허약한 상태에 놓여있던 오보테와 카바카 간의 관계는 완전히 단절되고 말았다. 이후 오보테는 자신의 출신지인 북부계 인물을 정부에 대거 등용시켰다. 특히 보안부대는 북부 출신 이 중에서도 아촐리가 완전히 장악했다. 이로써 종족 간의 대립이 심화되었다. 북부 나일계인 루그바라, 아촐리, 랑기 등도 서로 반목했고 남부 반투계는 부간다와 부뇨로의 반목 등 소지역 내에서도 대립이 심하므로 실제적으로는 훨씬 복잡하나 여하튼 크게 보아 남과 북의 대립과 비슷한 양상으로 진행되었다.

오보테가 국민투표 카드를 집어 들자 '오로지 왕당'과 국민회의 연합은 바로 무너졌고 이번에는 부뇨로와 '오로지 왕당'이 손을 잡고 그를 권좌에서 끌어내리려 했다. 그러나 이러한 시도가 실패로 돌아가자 부간다는 세 번째로 분리 독립을 모색했다. 부간다 측은 '오로지 왕당' 사무총장 데이비드 오첸David Ocheng으로 하여금 오보테를 축출시키기 위한 공작을 전개토록 했다. 오첸은 오보테의 측근인 합참부의장 이디 아민의 직무정지를 요청하면서 소위 '금과 상아' 사건에 대한 조사를 요구했다. 이 사건은 콩고에서 반란이 일어났을 때 오보테와 아민 및 국방장관 등 핵심인사들이 비밀리에 금과 상아를 거래하여 불법 이익을 취했다는 주장이다. 오첸이 의회에 제출한 오보테 사임 발의가 네 명의 반대표만 나온 가운데 통과되자 오보테의 고립이 두드러졌다. 오보테가 아무런 행동도 취하지 않은 채 2주가 흘러가자 의회는 오보테의 사임을 요구하는 두 번째 발의를 제출했고 이번에는 단 한 명의 반대로 통과되었다. 상황은 오보테에게 불리한 것처럼 보였으나 그는 군을 장악하고 있었다. 마침내 오보테가 행동을 개시했다.

1966년 2월 22일 보안부대 요원들이 회의 중인 내각으로 들이닥쳐 음모에 가담한 다섯 명의 장관과 이빈기라 국민회의 사무총장을 체포했다. 이후 오보테는 행정부의 모든 권한을 독점하고 헌법과 국회의 정지를 선언했다. 4월 15일 의회는 협박 상태에서 신헌법을 승인해야 했다. 신헌법에 따라 전통적 지도자들의 권한이 현저히 축소되고 주요한 지위는 직접 선거에 의한 선출 방식으로 개정되었다. 대법원까지 오보테의 혁명을 지지하자 부간다는 완전히 고립되었다. 이번에는 부간다가 반격에 나섰다. 5월 20일 부간다 왕국은 '불법적인' 중앙정부가 자신의 영토인 캄팔라에서 나가도록 요청했다. 실질적으로 우간다 대통령 격인 무테사 2세는 외국에게 군사 지원을 요청하는 한편 오보테 군의 공격에 대비해 무기를 배급했다. 오보테는 계엄을 선포하고 반란을 초기에 제압하기 위해 전략적 요충지인 음멩고Mmengo 언덕에 병력을 파견했다. 군대의 지휘는 이디 아민 대령이 맡았다. 아민의 상관인 합참의장 샤반 오폴로트Shaban Opolot장군이 부간다 귀족과 결혼한 상태였기 때문이다. 오폴로트가 위기 상황 내내 모호한 입장을 취하자 오보테는 그가 부간다 측과 내통하고 있는 것으로 의심했다. 무테사 2세를 체포하기 위한 대통령궁 습격 작전은 아민이 직접 지휘했다.

양측 간 교전으로 2,000여명이 사망한 것으로 추정된다. 무테사 2
세는 평민으로 변장한 후 부룬디로 피신했다가 다시 런던으로 망명했
으며 1969년 알코올 남용으로 사망했다. 이 사건 후 우간다 내 4개
왕국이 모두 해체되었고 부간다는 3개 행정지구로 분할되었다. 일시
적 승리에 도취한 때문인지 오보테는 이제부터 정말 어려운 일이 남
아 있음에도 불구하고 부간다 문제가 해결된 것으로 낙관했다. 그러
나 오보테에게는 반골 성향이 강하고 반정부적인 남부 주민 전체를
슬기롭게 다루어야 할 과제가 기다리고 있었다. 무력으로 정권을 장
악한 오보테는 다섯 명의 장관들을 체포하고 아민을 비난했던 네 명
의 국회의원을 재판에 회부했다. 카바카와의 대결에서 승리하기 위해
서는 아민의 도움이 절대적으로 필요했고 합참의장 오폴로트를 믿을
수 없게 된 마당에 유일한 친구이자 희망은 아민 밖에 없었다. 오보테
는 점점 더 아민에게 의존했다.

● 오보테의 집권과 통치

오보테는 지적 능력이 뛰어나거나 창의적인 인물은 아니었다. 그는
이웃나라 원수인 탄자니아의 니에레레Julius Kambarage Nyerere와 케냐
의 조모 케냐타Jomo Kenyatta의 그늘에 가려 열등감을 느끼고 있었다.
이제 전권을 쥔 오보테가 정치, 경제, 사회 부문에서 어떤 정책이라도

취할 수 있을 것 같았으나 현실은 그렇게 녹록치 않았다. 국가 차원에서 부간다의 저항은 일단 해소되었으나 간다 정치인과 지성인들은 여전히 캄팔라와 국민회의에 등을 돌렸다. 오보테는 뒤늦게나마 이들과의 융화 정책을 펼쳤으나 통하지 않았다. 여전히 관료의 대다수는 간다 출신이었고 이들은 개발의 균형추가 북부로 기울어지는 것에 불만을 품었다. 오보테는 내각 내에서 종족 간 균형을 맞추려 안간 힘을 썼으나 간다 인의 불만을 해소시키는 데는 역부족이었다.

오보테는 1969년 국민회의 내에서 주도권을 잡았으나 분열과 파벌 싸움은 여전했다. 사무총장 겸 국방장관 펠릭스 오나마Felix Onama는 운수업을 통해 쌓은 부를 기반으로 오보테에게 도전했으며 오보테의 이복형제 네키온Nekyon도 이에 가담했다. 1969년에 시행된 '좌익 선회 정책Move to the Left'은 국가경제에 커다란 충격을 주면서 반대 세력을 양산했다. 힘으로 전통적인 왕국을 해체하여 남부 주민의 원한을 산 오보테에게 이제 민간 기업들까지 등을 돌리고 있었다. 그가 발표한 평민헌장Common Man's Charter은 자본주의, 신식민지주의, 소득 불균형, 외국인의 경제 착취 등 우간다가 당면한 문제들을 해결하는 데 목표를 두었으나 이는 결국 사회주의로 기우는 것이었다.

이 헌장의 목표 달성을 위해 취한 첫 번째 조치는 1969~70년에 행해진 외국인 소유 85개 기업의 국유화와 몇몇 민감한 분야에 대한 외국인 투자 금지였다. 이는 자국민이 세운 기업이 거의 없는 상태임에도 불구하고 그나마 경제의 버팀목인 외국인 소유 기업을 일단 말소

탄자니아의 니에레레 대통령, 케냐의 조모 케냐타 대통령과 오보테 대통령(왼쪽부터).
세 나라의 원수들이 1967년 6월 6일 우간다 캄팔라에서 모여 동아프리카공동체를 세우는 것에 합의했다(사진. Charleslincolnshire , 케냐 국립박물관 소장)

시키고 보겠다는 것이다. 급진적인 좌익 선회로 인해 경제는 회복할
수 없을 만큼 손상을 입었다. 오보테의 궁극적인 목표는 롤 모델인 탄
자니아의 니에레레 대통령을 본받아 사회주의적인 개혁을 단행하려
는 것이다. 그는 철저한 검열제도를 도입하고 반대세력의 이익을 철
저히 봉쇄했다. 이를 주의 깊게 지켜보던 아시아계는 추가적인 국유
화와 엄격한 외환통제가 이루어지기 전에 서둘러 자산을 해외로 도피

시켰다. 자산 도피가 일어나기 시작한 때는 마침 농산물 생산 감소 및 세계적인 농산물 가격 하락 시점과 일치했다. 양쪽에서 직격탄을 맞은 우간다 경제는 날개를 잃은 듯 추락했고 곧 유동성 위기로 이어졌다.

1966년 혁명과 1969~70년에 벌어진 좌익 정책으로 말미암아 전국에 걸쳐 폭력 범죄가 횡행했고 나라는 점차 통치가 어려운 상태로 접어들었다. 1969년 오보테에 대한 암살 기도는 당시 우간다의 불안정한 상황을 극명하게 보여주는 예다. 이 사건 후 오보테 정권은 보다 가혹해졌다. 야당의 활동이 금지되었고 이디 아민이 지휘하는 군대가 부간다 지역으로 파견되어 주민을 공포에 떨게 했다. 엉성한데다 파벌 대립으로 군기가 빠진 정규군에만 의존할 수 없는 오보테는 특수부대를 창설하여 정규군을 대신토록 했다. 그러나 오보테가 무력에 의존하면 할수록 보안부대의 힘이 커지면서 결국 이들의 손아귀에서 놀아나게 되었다. 오보테의 가장 큰 실책은 군이 너무 방만하게 커지도록 방치했고 이들이 무소불위의 권력을 행사하도록 방관한 것이다. 1964년 동부 아프리카에서는 몇 차례 반란이 일어났다. 반란은 대부분 물질적인 문제와 연관되었으므로 '봉급 인상 스트라이크'에 비유되었다. 케냐와 탄자니아 정부는 군인들의 소요를 엄격하게 진압했고 군은 이내 잠잠해졌다. 그러나 우간다에서는 상황이 달랐다. 우간다 정부의 태도는 모호했고 어떠한 징벌도 내리지 않았으며 오히려 봉급 문제에 있어서는 군인들의 요구를 들어줬다.

입지가 강화된 군부의 세력이 점차 커졌다. 1967년 우간다 군은 대륙에서 7번째로 큰 군대가 되었다. 연 평균 48퍼센트씩 몸집이 커졌고 국방예산은 400퍼센트나 증가했다. 군인들의 봉급은 영어권 아프리카에서 두 번째로 높았고 군은 신분상승의 지름길이 되었다. 군이 비대해지면서 권력자들은 자신의 입맛에 맞는 종족 출신을 군에 입성시켰다. 식민 시절 영국이 가장 선호한 종족은 아촐리 족이다. 아촐리는 전통적으로 호전적이면서도 야심이 없었기 때문이다. 오보테 시절에도 아촐리를 군으로 끌어오는 전통은 지속되었고 그 결과 1960년대 후반까지 우간다 군에는 나일 족 출신이 다수를 이루었다. 그러나 이디 아민이 군 사령관에 오른 후 그는 자신의 종족인 카크와Kakwa를 포함한 북부 출신을 군으로 데려왔다. 이들 중에는 남부 수단 출신 피난민도 포함되었다. 그가 발탁한 군인들을 요직에 배치한 후 아민은 자신에게만 충성을 바치는 근위대를 양성하려고 했다. 1970년 9월부터 1971년 쿠데타 발생 전까지 22명의 누비아 및 카크와 출신 장교들을 핵심부대에 배치한 것이 그 예이다. 1971년 1월 쿠데타가 일어났을 때 이 부대의 장교 43명 중 32명이 이디 아민과 같은 부족 출신이거나 그에게 개인적으로 충성하는 사람들이었다.

오보테는 시민들로부터는 거의 지지를 못 받았기 때문에 군부에게 전적으로 의존했는데 군의 실질적인 지배자는 아민이었다. 일부 측근을 제외하고 우간다에서 대통령을 지지하는 세력은 어느 곳에도 없었다. 아민은 무식했지만 정치적 야심을 표출하는 일은 없었다. 이것이 일종의 안전판이었다. 오보테는 만일의 경우 반란이 일어날 위험을 예상하기는 했으나 이는 아민에 대한 것이라기보다 영국과 이스라엘에 의해 잘 훈련된 젊은 관료들을 의식한 것이었다.

군이 단합해서 행동할 경우에 대비하여 오보테는 분할통치Divide and Rule를 전략으로 삼았다. 군사 지휘권이 분할되었고 부대 훈련을 위해 외국 몇몇 국가의 군사사절단을 초빙했다. 군 내부의 경쟁과 시기 질투 그리고 육해공군 간의 갈등이 의도적으로 조장되었으며 오보테가 후견하는 군 간부들끼리 서로 경쟁을 벌였다. 그러나 이러한 전략은 장기적으로 오보테 정권에게 부담으로 돌아왔다. 1971년 쿠데타가 일어났을 때 아민은 군부의 이러한 구조로 말미암아 쉽게 유리한 위치를 차지할 수 있었다. 아민은 그의 친위부대를 확실히 움직일 수 있었으나, 훨씬 막강하지만 분열된 오보테 지지 세력들은 서로를 견제하느라 힘을 합쳐 아민을 물리칠 수 없었기 때문이다.

군은 1964년 한 차례 반란을 일으켰고 1964~65년 국민회의 당파 싸움 중에는 정권을 뒷받침하는 세력으로 이용되었으며 1966년 카바카 무테사 2세와의 충돌 시에는 캄팔라로 진입하여 무자비한 진압 활동을 하는 등 착실히 세력을 구축했다. 군은 1969년 오보테 암살 기도 후에는 자신이 법 위에 있는 존재로서 별도의 정부라는 믿음을 가지게 되었다. 많은 지역 특히 부간다에서 군은 공포와 혐오의 대상이었다. 이들은 자치적으로 활동했고 규율이 느슨한 조직으로서 상관이 부하를 제대로 통제할 수 없었고 정치권도 이들에 대한 통제가 불가

오보테 대통령이 백악관을 방문. 존 F. 케네디 대통령과 포즈를 취하고 있다. 1962년 10월 22일(사진. Warren K. Leffler, U.S News & World Report magazine)

능했다. 이렇게 무질서한 군의 정점에 서북부 나일 지역 카크와 출신의 일자무식인 이디 아민이 있었던 것이다. 우간다의 독립 당시 구 영국군 출신 장교 중에 토착민은 단 두 명밖에 없었고 그중 하나가 아민이었으니 우간다 군에서 그의 출세는 보장된 셈이었다. 아민은 새로 창설된 우간다 군의 합참의장인 샤반 오폴로트 장군의 부관으로 있었는데 1966년 부간다 사태로 오폴로트가 숙청되자 더 이상 걸림돌은 없었다. 아민이 군 총수로 등장하게 된 것이다.

• 쿠데타와 아민의 집권

1970년대에 이르자 오보테와 아민 간에 심각한 갈등이 발생했다. 아민이 서부 나일 출신을 대거 군으로 끌어들인 것, 남수단의 반란 세력을 지원한 것 그리고 1969년 오보테 암살 미수 사건 등이 주요 원인이었다. 아민은 오보테에게 총상을 입힌 암살 미수 사건의 주모자로 의심받고 있었는데 1970년 6월 또 한 차례 저격 사건이 발생했다. 공항으로 향하던 오보테 일행의 차에 누군가가 총격을 가한 것이다. 모든 의심의 눈초리가 아민에게로 향했으며 오보테는 이 사건에 대한 철저한 조사를 명했다. 1970년 오보테는 직접 군 통수권을 장악하면서 아민을 합참의장에서 육군사령관으로 좌천시켰다.

두 사람 사이에는 몇 가지 정책을 놓고 심각한 의견 충돌이 있었다. 특히 남수단의 분리주의 운동을 지지할 것인지 아니면 수단 정부 편을 들어 진압군을 파견할 것인지 여부를 놓고 입장이 팽팽히 대립했다. 아민은 특히 합참의장 아케나 아도코Akena Adoko와 사이가 좋지 못했다. 아도코는 오보테의 명령을 직접 받고 있었으며 모든 책임을 오보테에게만 졌다. 아민은 아도코가 군내에서 좋지 못한 소문을 퍼뜨려 자신을 몰아내려는 것이 아닌지 의심했다. 군내에서 돌고 있는 아민에 대한 소문은 모두 사실이었다. 아민은 시대에 동떨어진 의사결정 방식과 잦은 간부 교체로 인해 군내에서 많은 불만을 사고 있었다. 뿐만 아니라 군내 친위 세력을 확대하기 위해 가급적 아촐리와 랑기 출신을 충원하라는 명령에 반해 은밀히 그의 고향인 서부 나일 쪽에서 병사들을 데려오고 있었다. 아민은 또한 오보테에게 충성하는 고위 장교들의 진급을 방해했다. 예를 들어 그의 후임으로 지목되고 있는 오이테 오족Oyite-Ojok 중령의 진급을 막았다. 이렇게 해서 일어나게 된 1971년 쿠데타는 결국 오보테와 아민의 사이가 벌어지면서 생긴 갈등으로 빚어진 것이었다.

아민은 군부 내 소문 등 자신의 입지를 위태롭게 하는 상황이 전개되자 주저 없이 쿠데타를 택했다. 북부에서 충원한 군인의 숫자가 많아지면서 아민은 점차 세력을 확대하고 있었고 반면 오보테는 이런 상황을 불안한 눈초리로 주시하고 있었다. 아민은 또한 오보테가 설탕과 커피 산업을 국유화하려는 의도를 갖고 있다는 소문을 퍼뜨려 그에 대한 국민의 지지를 떨어뜨리게 했다. 아민의 행동을 위험하게 생각한 오보테는 두 명의 장관을 보내 조용한 퇴진을 종용하려 했으나 아민은 손에 수류탄을 쥐고 이들을 위협하여 쫓아냈다. 정책을 둘러싼 갈등 외에도 아민은 독직과 횡령 및 살인 혐의를 받고 있었다.

1970년 1월 25일 육군 부사령관 피에리노 예레 오코야Pierino Yere Okoya 장군이 그의 집 밖에서 살해되었다. 오보테 암살 미수 사건 때 아민의 행태를 비겁하다고 비난한 지 얼마 후 살해된 것이다. 이 사건으로 수명의 장교들이 체포되어 조사를 받았으나 진상은 밝혀지지 않았다. 많은 장교들이 배후로 아민을 지목했으나 확증은 없었다. 당시 체포된 사람 중 하나인 구웨데코Guwedeko 대위가 쿠데타 성공 후 급성장하여 장군으로 진급한 사실을 보면 그가 이 사건과 연관되어 있었을 가능성이 높다. 아민은 또한 3천 5백~4천만 실링(약 2백만 파운드) 규모의 예산 유용 및 횡령 혐의를 받고 있었으며 이에 대해 명백한 입장을 내놓아야할 처지에 있었다. 이러한 여러 가지 일과 상황이 아민으로 하여금 쿠데타를 일으키도록 하는 촉매제로 작용하고 있었고 아민은 실제로 적절한 기회가 오기만을 기다리고 있었다.

싱가포르 영연방 정상회의 참석차 출국한 오보테는 아민과 국방장관 펠릭스 오나마Felix Onama에게 자신이 돌아올 때까지 유용한 예산에 관해 명백한 설명을 내놓을 것과 오코야 암살 사건의 범인을 색출할 것을 지시했다. 1971년 1월 25일 쿠데타가 어떻게 해서 발생했는지 정설은 없다. 서로 주장이 다르다. 아민은 오보테가 싱가포르로 떠나면서 측근 오이테-오족에게 군을 접수하라는 명령을 내렸다고 주장한다. 그러나 누군가 이 정보를 그에게 넘겨주었고 이 사실을 안 아민은 자신이 당하기 전에 먼저 조치를 취한 것이라고 주장한다.

한편, 오보테는 귀국 당시 아민이 자신의 암살을 준비 중이라는 사실을 알게 되었는데 이를 눈치 챈 아민이 먼저 쿠데타를 일으켰다고 주장한다. 진실은 알 수 없지만 이 쿠데타는 두 사람의 개인적인 갈등과 감정이 고조되어 일어난 것이다. 한 사람을 권좌에서 끌어내리지 않으면 다른 사람이 숙청될 상황이었던 것이다. 죽느냐 사느냐의 상황에서 아민은 쿠데타를 단행했고 승자가 되었다.

아민은 엔테베 국제공항을 봉쇄하고 오보테의 관저를 포위했으며 주요 도로를 봉쇄했다. 라디오 우간다는 오보테 정부의 부패와 출신 지인 랑기 지역에 대한 특혜조치를 보도했다. 환호하는 군중이 캄팔라 거리를 메웠다. 아민은 자신은 정치인이 아니고 군인이므로 군사정부는 어디까지나 선거 때까지만 임시정부로 작동할 것이라고 선언했다. 또한 모든 정치범의 석방을 약속했다.

1971년 2월 2일 쿠데타 일주일 후 아민은 스스로를 대통령, 군 통수권자, 합참의장 및 공군 사령관으로 선포했다. 우간다 헌법 일부 규정의 효력을 정지시켰으며 국방자문위를 설치하고 위원장이 되었다. 군사법정을 민간법정 위에 두었으며 군인들을 정부 고위직과 국영기업 간부직에 앉혔고 새로 임명된 민간 출신 장관들에게 군사적 규율에 복종하도록 명령했다. 아민은 오보테를 부패한 공산주의자로 몰아세우고 곧 자유선거를 실시하겠으며 이후에는 군인들과 함께 군영으로 돌아가겠다고 약속했다. 아민은 거리로 나아가 행인들에게 자신의 개인수표를 나누어주는 제스처까지 선보였다. 정치범을 석방하고 사망한 카바카 무테사 2세의 시신을 가져와 장례를 치르도록 허락했다. 아민의 파격적인 태도에 감격한 한 시민은 "평생 동안 아민과 같이 자비롭고 대중적인 지도자를 본 적이 없다."라고 증언했다. 이때까지는 앞으로 우간다에 어떠한 폭풍이 몰아닥칠 것인지 예감조차 하는 사람도 없었다. 오보테는 탄자니아로 망명했다. 아민 충성파의 살수로부터 도피한 2만여 명의 군인이 그를 따랐다. 우간다에 남은 오보테의 일가친척은 모두 살해되었다.

아민의 괴상한 언행, 냉혈한과 같이 잔인한 행동 등으로 인해 그를 미치광이나 경조증 환자 등으로 보는 견해가 있다. 그러나 그를 잘 아는 사람들은 이러한 견해가 잘못된 것이라고 말한다. 아민의 행동은 비정상이 아니라 지극히 정상이며 이는 그가 전혀 서구화되지 않은 아프리카의 '농민 전사Peasant Warrior'이기 때문이라는 것이다. 아민은 그저 자신이 속한 아프리카 사회의 전통을 따랐을 뿐이라는 견해도 유력하다. 아민은 적으로 점찍은 자들에 대해서는 죽일 때에도 최대한 가혹하게 다루고 죽은 후에도 시신을 야만스럽게 처리했다. 병원 영안실에 안치된 많은 시신들의 간, 코, 입술, 성기, 눈 같은 것이 심하게 훼손되어 있는 것이 이러한 증거이다. 키와누카 대법원장의 경우 팔과 다리를 절단하고 성기를 잘라 그의 입에 처박은 후 산채로 화형에 처했다. 1974년 6월에 총살된 외무장관 카드프리 키갈라의 두 눈은 구멍이 났고 피부의 일부는 뱀 껍질처럼 벗겨졌다. 1973년 1월 노동장관 쇠바니 누쿠투의 경우 신체가 둘로 절단되었고 내장이 난도질당했다. 아민의 출신 부족 카크와는 살해된 적들에 대해 독특한 의식을 자행한 것으로 알려져 있다. 죽은 사람의 영혼을 달래기 위해 치러진다고 하는 이러한 의식은 시체의 살점 한 조각을 잘라 먹거나 희생자의 피를 맛보는 것 등이다. 이들은 시체에 칼을 꽂은 후 혀로 피 묻은 칼끝을 핥는 등의 의식도 거행했다.

잔인한 행위는 도처에 있었다. 탄약을 절약하기 위한 방법이라는 구실을 내세워, 감형 약속을 미끼로 한 죄수로 하여금 다른 죄수의 머

우간다 왕kabaka이자 초대 대통령인 무테사 2세의 동상. 수도 캄팔라 스피크 로드와 나일에비뉴 합류 지점에 위치하고 있다(사진. Navuga Linda, 2007)

리를 무거운 해머로 내리치도록 하는 것이다. 그런 다음 똑같은 약속을 받은 다른 죄수가 동료를 죽인 이 죄수를 다시 해머로 내리쳤다. 아민은 저녁 방송을 통해 누가 의심을 받고 있는지 공개함으로써 공포를 주는 방법을 택했다. 방송에 이름이 나온 사람들은 예외 없이 체포되어 대부분 살해되었다. 저명한 학자인 마케레레 대학 부총장도 이런 방식으로 그가 체포될 것을 미리 알고 집에서 공포에 떨며 아민의 부하를 기다려야 했다. 아민은 TV나 다른 방송 매체에도 자주 출연했다. 모든 언론은 아민이 저지른 살인이 사고나 국경 충돌에 의한 것으로 허위 보도했다. 아민은 사라진 사람들에 대해 정부가 조사 중이라고 안심시켰으나 이들의 행방에 대해 밝힌 것은 아무 것도 없었다.

● 통치

통치와 행정의 복잡성을 싫어하는 아민은 동양의 전통적 군주처럼 행세했다. 모든 통치는 아민의 기분이나 즉흥적인 반응에 따라 이루어졌다. 장관들은 자신의 부처와 관련된 결정을 라디오 뉴스를 통해 알게 되는 것이 보통이었다. 아민의 독재를 견제하려는 자는 물리적인 보복을 감수해야 했다. 국가 재정은 아민의 사금고와 같았다. 예산에 없는 지출, 무책임한 지출이 관행이 되었다. 중앙은행은 재정 적자를 메꾸기 위해 주기적으로 화폐를 찍어 냈다. 장부에 없는 정부 예산의 50퍼센트에 해당하는 거금이 매년 군부를 위해 추가로 지출되었다. 군이 아민의 권력 기반이기 때문이다.

약탈당한 우간다 경제는 콩가루 신세가 되었다. 농부들은 생존을 위해 수출용 작물 대신 생계형 작물로 전환했다. 인플레가 1천 퍼센트로 치솟고 케냐 국경에서는 국내에서 구할 수 없는 물품을 교환하기 위한 바터 거래가 성행했다. 사회를 유지하는 집단, 즉 사업가, 전문직 업인, 아시아인, 공무원, 교육자 등이 숙청되거나 해외로 도피했다. 국내에는 전문직 숙련노동자가 거의 사라졌고 도피한 전문 인력이 해외에서 우간다 디아스포라(Diaspora: 고국을 떠나 타국에서 자신들의 규범과 관습을 유지하며 살아가는 민족 집단. 원래는 타국을 떠도는 유대인을 지칭했다.)를 형성했다. 아민이 휘두르는 폭력에 25만여 명이 살해됨으로써 우간다는 '동부 아프리카의 진주'라는 이름 대신 피바다로 변했다. 그럼에도 불구하고 1976년 3월 마케레레 대학에서 거행된 명예박사 수여식에서 아민은 "역사상 어떤 지도자도 국민을 위해 이렇게 짧은 시간에 이렇게 많은 일을 한 사람은 없었다."라고 자화자찬했다.

아민의 독재에서 군이 중추적 역할을 수행했지만 그의 독재는 군의 집단적인 독재라기보다는 철저하게 개인적인 독재였다. 우간다는 법과 질서는 물론 행정이나 정책도 없는 황폐한 국가가 되었고 이 국가의 주인은 철권을 휘두르는 아민이었다. 그의 기분이나 변덕에 따라 자의적으로 정책이 결정되었고 전문가는 아무런 역할도 할 수 없었다. 경제는 아민을 비롯한 측근들의 개인 호주머니로 변질되었고 외교는 아민의 기분에 따라 오락가락했다.

아민이 쿠데타를 일으키기는 했지만 처음부터 이랬던 것은 아니었다. 아민은 비록 제스처이기는 하지만 처음 통치를 시작했을 때 오보테의 오류와 좌파 정책을 바로잡기 위해 정상적인 정권이 들어설 때까지만 임시로 통치하겠다고 선언했다. 대부분 정치범이 석방되고 부간다의 비상계엄이 해제되었으며 오보테가 발표한 경제 관련 칙령들이 철회되었다. 샤반 오폴로트와 카바카의 많은 인척들을 풀어주었고 카바카의 시신을 가져와 정중하게 장례를 치르기도 했다. 아민은 늘 자신은 정치인이 아니고 단지 이 나라를 평탄하게 이끌어가기 위한 전문적인 조언자에 불과하며 그것이 자신에게 맡겨진 임무라고 말했다. 회의에 참석하면 조용히 앉아 장관들의 제안에 귀를 기울였다. 발언이 끝나면 다른 사람이 이에 대해 추가로 발언할 사항이 있는지 여

부를 물었다. 그는 예의바른 사람처럼 행동했으며 모범적이고 관대했다.

정부기관의 독점 하에 통제되었던 물품이 거래되기 시작했고 아시아계를 비롯한 외국인이 특별히 환영한 정책은 외국기업에 대한 국가 지분이 60퍼센트에서 49퍼센트로 축소된 것이었다. 아민의 첫 번째 내각은 종족별로 균형을 맞춘 테크노크라트 위주로 구성되었고 군인은 겨우 한 명에 불과했다. '오로지 왕당(KY)' 리더인 아부 마얀자도 부간다의 지지를 이끌어내기 위해 내각에 포함되었다. 그러나 곧 아민의 정체가 드러나기 시작했다. 그는 행정가가 될 능력이나 자질을 갖추지 못했다. 권한을 위임할 줄 모르며 균형 잡힌 결정을 내릴 수 없는 사람이었고 선정을 베풀 생각과 의지도 없었다. 합리적인 계획, 대안의 검토, 재정적 절제 등 행정가에게 필수적인 요소는 변덕스럽고 충동적으로 행동하는 아민과 상극이었다. "아민은 어떤 심각한 사안에도 두세 시간 이상 집중하는 법이 없었다. 그는 읽지도 쓰지도 못했다. 이런 사람이 어떻게 각료회의에서 정상적으로 회의가 끝날 때까지 앉아있을 수 있겠는가? 안건의 세부적인 내용이나 장관들이 제출하는 보고서를 이해할 수 있겠는가?" 아민의 조잡하고 초보적인 영어 실력도 행정에 있어서 큰 약점으로 작용했다. 아민은 결코 책상에 앉아 있는 타입이 아니었다. 정부 고관과 고문단을 대동하고 자동차 또는 헬기로 끊임없이 움직이는 것이 그의 낙이었다. 그는 헬기로 도착해서 연설하고 전통 무용을 본 뒤 환영회에 참석하여 선물을 받은 다음 수행원들과 함께 헬기를 타고 떠났다. 이것이 그의 전형적인 일정이었다.

아민은 지방을 돌아다니며 몇몇 사투리와 밑바닥에서 쓰는 언어를 사용하면서 성병, 가발, 여성의 옷차림, 농사, 일부일처제 등 가벼운 문제에 관한 소감과 에피소드를 이야기하며 시간을 보냈다. 분명히 대통령다운 태도는 아니었다. 관제 언론은 외향적인 성격으로 일반대중과의 접촉을 즐기는 아민을 선거 캠페인에 나선 미국 대통령 후보에 비견했다. 그는 일반대중이 자신을 '빅 대디Big Daddy'로 불러주기 원했다. 교육 수준이 높고 지성적인 장관들로부터 모욕감과 질투심을 동시에 느낀 아민은 이들의 권위를 무시하고 곤경에 빠뜨리는 것에 희열을 느꼈다. 이런 상태에서 각료회의는 아민에게 아무런 의미도 없었다. 싫증을 느낀 아민은 더 이상 각료회의에 참석하지 않았다.

1972년이 되면 각료회의는 이미 빈사상태에 빠져 아무런 결정도 내릴 수 없게 되었다. 중요한 정책은 장관들과 상의 없이 아민이 독자적으로 발표했다. 어떤 때는 각료회의에서 어떤 이슈를 다루고 있는 도중 갑자기 그 이슈와 관련된 정책이 발표되기도 했다. 정책은 예산이나 실행 가능성 등을 무시하고 발표되기 일쑤였다. 아민에게 항의를 하거나 이의를 제기하는 장관은 고문을 당하거나 아민에게 직접 구타당하는 것이 일상이었다. 내각 자체가 병영화 됨으로써 장관들은 군인처럼 처신해야 했으며 견디지 못한 사람들은 그보다 낮은 수준의 인물들로 교체되었다. 아민의 처남이자 외무장관이었던 인물을 포함

많은 장관들이 견디지 못하고 케냐 또는 탄자니아로 망명했다.

각료회의에서 다뤄지는 토론을 이해하지 못하는 것에 짜증이 난 아민은 1973년 각료들에게 9개월 간 휴가를 명했다. 이후 그는 내각에 군인들을 끌어들이기 시작했다. 1975년경이 되면 내각은 군 출신 일색으로 변모했다. 게다가 무슬림과 누비아 출신이 압도했다. 1977년 내각에서 22명의 장관 중 기독교도는 2명뿐이었다. 그러나 직업 관료인 사무차관-통상 영국식 내각제도에서 각 부처에는 정치인으로 구성된 정무차관과 직업관료 출신인 사무차관이 있음-의 경우에는 무슬림이 20퍼센트에 불과했다. 전문성이 필요한 자리이기 때문이다. 허울 좋은 각료회의보다 국방위원회가 훨씬 더 중요한 기관이었다. 위원회 멤버들이 이른바 아민과 말이 통하는 '사회적, 문화적 동료'들이었기 때문이다. 아민은 이들과 맥주 집에서 밤새 술을 마시며 소위 '정책'을 토론하곤 했다. 그러나 아침이 되면 누구도 어떤 결론을 내렸는지 기억하는 사람이 없었다. 물론 토론을 기록하는 사람도 없었다. 아민은 누구하고도 상의하지 않고 국가정책을 즉흥적인 충동이나 개인적인 기분에 따라 결정했다.

때때로 정책은 그의 꿈이나 계시 또는 무당의 신 내림 등에 의해 결정되기도 했다. 예를 들면 아시아인 축출 시 신 내림을 받았다고 하는 무당의 조언이 있었다고 한다. 정책이 무슨 시스템이나 조직에 의해 결정되지 않았고 관료들에게 이행 의무가 주어지지도 않았기 때문에 이상과 현실 사이에 커다란 괴리가 존재했다. 많은 정책이 발표되고 칙령이 반포되었지만 아민이 특별한 관심을 가진 사안을 제외하고 이행되는 것은 거의 없었다. 명령은 수시로 내려오지만 관료들이 움직이지 않아 명령과 이행 사이에 큰 구멍이 뚫렸다. "오른손이 왼손이 하는 일을 모르는 정도가 아니라 오른쪽 엄지가 오른쪽 검지의 하는 일을 모른다." 이런 표현이 걸 맞는 상황이었다. 아민의 원시적이고 충동적이며 공격적인 스타일은 국제관계에서도 많은 사건을 일으켰다. 초기에는 장관과 외교관들이 아민의 충동적인 언행을 막아보려 했으나 허사였다. 아민의 공격적인 언사는 국제무대에서 하나의 정형이자 조롱거리로 자리 잡았다.

• 대외관계

국제적으로는 기묘하고 우스꽝스러운 존재가 되었지만 아프리카와 국내에서는 그의 행동이 인기를 끌기도 했다. 아민은 1975년 아프리카통일기구(OAU: Organization for African Unity) 의장에 선출되었고 우간다가 1977~79년 사이 유엔 인권위원회 이사국이었으니 코미디 같은 일이 아닐 수 없다. 1960년대 후반 오보테가 좌익으로 선회하여 80여개의 영국 회사들을 국유화하자 서방국가들은 우간다가 아프리카 내에서 서방의 이익에 장애가 될 뿐 아니라 소련의 우방으로 변모할 것을 우려했다. 이때부터 영국은 아민을 오보테의 대안으로 검토하기 시작했다. 영국은 자국 군대에서 근무하면서 마우마우 투쟁 때

맹목적일 정도로 활약하고 영국에 절대 충성하는 아민을 후계자로 주목했다. 1972년 아시아인 추방이 있은 후 인도는 우간다와 외교관계를 단절했다. 같은 해 아민은 '경제전쟁'의 일환으로 영국과 외교관계를 단절하고 영국인이 소유한 모든 회사를 국유화했다. 영국의 강한 반대에도 불구하고 아시아인을 축출한 것은 아프리카 내에서 영웅적인 행동으로 받아들여졌다. 영국의 어려운 경제상황을 비꼬면서 "앞으로 바나나와 채소가 영국구제펀드Save Britain Fund가 될 것"이라고 한 것이나 1975년 "자신이 영연방의 수장이 되어야 한다."고 주장한 것 등은 희극에 가까운 발언이었으나 우간다 국민은 이를 통쾌한 일로 받아들였다.

아민은 아시아인 축출 후 영국이 원조를 중단하자 보복을 천명했다. 1973년 1월 36개 영국 기업을 국유화하고 이어서 87개 기업을 폐쇄하자 우간다 내 영국인의 철수가 시작되었다. 1975년 간첩과 선동 혐의로 사형선고를 받은 영국인 데니스 힐스Denis Hills 석방 협상을 위해 영국 외무장관이 캄팔라를 방문토록 함으로써 종주국의 위신을 깎아내렸으며, 영국인들로 하여금 그가 탄 가마를 매게 함으로써 세계적인 이목을 끌기도 했다. 그러나 1977년 마침내 영국이 국교를 단절하자 평소의 그답지 않게 영국의 비우호적인 행동을 이해할 수 없다고 저자세로 말하기도 했다. 국교 단절 직후 그는 자신이 영국을 굴복시켰다고 선언하고 '대영제국 정복자'(CBE: Conqueror of the British Empire)라는 호칭을 자신의 많은 호칭 중 하나로 추가했다. '무관의 스코틀랜드 왕'도 그의 우스꽝스러운 호칭 중 하나이다.

아민은 처음에는 이스라엘을 경외했으나 야심이 좌절되자 급격히 적대관계로 바뀌었다. 우간다는 한때 이스라엘의 아프리카 원조 중 3분의 1을 받았다. 군사고문관, 폭격기 조종사, 경찰 교관 등이 이스라엘로부터 파견되어 우간다 인력 양성에 기여했다. 우간다와 이스라엘 관계는 오보테와 벤 구리온 시절에 구축되었는데 이스라엘은 좌익으로 기운 오보테를 축출하기 위해 아민의 쿠데타를 지원했다. 이스라엘은 당시 아민을 제대로 이해하지 못한 것으로 보인다. 아민이 괴상한 성격의 소유자인 것은 알았지만 그의 허영심이 채워질 수 있도록 무기 등 물질적인 지원을 통해 관계를 유지하려 했다.

대규모 무기 지원 등으로 처음에 좋았던 관계는 1972년 아민이 이스라엘 군사고문단을 추방시키고 리비아와 소련에게 손을 내밀자 깨지고 말았다. 이스라엘 대신 소련이 우간다의 가장 큰 무기 공급국이 되었다. 동독은 우간다 내 비밀 테러 조직으로 악명 높은 종합지원국 General Service Unit과 국가조사국State Research Bureau의 후원국이 되었다. 1973년 미국 대사 멜라디Melady는 정부에 우간다 진출을 축소할 것을 건의했다. 멜라디 대사는 아민 정권을 인종차별적, 비상식적, 예측할 수 없고 잔인하고 호전적이며 군국적인 정권으로 규정했다. 이에 따라 미국 정부는 캄팔라 주재 대사관을 폐쇄했다. 이후 아민은 끊임없이 미국을 비난했으며 특히 미국이 베트남전에 개입한 것을 강하게 비난했다.

권좌에 오른 지 불과 수개월 후 아민은 바다로 나가는 통로를 뚫기 위해 탄자니아의 항구 탕가Tanga를 공격하겠다는 명목으로 무기 지원을 요청함으로써 이스라엘을 경악케 했다. 요청이 거부되자 아민은 1년 후 리비아의 카다피로부터 대규모 지원을 약속받고 이스라엘과 체결한 모든 협정을 파기했으며 모든 이스라엘인이 1주일 내에 우간다를 떠나도록 명령했다. 이스라엘은 이런 상황을 미리 예측하고 건설 장비를 이미 케냐로 옮겼으나 우간다에게 빌려준 5천만 달러는 돌려받을 수 없었다. 우간다의 기독교도가 인구의 80~90퍼센트에 달했음에도 아민은 우간다를 이슬람 국가로 만들겠다고 약속했다. 그는 돈 때문에 이런 헛된 약속을 했고 리비아와 사우디아라비아는 아민에게 많은 지원을 했다. 아민은 모스크를 짓겠다고 약속했지만 이를 지키지 않았다.

아민의 반 이스라엘 정책이 계속되면서 리비아는 우간다에게 많은 지원을 했다. 아민은 르완다에게 이스라엘과의 관계를 끊을 것을 종용하면서 말을 듣지 않으면 우간다로 통하는 무역로를 봉쇄하고 키갈리를 폭격할 것이라고 협박했다. 아민은 아랍 세계에 24시간 내에 이스라엘을 함락하는 마스터플랜을 제시했으나 골란 고원을 탈환하는 3일간 모의 훈련에서 199명의 우간다 군인이 부상당하는 촌극을 벌이기도 했다. 아민은 1972년 뮌헨 올림픽 당시 아랍 테러리스트 검은 9월단이 저지른 이스라엘 선수 학살을 지지했고 히틀러의 유대인 말살정책을 찬양하는 등 예루살렘에 자극적인 메시지를 계속해서

다비드 벤 구리온 David Ben-Gurion. 이스라엘 건국과 함께 초대 총리 겸 국방
부장관을 역임했다(사진 Fritz Cohen, 1959년 1월 1일)

보냈다.

1976년 6월 아민은 팔레스타인 해방투쟁단체PLO 행동대원과 독일
의 혁명기구 대원들이 합동으로 납치한 텔아비브에서 파리로 가는 에
어프랑스 소속 여객기가 엔테베 공항에 착륙하는 것을 허용했다. 사
전에 납치 계획을 알고 있었는지 확실치 않지만 어쨌든 항공기가 엔
테베에 착륙한 후 아민은 테러리스트에게 전폭적인 지원을 약속했
다. 납치범들은 48시간 내에 테러 혐의로 이스라엘과 유럽에 투옥되
어 있는 53명의 팔레스타인 죄수들을 석방하지 않을 경우 모든 승객

을 살해할 것이라고 협박했다. 협상 결과 시한이 연장된 가운데 이스라엘 여권을 소유하지 않은 비유대계 승객 156명은 석방되었으나 83명의 유대인 및 이스라엘인과 석방을 거부한 20명의 다른 승객들은 인질로 남았다. 와중에 영국계 유대인 부인 한 명이 음식물이 목에 걸리는 사고로 캄팔라에 있는 병원으로 후송되었다. 그녀가 병원에 있는 동안 이스라엘 특공대가 작전을 전개해 거의 모든 인질을 구출했다. 작전 중 3명의 인질이 사망하고 10명이 부상당했으며 7명의 인질범과 45명의 우간다 군인 및 이스라엘 군인 1명이 사망했다. 이스라엘 특공대는 우간다군의 미그 전투기들도 파괴시켰다. 이 소식을 들은 아민은 분노로 길길이 날뛰었다. 그는 입원해있던 부인을 병원에서 끌어내 살해했다. 이 사건으로 우간다의 국제적 위상은 심하게 추락했고 영국은 우간다 내 대사관을 폐쇄했다. 기습작전 중 케냐가 이스라엘을 지원한 것에 대한 보복으로 아민은 우간다 내 케냐인 수백 명을 살해했다.

아민의 코미디와도 같은 외교정책은 계속 오락가락 했다. 오보테가 1972년 복귀를 노리고 행동했을 때 중국이 이를 지원한 것을 맹렬히 비난했으나 마오쩌둥을 캄팔라에 국빈으로 초청했다. 아민은 또한 프리토리아의 아파르트헤이트 정권과의 대화를 지지했으나 거절되자 남아프리카공화국 해방을 위한 마스터플랜을 제안하기도 했다. 프랑스 영화사가 그에 관한 영화를 제작한다고 했을 때 환영했다가 막상 영화가 상영되어 웃음거리가 되자 즉각 영화를 중단하지 않으면 우간

이스라엘 특공대의 엔테베 작전으로 극적으로 구출된 승객들이 손을 흔들고 있다.
1976년 7월 4일(사진, Moshe Milner)

다에 있는 모든 프랑스인을 체포하겠다고 협박했다.

한편 아민은 이웃나라인 르완다, 케냐, 수단 및 탄자니아를 상대로 영토 반환을 요구함으로써 불편한 관계를 자초했다. 미국인 살해 사건 후 원조가 중단되자 워터게이트 사건을 조롱하는 듯한 비외교적인 서한을 닉슨에게 보냈으며 새로운 대통령과 정부가 구성될 때까지 육군 일병 출신을 워싱턴 상주 대표로 임명하기도 했다. 담대한 행동파처럼 보였지만 아민은 상대방이 강력히 반발할 때에는 낮은 자세로 몸을 낮추었다. 케냐 루오족의 영토 회복을 부추기다가 케냐 정부가 경제 봉쇄를 취하려하자 급히 이전 발언을 취소했으며, 미국이 루움 대주교 살해사건을 비판하자 미국인을 체포 또는 추방할 것이라고 협박했다가 막상 미 군함이 케냐 해안에 나타나자 없던 일로 돌렸다. 종잡을 수 없고 막무가내인 아민은 일을 저지르는데 일가견이 있었지만 불리하면 꼬리를 내리는 데도 명수였다.

아민 집권 후 리비아, 사우디아라비아, 동유럽 국가들과의 관계는 가까워진 반면 다른 나라들과의 관계는 악화되었다. 가장 관계가 악화된 나라는 탄자니아였다. 니에레레 대통령은 아민과 같은 인물이 정상에 오른 것을 인정하지 않았다. 그는 살인자와는 절대 자리에 함께 앉지 않겠다고 선언했고 오보테의 다르에스살람 망명을 허용했다. 우간다의 종족 살육과 불안한 정세는 탄자니아의 반 아민 입장을 보다 강화시켰으며 결국 1972년 9월 오보테가 1천여 명의 병력을 거느리고 우간다에 침입하는 계기를 제공했다. 그러나 이 작전은 실패했다. 데이비드 오이테-오족 대령과 티토 오켈로 중령이 이끄는 특공대가 안콜레 족의 환영을 받으며 이들의 영토를 통과하여 진격했지만 기대했던 시민봉기는 캄팔라에서 일어나지 않았다. 오보테 시절 18개월 동안이나 핍박받은 경험이 있는 군 내부에 친 오보테 정서는 거의 남아 있지 않았다. 또한 수도의 다수족인 바간다는 수년 전 자신들을 냉대했던 독재자를 다시 권좌에 올려놓으려고 하지 않았다.

아민은 군중의 지지를 얻지 못한 오보테 군을 리비아와 팔레스타인의 지원을 얻어 쉽게 물리쳤다. 팔레스타인 군 400여 명이 아민을 지원하기 위해 리비아 항공기 편으로 캄팔라로 공수되었다. 작전 실패에 실망한 니에레레는 오보테 군의 활동을 전면 통제했다. 군인들은 해산 후 농장에 배치되었으며 농부로 일했다. 그러다가 우간다와 전면 전쟁이 벌어진 1979년이 되자 이들은 다시 전투병으로 복귀하여 탄자니아 군과 함께 우간다로 보내졌다.

아민의 공식 연설은 우스꽝스러운 것이었다. 글을 거의 읽지 못하는 그는 외교관과 언론인 등이 모여 있는 공식석상에서 연설문을 더듬더듬 읽었다. 공식 스피치가 끝나면 때를 만난 것처럼 스와힐리어와 영어를 섞어가며 '부서진 댐에서 물이 분출되듯' 폭포와도 같이 되는대로 말을 내뱉었다. 그는 연설 중 신에 관해 자주 언급했다. 이 때문에 무슬림과 기독교도 모두 아민을 신실한 사람이라고 언급했으며 나중에 아민은 스스로를 예언자로 일컬었다. 반면 일반 국민은 기도할 때 신에 관해 언급하는 것이 금기시되었다. 아민만이 신과의 소통이 가능한 유일한 통로로 간주되었기 때문이다. 아민의 독재 시절 많은 외국인이 그의 조력자였다. 초기에는 주로 영국인과 이스라엘인이 그의 곁에 있었고 나중에는 케냐인, 미국인, 소련인, 프랑스인, 리비아인, 사우디아라비아인, 파키스탄인, 동독인 등이 줄을 이었다. 미국, 영국, 이스라엘과 케냐의 회사들은 우간다로부터 커피를 구입하는 대신 통신장비, 첩보 및 고문 장비, 항공기와 부품 그리고 사치품 등을 군 고위층에게 판매하여 막대한 수익을 올렸다. 이러한 장비들과 소련이 제공하는 무기를 가지고 아민은 군과 국민에게 공포를 조성했다.

• 숙청

　1971년 쿠데타는 그야말로 아민의 충성과 소수가 일으킨 지극히 개인적인 것이었다. 오보테가 축출되자 부간다가 가장 환호했고 사회주의 정책의 전환을 바라는 아시아인도 환영했다. 그러나 군내 장교 집단이나 대부분의 일반 병사들은 진심으로 지지하지 않았다. 오보테 지지 세력이 군내에 널리 퍼져있었으나 그의 분할통치 정책으로 인해 흩어져 경쟁하는 관계에 있어 응집력이 약했다. 쿠데타에 대한 저항은 즉각적이고 상당히 격렬했으나 조직과 리더가 없었다. 이 때문에 저항 세력은 세를 결집하지 못하고 분쇄되고 말았다. 군의 복잡한 종족 구성이 자신에게 해가 될 것을 우려한 아민은 쿠데타 후 군내 입지 강화에 주력했다. 그 결과 기존 장교단이 대부분 숙청되고 병사의 절반 이상이 축출되었으며 그와 가까운 오래된 동지들로 지휘부가 채워졌다. 1974년까지 군내 중령 이상 23명 중 불과 3명만이 살아남았으며 장교단의 절반 이상은 1971년 이전부터 아민과 관계를 맺어온 장교들이었다. 1972년 탄자니아로 피신한 친 오보테 병력이 니에레레의 지원을 등에 업고 우간다에 침입하여 정권을 재탈환하려다 실패한 사건이 기폭제가 되었다. 아민은 군내 오보테 지지자들을 이 잡듯 숙청하기 시작한 것이다.

　누비아인과 수단인으로 구성된 숙청단의 잔인한 행동은 공포스러운 것이었다. 이들은 종족 소탕을 위해 군부대를 휩쓸고 다니면서 살인과 숙청을 자행했다. 이들의 조직은 공공안전부Public Safety Unit, 국가조사국 등과 같이 실제적인 행동과는 아무런 관련이 없는 것처럼 보이는 이름을 가졌다. 랑기와 아촐리 족 장교와 병사들이 일차적인 숙청 대상이었다. "음바라라로부터 모요에 이르기까지 랑기와 아촐리 출신 군인들은 총, 칼, 몽둥이 등으로 살해되었다." 랑기와 아촐리 출신 중 많은 사람들이 '알파벳 O'로 시작되는 이름을 가졌다. 따라서 이름이 'O'로 시작되는 사람들이 우선적으로 제거되었다.

숙청이 각급 부대로 확대되면서 거의 모든 종족들이 화를 당했다. 가만히 앉아 죽을 지경이 되자 군의 이곳저곳에서 반란이 일어났다. 카크와, 루그바라, 마디 등 친 아민 부족으로 구성되고 아민의 직할부대였던 엘리트 기계화 여단에서도 반란이 일어났다. 반란이 진압된 후 부대원들은 모두 다른 부대로 배치되었다. 1972년까지 약 5천 명의 아촐리와 랑기 출신 군인들과 그보다 두 배 이상의 민간인이 살해되었다. 특히 아민이 어린 시절 핍박을 받으며 자랐던 진자 지역에서는 제노사이드 급의 대규모 살인이 벌어졌다. 이는 그를 멸시한 다른 부족들에 대한 처절한 보복이었다. 탱크로 깔아뭉개기, 수류탄으로 처형하기, 검투사처럼 죄수들끼리 싸움을 붙여 죽이기 등 수법도 잔인하기 이를 데 없었다. 희생자들은 여러 종족 출신이었으며 신분도 종교지도자, 언론인, 예술가, 관료, 법관, 변호사, 지식인, 학생, 외국인 등 다양했다. 아민은 책임을 면하기 위해 대량학살이 벌어질 때는 늘 해외에 있었다. 아민의 해외여행은 우간다에 어떤 중요한 사태가 임박했음을 알리는 바로미터가 되었다.

군 내부의 살육과 더불어 우간다 전체에 공포의 바람이 일었다. 아민 직속으로 있는 군인들에게는 거칠 것이 없었다. 이들은 반대파 숙청 목적은 물론 개인적 원한에 따라 사람들을 무작정 체포하여 고문하고 살해했다. 1971년 대통령 칙령에 따라 선동 또는 반란의 위협이 있는 경우 군은 장관을 포함하여 그 누구라도 체포할 수 있었다. 군은 법 위에 있었고 누구에게도 책임을 지지 않았다. 많은 무고한 사람들이 올가미에 걸려 단순히 의심이 간다는 이유만으로 무고하게 처형되었다. 예를 들어 1971년 60명의 젊은 간다 인들이 군에 자원입대하여 영국으로부터 송환된 무테사 2세의 사체가 담긴 관을 지키는 임무를 맡았는데 모두 살해되고 말았다. 이들을 살해한 이유는 애당초 왕을 신봉하는 간다 인이 군에 입대한 동기 자체가 의심스러우므로 군이 오염되기 전에 제거해야 한다는 것이었다. 동아프리카 커뮤니티 소속으로 캄팔라와 엔테베에 와있던 케냐와 탄자니아 인들도 올가미에 걸려 살해되었으며 이로 인해 인근 국가들과 외교적 마찰이 일어났다. 1975년 한 농부가 자신의 부인을 강간한 군인을 살해한 사건이 발생했는데 이로 인해 카라모종의 수도 모로에서는 약 6백 명의 민간인이 살해되었다. 8년간의 통치 내내 살육이 진행되었는데 정확한 희생자 수는 아무도 모른다. 적게는 8만 명에서 많게는 30만 명 또는 50만 명까지 보는 견해도 있다.

정치인, 교육자, 행정가, 기업인, 전문 직업인 등 우간다 사회의 중

추가 되는 사람들이 수천 명 살해된 후 시체는 나일 강과 빅토리아 호에 버려져 악어 밥이 되었다. 나일 강을 가로지르는 카루메 폭포 Karume Falls 다리 위에서 강으로 시체를 던졌기 때문에 이 다리는 한때 '피의 다리'로 불렸다. 다리 밑에서는 시체들이 수시로 떠올라 이 근처에 사는 주민과 댐을 통과하여 매일 출퇴근하는 사람들의 눈살을 찌푸리게 했다. 진자와 통하는 나일강 어귀에는 시체가 너무 많이 쌓여 발전소 취수구를 막는 일이 잦았다. 캄팔라와 엔테베 등 대도시에 공급하는 생선이 부족한 현상도 발생했다. 어부들이 빅토리아 호수에 버려진 시체를 뜯어먹은 물고기를 잡는 것을 꺼려했기 때문이다.

학살을 취재하던 두 명의 미국 언론인이 보안부대 주마 소령의 명령으로 살해된 사건이 발생하여 미국 정부의 거센 항의를 받자 아민은 특별조사관을 임명했다. 잔혹 행위를 확인한 영국인 조사관은 자신의 목숨이 위태로워지자 캄팔라를 탈출하여 나이로비에서 본국에 보고서를 보내야 했다. 희생자 중 저명한 인물로는 대법관 출신으로 총리를 지냈던 베네딕토 키와누카, 성공회 대주교 자나니 루웜, 전 중앙은행장 조셉 무비루, 전 마케레레 대학 부총장 프랭크 칼리무조, 유명한 극작가 바이런 카와드와, 아민 내각에서 장관을 지낸 에리나요 윌슨 오르예마 및 찰스 오보스 오품비 등이 있다. 서방 언론은 우간다 내에서 대량학살이 벌어지고 있음에도 무관심했으며 아민을 어릿광대나 코미디언 정도로 취급했다. 그러던 중 미국 언론인 살해 사건이 발생하자 비로소 사태를 심각하게 보기 시작했다. 아프리카에서 백인 특히 언론인이 흑인 군인에게 살해당하는 것은 극히 예외적인 일이었기 때문이다.

국내 테러로 인해 많은 사람이 케냐와 탄자니아 등 이웃나라로 피신했다. 탄자니아로 피신한 아촐리와 랑기 출신 군인들은 오보테 지지 병력에 합류했다. 아민 정부의 전직 장관들과 그들의 가족을 포함한 수천 명의 민간인도 이웃나라로 피신했다. "정치적 살해는 우간다에서 제도화되었다. 공포는 정부의 무기가 되었다."라고 《가디언 Guardian》지는 보도했다. 우간다 내에서는 도시 거주자들이 고향을 찾아 지방으로 피신했다. 무질서한 병사들과 처형대의 공포를 피해 마을 전체가 부시 지대로 도피하는 경우도 있었다. 이들은 가급적 도로와 통신 등 현대적 시설이 없는 낙후된 곳으로 도망쳤다. 이렇게 해서 많은 마을이 폐허로 변했다. 남아 있는 마을은 남자들이 살해되어 여자와 어린 아이들만 사는 곳으로 변했다.

농업이나 상업의 형태도 생존 위주로 바뀌었다. 농부들은 수익성 작물 재배를 포기하고 먹고 사는 것에만 집중했으며 상업은 물물교환 위주로 바뀌었다. 1973년 아시아인 추방으로 상업이 무너지자 사람들은 현금 대신 물물교환으로 겨우 생존할 수 있었다. 군 내부의 종족 분쟁으로 특정 부족 출신이 희생된 자리를 외부에서 영입된 사람들이 차지했다. 외국인이 대부분인 이들은 빠르게 성장하여 우간다에서 가장 힘 있는 집단으로 떠올랐다. 쿠데타 원년인 1971년 한 해만 해도 4천 명이 충원되었는데 누비아, 수단, 자이르, 르완다, 마디 및 루그바라 출신이 주류를 이루었다.

시간이 지나면서 누비아, 수단, 자이르, 르완다 출신들이 득세한 반면 마디와 루그바라 출신에 대한 신뢰가 떨어지면서 이들은 유명무실한 집단으로 전락했다. 처음에는 누비아와 카크와 족만이 무기고에 접근할 수 있을 만큼 권세를 누렸으나 아민이 동족인 카크와에 대한 신뢰를 버리자 무슬림 누비아 족이 홀로 군과 정부의 요로에서 주요한 자리를 독차지하게 되었다. 아민의 군대는 점점 더 커져 1978년 과거의 세 배인 2만 5천 명으로 증가했는데 이중 4분의 3이 외국인이었다. 절반은 남 수단 출신이었고 26퍼센트가 자이르 출신 그리고 우간다 출신은 24퍼센트에 불과했다. 장군과 각료의 분포를 보면, 70년대 초반에는 카크와 및 남 수단 출신이 장성의 60퍼센트와 각료의 75퍼센트를 차지하던 것이 1977년이 되면 인구의 5퍼센트에 불과한 무슬림이 장성의 80퍼센트와 각료의 87.5퍼센트를 각각 차지했다.

군인들은 본부의 명령도 잘 듣지 않을 정도로 무질서했고 가난한 농부와 민간인을 괴롭히는 깡패들이었다. 이들은 주둔지 주민의 생사여탈권을 쥐고 사람들을 공포에 몰아넣었다. 한 마디로 우간다는 무법천지가 되었다. 8년 동안 권좌에 있으면서 무소불위로 휘두르는 아민의 권력에 희생되지 않은 종족이 없었다. 처음 공격 대상은 주로 랑기와 아촐리였고 나중에 이테소teso 등으로 옮겨졌으나 시간이 흐르면서 거의 모든 종족으로 확대되었다. 동족인 카크와도 예외는 아니었다. 아민의 비위를 거스르면 누구든 보복을 각오해야 했다. 음모나 암살 기도는 말할 것도 없고 장교들의 행동이 눈 밖에 나거나 조금이라도 비판하는 말이 들릴 경우 그룹 전체가 학살되곤 했다.

1972년 9월 친 오보테 병력이 탄자니아로부터 쳐들어왔을 때 음바라라 지역에 있는 안콜레 주민이 이들을 환영했다는 이유로 많은 사람이 학살되었다. 1972년 군내 누비아 족의 파워에 저항하여 루그바라 출신이 반란을 꾀했다는 혐의로 수백 명의 루그바라 병사들이 살해되었다. 1974년 카크와 출신 합참의장 찰스 아루베Charles Arube가 주동한 반역으로 군내 카크와 출신과 엘리트 부대인 말리레 기계화여단은 혹독한 숙청을 당해야 했다. 기계화여단 소속 500여명 이상이 처형되었다. 기계화여단은 쿠데타 당시 아민이 권력을 잡는데 크게 기여했으며 그가 가장 신뢰하는 부대이기도 했다. 이후 아민은 반란을 색출한다는 명목으로 서부 나일 지역까지 군대를 보냈다. 군이 아민의 고향까지 습격해오자 늙은 아민의 아버지는 생명을 보전하기 위해 수단으로 향하는 난민의 행렬에 동참해야 했다. 이 때문에 1979년 탄자니아 군대가 진격해오자 서부 나일은 다른 지역과 마찬가지로 이들을 해방군으로 환영했다.

1975년경이 되면 아민은 자신의 종족으로부터 심한 불신을 받는다. 부족의 추장들은 아민이 더 이상 알루어, 마디, 루그바라, 카크와 족을 괴롭힐 경우 반란이 일어날 것임을 경고했다. 이 때문인지 반란에 연루된 루그바라 장교들은 모두 사면되어 한직에 배치되었다. 그러나 카크와는 말리레 학살과 아루베 총살 사건에 대한 앙금을 버리지 못했다. 끝까지 아민을 옹호하고 아민과 함께 싸운 군인은 외국인 출신이었다. 이들에게는 아민이 구세주였기 때문이다. 사회적 신분 상승, 고용, 물질적 보상 등 이들이 누리고 있는 모든 것이 아민에게 달려있었다. 1979년 탄자니아 군에 쫓겨 피신한 뒤에도 이들은 북부 우간다를 계속 침입하며 주민을 괴롭혔다. 우간다 사회에서 아민의 횡포에 영향을 입지 않은 구석이 없었다. 도시이건 시골이건 모두 불안에 떨었고 인도인 추방, 산업과 상업의 몰락으로 경제적 피해를 입었다.

지식인, 공무원, 교사들은 무학인 아민의 반 교육적인 편견으로 직격탄을 맞았다. 많은 지식인이 누비안이나 무슬림 등 자격을 갖추지 않은 사람에게 자리를 내주고 직장에서 물러나야 했다. 아민 정부의 지식인 박해에 항의하여 외국으로 도피하는 사람도 속출했다. 아민의 친 이슬람적 성향에 불안해하던 기독교인들은 1977년 자나니 루움 Janani Luwum 대주교 암살 사건이 발생하고 아민이 이를 교통사고로 위장하자 큰 충격을 받았다. 분노에 사로잡힌 아민이 직접 총을 쏴 루움을 살해한 것으로 알려져 있다. 아민은 화가 나면 스스로를 통제할 수 없었다. 자신의 부인이나 첩에게도 잔혹 행위는 예외가 아니었다. 부인 중 하나인 케이가 낙태시술 중 사망하자 자신의 허락 없이 낙태했다는 이유로 시신의 팔과 다리를 자른 후 다리를 어깨에 붙이고 팔을 다리에 붙이도록 했다. 또 다른 부인 사라의 경우 전 남편의 목을 잘라 냉동고에 보관하기도 했다.

아민의 8년 통치 기간 중 최소한 22번의 음모, 반란 및 암살 기도가 있었다. 군내 대부분의 그룹과 주요 지휘관들이 이러한 음모에 가담했다. 아민의 모터케이드 호위대는 여러 번 습격당했으며 관저는 복수심에 불타는 병사들에 의해 공격당했고 장교들이 그를 체포하기 위해 그룹으로 나타나거나 혹은 그에게 나라를 위해 용퇴할 것을 탄원하기도 했다. 그의 부인과 첩들은 적에게 기밀을 누설했고 1974년에는 나이로비-모가디슈 구간을 운항하는 항공기를 격추시키려는 음모가 꾸며지기도 했다. 아민은 보안 문제에 대해 편집광적인 자세로 일관했다. 조금이라도 경호에 문제가 있을 것 같으면 절대 그냥 넘어가는 법이 없었다. 이런 그의 자세 때문에 수많은 음모와 위기 속에서도 생존했다고 볼 수 있다. 모터케이드나 항공 루트를 수시로 바꿨으며 부인이나 첩을 방문할 때에는 자주 순서를 바꿔 행적을 알 수 없도록 했다. 공용차는 일부러 적의 저격 대상이 되도록 놔두는 한편 경호대가 없는 평범한 차를 이용하는 전략을 펴기도 했다.

• 아시아계 추방

아민의 희생양은 세 부류였다. 첫 번째는 가톨릭 신자로, 아민은 이들을 이슬람으로 개종시키길 원했다. 아민이 가톨릭을 증오했다는 사실은 가톨릭교도의 희생이 특히 컸다는 사실을 통해 알 수 있다. 누비안 군인은 그들이 원하는 대로 기독교도들을 죽일 수 있었다. 이들은 아민으로부터 살인 면허를 얻은 셈이다. 두 번째는 아시아인들로, 아민은 이들을 우간다의 경제를 망친 주범으로 몰아붙였다. 아시아인은 땅을 소유하거나 정치적 근거를 가질 수 없음에도 불구하고 부를 쌓았다는 사실만으로 증오의 대상이 되었다. 아민은 일반 시민의 아시아계에 대한 질투심을 적절히 이용했다. 세 번째는 유대인이다. 처음에 이스라엘과 가까웠던 아민은 리비아의 카다피와 친해지면서 태도를 급변하여 유대인은 그를 파멸시키려는 이스라엘의 첩자라고 비난했다. 유대인도 아시아인과 함께 우간다의 경제를 망치는 주범이라고 싸잡아 매도했다. 아민은 또한 지속적으로 히틀러를 칭송했다. 1975년 10월 유엔총회에서의 연설 당시 유대인 축출과 이스라엘의 국가 절멸을 주창하면서 기립박수를 두 번 받았다. 아민은 1972년 3월 이스라엘과 국교를 단절하고 우간다에서 이스라엘 인을 내쫓았으며 카다피의 반 이스라엘 전선에 가담했다.

1972년 8월 아시아인 추방은 국내적으로는 가장 인기를 끈 사건이었다. 아민 자신의 편견과 오만에서 비롯된 이 사건으로 말미암아 아프리카에서 잘 나가던 우간다의 경제는 폭삭 주저앉고 말았다. 아민은 자신의 결정을 '경제 전쟁'이라고 불렀다. 아민은 아시아인을 추방하라는 계시를 꿈에서 받았다고 주장했다. 종종 자신이 언제 어떻게 죽을지도 계시를 통해 알고 있다고 말하곤 했으니 놀라울 것은 없다. 그러나 이 사건은 계산된 것이다. 우간다 사회에 뿌리 깊이 박혀있는 인도인에 대한 증오를 이용하여 정권에 대한 지지를 강화한다는 계산이 자리 잡고 있었다. 또한 상점, 식당, 대지, 집 등을 몰수한 뒤 막대한 약탈재산을 추종자들에게 나누어 줌으로써 체제를 강화할 수 있다는 계산도 있었다.

8월의 칙령은 아민이 여러 번 아시아계의 결점에 대해 장광설을 늘어놓은 후 나왔다. 그가 비난한 것은 아시아계의 사회 친화력 부족, 경제 독점, 우간다에 대한 충성도 부족 등이었다. 당시 8만여 명의 아시아인은 인도계나 파키스탄계로서 대부분 우간다에서 태어난 사람들이었다. 영국 식민지 시절 이들의 조상이 일자리를 찾아 이곳으로 건너왔다. 이들은 부를 독점하고 있었기 때문에 일반 국민으로부터 질시의 대상이었고 '동아프리카의 유대인'으로 불렸다. 아민의 주장은 단순했다. 아시아인은 우간다에 철도를 건설하기 위해 온 사람들이고 철도공사가 끝난 지 오래 되었으니 이제 모두 돌아가야 한다는 것이다.

1971년 12월 우선 우간다 시민권을 신청하고 있던 1만 2천여 명의 아시아인에 대해 거부 결정이 내려졌다. 이 결정을 일종의 신호로 받아들인 많은 아시아인이 서둘러 나라를 빠져나갔다. 그러다가 9개월 후 7만여 명 아시아인 전체에 대해 최소한의 소지품과 개인당 현금 100달러만 지참하고 3개월 내에 우간다에서 나가라는 칙령이 내려진 것이다. 외교 채널을 통한 영국의 탄원과 다른 국제기구들의 간청에도 불구하고 아민은 이 결정을 밀어붙였다. 실제적으로 추방을 강제하면서 벌어진 많은 비인도적이고 끔찍한 일들이 알려지면서 아민은 국제사회에서 악의 대명사로 떠올랐다. 쫓겨난 사람들 중 3만여 명은 영국으로 건너갔고 나머지는 영연방국가들인 호주, 남아공, 캐나다, 피지 또는 인도, 케냐, 파키스탄, 스웨덴, 탄자니아, 미국 등으로 떠나 갔다.

아시아인이 퇴출되자 그 대가는 엄청났다. 내국인의 고용이 늘어난 다든가 자산의 해외 유출이 그치고 사치성 소비품에 대한 외화 지출 이 감소되는 등 몇 가지 눈에 보이는 효과는 있었으나 곧 시야에서 사 라지고 검은 먹구름이 몰아닥쳤다. 상업과 통상이 거의 무너졌다. 특 히 지방의 상황은 악몽과 같았다. 4천여 개 상점과 회사들은 약탈로 자원이 고갈된 채 군인과 민간인으로 구성된 위원회에서 지정하는 개 인에게로 넘어갔다. 넘겨받은 사람들은 대부분 군 장교나 정권과 관 계가 있는 민간인들이었다. 군 출신들은 서로 더 큰 상점이나 회사를 차지하려고 경쟁을 벌였다. 인기 좋은 푸조의 수입선인 '제너럴 자동 차 회사General Motors Corporation'와 같은 큰 회사도 군인이 차지했 다. 몇몇 군 고위급들은 하루아침에 벼락부자가 되었다. 어떤 이는 우 간다 전국에 걸쳐 약 20여 채의 고급 주택을 차지했다. 30여대 이상 의 각종 승용차와 트럭을 차지한 사람도 있었다. 상점을 차지한 자들 은 남아 있는 물품을 처분한 후에는 운영에 대한 미련 없이 상점을 버 리고 떠났다. 국내에서 생산하는 상품이 부족한데다 외화도 부족하여 더 이상 상점을 채울만한 물건이 없자 버리고 떠난 것이다.

게다가 새 주인들의 경영 능력은 밑바닥이었고 자금 능력도 없었다. 새 주인들은 사업의 장래에 대해서는 거의 관심이 없었다. 갖고자 하는 모든 물건을 챙기고 소유하고 있는 땅에 자기 집을 지으면 목표 완수였다. 이러한 상황이 지속되자 우간다의 민간경제는 80퍼센트가 소멸되었다. 우유, 설탕, 소금, 성냥, 비누, 빵, 기타 곡물 등 생활필수품이 귀해지면서 가격이 10배 이상 폭등했다. 설탕의 공식 가격은 킬로당 7실링이었는데 암시장에서는 50실링에 거래되었다. 소득형 농산물은 정부 구매처를 거치지 않고 국경에서 밀매되었다. 1973년 중반쯤이 되자 아시아인이 가지고 있던 많은 부와 재산이 거의 사라졌다. 낙농장에서는 젖소들을 대량 도살하고 그 고기를 싼 값으로 중간 상인들에게 팔았다. 따라서 이 시기에 우간다에서는 거의 우유를 구할 수 없었다.

아시아인이 단순히 경제만 독점하고 있는 것은 아니었다. 이들은 사회가 필요한 기술을 지닌 기술자들이자 일자리를 만들어 근로자가 살아갈 수 있는 바탕을 만들어준 고용주이기도 했다. 인도인은 회사와 상점에서 많은 현지인을 고용했을 뿐 아니라 보통 한 집에 2~3명씩은 가사 도우미들도 거느리고 있었다. 아시아인 축출로 무려 5만 명 이상의 현지인이 일자리를 잃고 실업자가 되었다. 갈 곳이 없는 이들은 다시 직장을 구할 수도 없었다. 수많은 사람들이 생존을 위해 부랑자나 범죄자가 되었다. 전국에 걸쳐 수 천 명의 행정가, 의사, 치과의사, 수의사, 교수, 기술자 등 필수 인력이 사라졌다. 병원, 학교, 자동차 정비소 등에서 전문 인력의 50~75퍼센트가 빠져나가자 이 기관들의 운영이 거의 불가능하게 되었다. 아시아계가 빠져 나간 공백을 메꿀 수 없자 다시 인도, 파키스탄, 아랍 등지에서 기술자와 전문가들을 초빙했는데 당시 우간다에게는 이들의 보수를 감당할 능력이 없었다.

정부의 수입도 현저히 줄어들었다. 숫자는 많지 않았으나 아시아계가 차지하는 세금 징수 비율이 매우 높았기 때문이다. 한마디로 말해 우간다 정부는 한 번의 잘못된 판단으로 세수의 38퍼센트를 잃었다. 그리고 이 손실은 메꿔지지 않은 채 계속 남았다. 아시아인의 상점이나 기업을 물려받은 사람들이 전혀 세금을 납부하지 않았기 때문이다. 국가 수입 감소, 높은 수입품 가격 및 쿠데타 이후 서투른 경제 운용 등이 합쳐져 국가 경제는 헤쳐 나오기 어려운 늪으로 빠져들었다. 물가가 폭등하고 생활비가 치솟는 가운데 국민은 생존을 위해 안간힘을 썼다. 계속되는 인플레로 1978년 가솔린이 갤런 당 24달러, 비누 한 개가 7달러에 달했다.

밀수가 극에 달하자 특별경제담당 경찰이 조직되어 재화가 빠져나가는 것을 막아야 했다. 면화, 커피, 동 등의 생산이 급감하고 수출이 현저히 약화되어 국고에 외화가 마르기 시작했다. 아민과 측근들이 외국에서 들여오는 술, 전자제품, 사치품, 고급 식품 등도 타격을 입었다. 아민은 군의 불평을 막기 위해 군용기 2대를 배치하여 런던으로부터 라디오, 위스키, 자동차, 레코드판 등 사치품을 들여오는데 사용했다. 국고가 비자 정부는 화폐를 마구 찍어냄으로써 우간다 실링의 가치는 1,000퍼센트 이상 하락했다. 외화가 없어 빚을 못 갚게 되자 국제사회의 신용도 급락했다. 1976년이 되면 석유 및 기계류와 같은 핵심 품목의 국제 공급자들은 우간다로 향하는 모든 품목에 대해 현금 결제를 요구했다. 국가 간의 거래에 있어서 이 정도로 불신이 커진 것은 제2차 세계대전 후 우간다가 처음이었다. 경제가 이렇게 어려움에도 불구하고 아민은 가뭄으로 타격을 입은 세계 30여 개 국에게 원조를 제공하겠다고 나섰으니 나라 사정을 몰라도 너무 모르는 문외한이었다.

● 탄자니아 침공과 아민의 몰락

1978년경이 되면 아민의 지지 세력과 측근들이 약세를 보이기 시작한다. 경제가 추락하면서 일반 국민들 가운데서 반대 세력이 급격히 늘어났다. 1977년 루움 대주교와 각료 두 명이 살해당한 후 여러 명의 각료들이 우간다를 빠져 나와 해외로 망명했다. 마침내 1978년 아민 권력의 핵심이 무너졌다. 누비아와 카크와 연대가 침몰하면서 정권의 전복 가능성이 높아진 것이다. 그러나 사실 탄자니아가 쳐들어오기 오래 전부터 이미 아민의 군대는 빈껍데기에 불과했다. 계속되는 장교단 숙청, 형식적인 군사훈련, 기강의 해이, 야전부대에서 빈번히 일어나는 반란과 무자비한 보복 등으로 인해 유사시 군이 어떤 역할을 해줄 것으로 기대하는 것은 희망사항에 불과했다. 군부는 아민과 그의 측근이 모두 장악했다. 아민이 국방위원회 의장, 삼촌인 무스타파 아드리시Mustafa Adrisi가 부의장 겸 국방내무장관이었고 위원들은 대부분 아민의 친인척이었다. 아민의 사촌으로 합참의장인 아이작 루마고Issac Lumago, 조카인 해병대 사령관 하쌴 타반Hassan Taban, 조카이며 엽기적인 살인자로 악명 높은 아이작 말리야무니아Issac Maliyamunya 등이 위원에 포함되었다.

1978년경이 되면 그동안의 피비린내 나는 복수와 핵심 도당의 와해로 인해 충성을 다할 것 같은 세력은 찾아보기 어려웠다. 핵심 세력이 와해한 것은 군과 같이 신뢰할 수 없는 집단을 권력의 축으로 삼을 것인지에 대한 집권층 내 의견 충돌 때문이었다. 루그바라 족인 아드리시는 유사시 자이르나 수단으로 도망갈 가능성이 높은 외국인 대신 북부인을 중심으로 군을 재편하려 했다. 이에 반해 아민은 누비아 족을 특별히 선호했으므로 동족인 카크와로부터 자연스럽게 멀어졌다. 항간에는 아민이 원래 누비안 출신이라는 소문도 돌았다.

양 진영의 의견이 충돌하고 특히 아드리시와 타반 간에 총격전까지 벌어지자 1978년 아민은 측근 중 몇몇을 숙청하거나 강등시킴으로써 문제를 해결하려 했다. 아드리시 진영이 큰 타격을 입었다. 자동차 사고로 카이로의 병원에 입원했다가 돌아온 아드리시는 세력 약화를 실감해야 했다. 그의 진영에 속한 실세 장관 세 명과 보안 책임자 두 명이 해임되었으며 이밖에도 많은 인물이 축출되었다. 이중에는 사우디아라비아와 리비아가 제공하는 문화적-종교적 목적의 펀드를 유용하여 이들 국가로부터 지원이 끊길 위험을 초래한 외교장관과 재무장관도 포함되었다.

종파들 간에 싸움이 벌어진 틈을 타 군 내부에서는 보수 지급 지연 문제로 이곳저곳에서 소요가 일어났다. 반란 가담자들은 봉급 외에 맥주를 무료로 공급해줄 것과 누비아 인에 대한 특혜를 폐지할 것을 요구했다. 재정 결핍으로 군인들의 요구를 충족시킬 수 없는 아민은 반란 세력이 탄자니아로 도망치자 과거와 같이 탄자니아를 희생양으로 등장시켜 문제를 해결하려 했다. 아민은 탄자니아군의 침입으로 국경에서 전투가 벌어졌다고 하면서 군이 경계를 철저히 하고 단합해줄 것을 요청했다. 가장 소요가 심한 부대를 남쪽으로 보내 침입군을 격퇴시키도록 했으며 아랍 진영에 군사적, 재정적 지원을 요청했다. 이 모든 것은 아민이 꾸민 일이었으나 리비아는 어리석게도 원조금 유용 혐의를 덮어두고 아민의 요청에 적극 호응했다.

아민은 1978년 11월 1일 탄자니아의 습격에 대한 보복으로 국경 부근의 카게라 살리엔트Kagera Salient를 점령할 것이라고 선포했다. 곧 우간다 군이 탄자니아 영토로 이동했으며 광범위한 약탈을 자행했다. 그러나 거기까지였고 탄자니아의 대규모 반격이 시작되었다. 국내 정세가 어려워질 때마다 탄자니아를 희생양으로 삼아 우롱하던 아민은 이번에는 큰 대가를 치러야 했다. 그것은 자신의 몰락이었다. 탄자니아는 결코 우간다를 침범하지 않았고 반대로 우간다가 자주 탄자니아 국경을 침범했는데 아민은 늘 진실을 왜곡해왔다.

우간다 군의 기습 공격을 당했으나 탄자니아는 침착하게 대응했다.

니에레레 탄자니아 대통령이 네덜란드 암스테르담을 국빈 방문 의장대 사열을 받고 있다.
1965년 4월 21일(사진. Jack de Nijs-Anefo)

그리고 잠시 주저하다가 결심한 듯이 우간다 국경을 넘어 4만 병력을 침투시켰다. 정책 전환을 결심한 니에레레 대통령이 전면전을 각오한 것이다. 아민은 1971년 이래로 늘 탄자니아를 침공했고 탄자니아는 매번 우간다 군을 국경 밖으로 몰아내야 했다. 니에레레는 이제 어떤 대가를 치르더라도 더 이상 고통스러운 일을 반복하지 않겠다고 다짐했다. 경찰관, 교도관 및 민병대 등이 가담하자 수 주 내에 탄자니아

군은 10만 명으로 불어났다. 지금까지 아민 정권을 전복시키기 위한 조치에 반대하던 니에레레는 오보테에게 캄팔라에서 대규모 시민 봉기가 일어나도록 선동해줄 것을 주문했다.

오보테는 오랫동안 침체되어 있던 자신의 군대를 끌어 모아 탄자니아 군과 함께 우간다로 보냈다. 오보테 군, 탄자니아 군 그리고 이곳저곳에서 모인 군대들이 각자 종족을 상징하는 깃발을 앞세우고 캄팔라로 진격했다. 영국과 서독은 탄자니아에게 무기 구입 자금을 지원했다. 리비아가 2천 7백 명의 병력을 파견하고 항공기로 우간다에 군수물자를 지원했으며 탄자니아 정부에 최후통첩을 발했음에도 불구하고 이들의 캄팔라 진군을 막을 수는 없었다. 아민이 더 지탱할 수 없게 되자 여기저기서 반란이 일어나거나 탈영병이 속출했다. 수세에 몰린 아민은 그만이 할 수 있는 우스꽝스러운 제안을 했다. 자신과 니에레레 간 복싱 매치로 담판을 지어 분쟁을 종식시키자는 것이다.

4개월간 지속된 전쟁은 탄자니아 연합군의 승리로 돌아갔다. 연합군 측의 7만 병력 중 사상자 수는 373명에 불과했다. 비행기로 공수된 리비아 군과 팔레스타인 용병은 압도적인 화기의 우세에도 불구하고 제대로 된 장비와 훈련도 갖추지 못한 탄자니아 연합군에게 격퇴되고 말았다. 6백여 명의 리비아 군과 1천여 명의 아민 군이 사망했다. 국토의 절반 이상이 적의 손에 들어갔음에도 불구하고 아민은 병사들에게 끝까지 적을 물리칠 것을 주문했다. 그러나 그는 이미 망명을 준비하고 있었다. 부인과 첩들 및 20여 명의 자식들을 대동한 채 트리폴리로 가는 비행기에 몸을 실었다.

아민은 트리폴리에서 수년 간 머물었는데 그가 떠난 이유는 카다피의 14세 된 딸을 추행하려고 했기 때문이라는 소문이 돌았다. 이후 아민은 리야드로 망명해 2003년 8월 그곳에서 사망했다. 아민은 제다의 노보텔 호텔에 수년간 거주했는데 1980년 BBC 기자가 그와 인터뷰를 가졌다. 인터뷰에서 아민은 우간다는 계속 자신을 필요로 한다고 하면서 정권이 저지른 잔혹행위에 대해서는 추호의 유감도 표명하지 않았다. 그가 죽은 후 전前 영국 외무장관 데이비드 오웬David Owen은 아민을 암살하자고 제안했었다는 사실을 밝혔다. "나는 이 일을 수치스럽게 생각하지 않는다. 아민 정권이 폴 포트Pol Pot(캄보디아의 3,5대 총리. 킬링 필드의 주역)에 비견될 만큼 역대 아프리카 정권 중 최악이었기 때문이다."

캄팔라는 거의 저항 없이 1979년 4월 10일 함락되었고 탄자니아 군은 6월 3일 수단 국경에 도착했다. 전쟁이 끝난 것이다. 탄자니아 군은 카다피가 파견한 군대에게 퇴로를 열어주었다. 니에레레는 리비아 인이 포로로 잡히는 것을 원치 않았다. 이렇게 되면 카다피가 이를 아랍-아프리카 전쟁으로 선전할 것이며 이에 따라 다른 아랍 국가들이 카다피와 아민을 지원할 가능성이 있기 때문이다. 탄자니아 군은 루지라 교도소를 비롯 캄팔라 인근 감옥에 수감된 수만 명의 죄수를 석방했다. 죄수들은 먹을 것이 없었고 탄자니아 군은 이들을 먹일 능력이 없었다. 죄수들 중에는 잔혹한 범죄자들도 섞여 있었으나 탄자니아 군에게는 옥석을 가릴 능력이 없었다. 전쟁은 공식적으로 1979년 6월 3일 종료되었다. 탄자니아는 이 전쟁에서 승리했으나 군사비로 5억 달러를 지출했다. OAU(아프리카 통일기구)로부터 침략국으로 낙인찍힌 탄자니아는 아프리카 내에서 어떠한 경제적 지원도 받지 못했다. 과도한 전비 지출로 오랫동안 침체되어 있던 탄자니아는 2007년 우간다가 빚을 상환하면서 다시 정상적인 궤도로 진입하기 시작했다.

• 아민 이후의 우간다

우간다는 해방되었으나 남은 것은 상처투성이였다. 8년에 걸친 아민의 폭압정치로 나라 전체가 거덜이 났고 20~30만 명이 사망했다. 문화, 도덕, 행정, 사회경제 등 모든 면에서 우간다는 폐허와 같은 나라로 전락했다. 무법천지였고 모든 사람들이 자신의 생존에만 관심이 있었다. 그러나 여전히 종족주의, 지역주의, 역사적 라이벌 의식, 종교 대립 등이 지속되면서 사회를 분열시켰다. 나일 족의 굴레에 매이는 것을 결사적으로 반대한 간다 족은 중앙정부에 거칠게 저항했다.

오보테는 과거에 간다 족에게 관대하게 대했다가 혼쭐이 난 경험이 있으므로 이번에는 탄압적인 정책으로 나섰다. 해방이 되자 자생적 파벌들이 정치적 공백 속으로 파고들었다. 이들은 오보테가 다시 집권하는 것을 막아야 한다는 데 의견이 일치했다. 탄자니아 군이 서서히 캄팔라로 진군하고 있을 때 모쉬Moshi에서 종전 후 우간다의 장래에 관한 회의가 열렸는데 야심가들은 자신의 존재를 알리기 위해 모두 참석했다. 28개의 정치단체들은 나중에 우간다 국가해방전선 (UNLF: Uganda National Liberation Front)과 국가자문회의(NCC: National Consultative Council) 둘로 나뉘었다. 두 단체 모두 남부 인이 주도했으며 마르크스주의자들도 다수 포함되어 있었다. 오보테는 니에레레의 충고에 따라 어떤 단체에도 가입하지 않았다. 그가 한 단체에 가입할 경우 다른 단체와의 충돌이 불가피하고 이렇게 되면 종파주의가 극심한 우간다에서 더 큰 혼란이 발생할 수 있었다. 오보테가 주도하는 국민회의는 그의 정치적, 군사적 대리인으로 파울로 무왕가Paulo Muwanga와 데이비드 오이테-오족David Oyite-Ojok이 각각 전면에 나섰다. 부간다 출신의 보수파인 유수프 룰레Yusuf Lule가 국가자문회의 NCC의 리더로 나선 후 캄팔라 함락을 목전에 두고 우간다의 새 대통령으로 선출되었다.

그러나 룰레의 재임 기간은 72일에 불과했다. 국가자문회의는 룰레가 과도기 대통령으로서 최소 역할만을 수행해주기 원했는데 기대에 어긋난 데다 그가 부간다의 이익만을 챙기려했기 때문이다. 룰레는 의회의 불신임으로 쫓겨났다. 과격파 후보와 국민회의 후보인 무왕가로 나뉘어 정치판이 분열된 가운데 은둔해 있던 고드프리 비나이사Godfrey Binaisa가 갑자기 차기 대통령으로 추대되었다. 비나이사는 부간다 출신으로 오보테 정부에서 검찰총장을 지냈으나 정치적 비중은 없는 인물로서 모쉬 회의에도 참석치 못했다. 비나이사는 오보테 정부에서 인권 탄압으로 사임한 전력이 있는데다 무능한 인물이었다.
그에게는 우간다의 사회경제 문제를 개선하려는 의지가 전혀 없었다.
부패한 내각과 행정부를 장악하지 못했고 국가의 이익보다 개인의 이
익을 우선시했다. 그는 정치적 경쟁자들을 견제하며 대통령직을 고수
하는 가운데 자신의 정치적 명성을 쌓는 것에만 관심을 쏟았다. "당시
우간다에서는 많은 사람들이 첫째 개인의 경제적 이익을 챙기고, 둘
째 개인의 정치적 기반을 확충하며, 셋째 그와 지지자들의 권력을 지
속시키는 데에만 관심이 있었다." 비나이사는 이러한 부류의 표본이
었다.

비나이사 정권 하에서 사회경제적 여건은 점점 더 악화되었다. 우
간다는 무법천지가 되었다. 범죄자, 농토를 잃은 농민, 직장을 잃고 굶
주리게 된 도시민, 구 아민계 군인, 심지어 새로 결성된 국가해방전선
UNLF 소속 군인들까지 지방과 캄팔라를 휩쓸고 다니며 살인과 약탈
을 자행했다. 나라가 거대한 도둑 소굴로 변했으며 오직 힘 있는 자만
이 생존할 수 있었다. 이 지경이 되어도 정부는 아무런 조치를 취할
수 없었다. 이에 더해 남부에서는 룰레의 실각 이후 여러 개의 사병私
兵들이 결성되어 사회적 혼란을 가중시켰다. 인기 없었던 룰레의 축출
로 인해 다시 한 번 우간다 내에서 간다 인의 통치는 허용될 수 없다
는 여론이 일었기 때문이다.

비나이사는 룰레와 마찬가지로 그의 이미지와 현실을 착각하는 실
수를 저질렀다. 의회에서 국가자문회의 내 좌파들은 점점 더 세력을

넓히고 있었고, 오보테는 뒤에 숨어서 기회를 노리고 있었으며, 신임 국방장관 요웨리 무세베니Yoweri Kaguta Museveni와 같은 정치 신참들은 야심을 키우고 있는 상황이었다. 협공에 처한 비나이사는 승부수를 던졌는데 그것은 국가자문회의 내 반反 국민회의 감정을 이용하여 오보테의 최측근이자 그의 영원한 부관인 오이테-오족 대령을 합참부의장에서 해임하는 것이다. 그러나 오이테-오족은 오히려 역습을 가하여 국가자문회의 명의로 대통령을 축출시켰다. 두 번이나 대통령을 지명했음에도 모두 실패한 상황에서 마지막 시나리오는 다시 선거를 치르고 이를 통해 오보테가 재차 등장하는 것이었다. 아민을 몰아내는데 결정적인 공을 세운 탄자니아도 전쟁 비용과 승리 후 평화유지군 주둔 비용 등으로 인해 고통을 겪고 있었다. 이들은 속히 임무를 마치고 우간다에서 철수하기 원했다. 그들이 원하는 것은 보다 안정적이고 합법적인 정부에게 속히 권력을 이양하는 것이었다.

1980년 12월 실시된 선거에서 우간다인은 여전히 종족과 종교에 따라 투표한다는 사실이 드러났다. 이 선거는 랑기와 아촐리 족으로 구성된 신교도인 북부 국민회의와 바간다 족 중심으로 가톨릭인 남부 민주당과의 싸움이었다. 무세베니의 바니안콜레 연합이나 부간다의 왕정 지지파인 보수당은 별 영향을 미치지 못했다. 잘 조직된 국민회의가 파벌로 갈라진 민주당을 물리쳤다. 국민회의는 126석 중 74석을 차지했다. 남부인은 부정선거라고 비난하면서 게릴라 활동을 전개했다. 반면 나일 계는 1966년의 경험을 상기하며 이번에는 절대 정권을 내주지 않겠다고 다짐했다. 양측의 정면충돌로 내전이 발생하면서 국가는 더 어려운 상황에 빠졌다.

오보테는 무정부상태인데다 파산한 정부를 물려받았다. 정치인들은 사리사욕을 챙기느라 바빴고 부패와 약탈은 국가를 혼란으로 빠뜨렸다. 외국의 수출업자들은 신용으로 물품을 보내주려 하지 않았다. 그들은 우간다가 불과 2주 분량 정도의 외화만을 비축하고 있다는 사실을 알고 있었다. 모든 물자가 심각하게 부족했다. 수도 캄팔라의 석유 비축량은 3일분에 불과했다. 한때 호황을 누렸던 아시아계의 설탕 및 차 공장은 거의 몰락했다.

목화 생산은 1914년 수준으로 하락했으니 먼 과거로 돌아간 것과 같았다. 무기가 유출되면서 무장 강도와 폭력이 횡행하여 시민들이 불안에 떨었으며 국제원조단체는 직원들을 철수하고 원조사업을 중단할 것을 심각하게 검토했다. "요즈음 우간다의 상황이 너무 불안하다. 시계나 라디오 따위로 인해 사람들이 살해당하며 좋은 차를 타고 시내를 돌아다니는 사람은 아무도 없다."

조국의 해방 소식을 듣고 귀국한 우간다 인들은 현지 사정을 보고 서둘러 다시 빠져나갔다. 해외 출국 통제가 과거보다 훨씬 심해져 많은 사람들은 차라리 아민 시절이 더 나았다고 푸념했다. 비나이사 정부 시절은 그야말로 공황이었다고 사람들은 입을 모았다.

북부와 동부에서는 약탈 조직과 구 아민계 군인들이 지방을 훑고 다니며 국가구조전선National Rescue Front이라는 깃발을 앞세우고 약탈과 살인을 자행했다. 남부와 서부에서는 무세베니와 민주당 계열의 군인들이 사병을 조직하고 캄팔라에 저항하여 모병 활동을 벌였다. 나이로비에서는 반 오보테 모임이 한 차례 개최되었는데 아민 계 장군인 모세스 알리, 두 명의 전임 대통령 그리고 무세베니가 함께 모였다. 전임자인 룰레나 비나이사와 같이 오보테도 우간다에서 일어나는 폭력을 저지할 능력이 없음이 드러났다. 그리고 누구도 통제할 수 없는 약탈과 폭력에 맛을 들인 군인들은 우간다에서 가장 큰 골칫거리였다. 1984년 미국은 공개적으로 우간다 군이 30만 민간인의 학살에 직접, 간접으로 책임이 있다고 비난했다. 혼란이 극으로 치닫던 상황에서 마침내 무세베니의 '보다 질서 있는 군대'가 서서히 캄팔라로 진격해오자 오보테 권력의 핵심인 아촐리와 랑기를 주축으로 한 나일계 병력은 분열되기 시작했다.

1981~82년 사이에 두 번의 반란이 일어났다. 아촐리와 랑기가 군과 사회에서 압도적인 지위를 차지한 것에 반감을 가졌기 때문이었다. 오이테-오족 합참의장에 의해 반란은 진압되었으나 군내 분열이 심각함이 드러났다. 1982~83년 사이에는 랑기와 아촐리 간에도 간간이 충돌이 일어났고 분쟁이 점점 더 심화되었다. 아촐리가 그들의 사촌인 랑기에 비해 전투지역에서 근무하는 기간이 보다 길다고 불평한 것이 원인이었다. 오보테가 군을 장악하여 권력을 확고히 하려는 마지막 꿈은 1983년 12월 그가 신임하는 부관 오이테-오족이 헬기 추락 사고로 사망함으로써 끝이 났다. 오이테-오족은 자타가 공인하는

가장 능력 있는 군인이었고 군내 종파 분쟁을 중재할 수 있는 거의 유일한 인물이었다. 합참의장 자리는 9개월간이나 채워지지 않았다. 양측에서 이 자리를 차지하려고 암투가 벌어졌기 때문이다. 결국 비교적 급이 낮은 랑기 출신 장교가 임명되었다. 그러자 아촐리와 랑기 간 분쟁은 극에 달했다. 무세베니 군대가 캄팔라 인근까지 진격한 가운데 아촐리와 랑기는 계속 전투를 벌였고 이틀을 타 보실리오 오켈로 Bosilio Okello장군이 오보테를 축출시켜 버렸다.

아촐리 출신으로만 내각이 구성된 가운데 쿠데타 세력은 무세베니 및 다른 반군들과 권력 분할을 협상코자 했다. 일부 아민 계 장교들이 오켈로 편에 합류했음에도 불구하고 무세베니는 진격을 멈추지 않고 1986년 1월 캄팔라에 입성했다. 6년간의 내전 끝에 권력을 잡는데 성공한 것이다. 중무장하고 있는 아촐리 본토를 침입하지 말라는 충고에도 불구하고 무세베니는 아촐리 지역으로 들어갔는데 예상 외로 소규모 저항만 있었다. 3월 중순까지 전 국토는 무세베니의 손에 들어갔다. 어떤 지역은 1979년 이래 네 번이나 주인이 바뀌었다. 남부인 (무세베니의 출신 부족인 바니안콜레 족은 실제적으로는 남서부인임)이 집권한 것은 우간다의 권력 구조에서 대변혁을 의미했다. 북부 지역까지 무세베니의 손에 들어온 것처럼 보였으나 1987년경이 되면 다시 혼란이 일어나며 1990년대에 들어 아촐리-랑기는 중앙권력에 정면으로 도전했다.

무세베니의 집권 초기 수년 동안 캄팔라에서는 총성이 그치지 않

무세베니 현 우간다 대통령
(사진. 영국국제개발국UK Department for Interantional Development 제공, 2012년 7월 11일)

았고 매일 저녁 잔혹한 범죄들이 발생했다. 구舊 국민회의 당원과 여타 야심가들은 음모를 꾸몄고 암살을 기도했다. 이들은 새로운 정권의 안정을 원하지 않았다. 동북부에서는 카라모종 유목민이 넓은 지역을 인간 메뚜기 떼처럼 휩쓸고 다녔다. 기관총과 수류탄으로 중무장한 이들은 동부의 무법 세력으로 남았으며 간헐적으로 이웃 케냐를 침범했다. 오보테는 멀리 잠비아로 망명했지만 이웃 국가들에 산재한 오보테 부하들은 병력과 무기 및 자금을 모아 캄팔라로 쳐들어가려는 계획을 세웠다. 국내에서는 국가해방전선UNLF 장교들을 흡수한 아촐리 병력이 지방을 통제하면서 캄팔라 군과 전투를 벌였다. 각종 민병대, 약탈집단, 농토를 잃은 농부들, 학교 중퇴자들, 아민 잔존 세력, 군 이탈자 등 잡다한 세력이 이곳저곳에서 약탈과 폭력을 일삼았다.

강한 카리스마를 지닌 여성 종교지도자 앨리스 루퀘나Alice Lukwena가 북부인을 끌어 모아 1년 이상 무세베니 군에 저항했다. 그녀는 전사들에게 '견과류에서 짜낸 신성한 기름'을 나누어 주면서 총알이 해를 끼치지 못하도록 하는 종교의식을 거행했다. 1987년 한 해에만 그녀의 '성령 충만한 병력' 수 천 명이 이러한 의식을 받은 후 변변한 무기도 없이 적진으로 뛰어들다 희생되었다. 루퀘나가 살해된 후에는 설교가 조셉 코니Joseph Kony가 지휘봉을 잡았다. 코니는 루퀘나처럼 무모하지는 않았고 합리적인 전략가였으나 반 무세베니 성향은 마찬가지였다. 그는 수천 명의 신도들이 무세베니 군과 저항해 싸우도록 하였으므로 1990년대 중반까지 불안한 상황이 지속되었다.

이곳저곳에서 전투가 계속되자 자금이 심각한 문제였다. 무세베니 자신도 가장 큰 문제는 경제적 형편이라고 고백한 바 있다. 국가저항군(NRA: National Resistance Army)의 숫자를 10만~20만 명으로 네 배 확대하고 각 지역에 주둔군을 유지하며 북부 반란 세력과 전투를 벌이는 데에만 국가 예산의 53퍼센트가 들었다. 한때 아프리카의 진주라고 불리던 나라가 오보테와 아민의 착취와 약탈 등 혼란을 거치면서 거덜이 나버렸다. 무세베니는 정권은 잡았으나 여러 곳에서 메뚜기 떼처럼 몰려드는 반란 세력으로 인해 하루도 편한 날이 없었다. 설사 무세베니가 모든 세력을 진압하고 우간다를 안정시킨다고 하더라도 그가 평화와 민주주의를 가져올 것이라는 보장도 없었다.

5천 명 이상의 정치범들이 1993년까지 재판도 받지 못한 채 수감되었다. 이들의 대부분은 국가저항군NRA의 북부 작전 때 잡힌 사람들이거나 무세베니의 오랜 정적들이었다. 캄팔라에 민주적인 정부가 들어서고 정치인들이 공정하고 평화적으로 경쟁하는 체제를 도입하는 것이 불가능한 상황이 지속되었다. 무세베니 자신도 여러 번 다당제 정치는 당분간 도입되기 어렵고 먼 훗날에나 가능할 것이라고 언급했다. 종족주의와 지역주의 때문에 정상적인 선거로는 이기기 어렵다는 사실을 잘 알고 있는 무세베니는 1992년 'Half-Way House(중간 방식)'라는 무 정당無 政黨 제도를 도입했다. 그리고 이 제도 하에서 의회와 대통령 선거가 치러졌다. 무세베니가 새로운 제도를 도입할 수 있었던 것은 우간다의 정치적 안정을 원하는 서방세력이 그를 적극 지원했기 때문이다. 1990년대 중후반 서양은 무세베니를 신세대 아프리카 지도자로 추켜 세우면서 독립 후 가장 성실하고 뛰어난 지도자로 높이 평가했다. 그러나 그는 제2차 콩고 전쟁 중 이웃 DR콩고를 침공하였으며 결과적으로 540만 명이 사망하는 대참사를 초래했다. 1998년 이후로는 대호수大湖水 지역의 다른 내전에도 참여했다. 그는 내전 중 소년병 모집, 집단 학살 등 반인도적인 범죄도 저질렀다. 우간다 북부에서는 수천 명이 살해되었고 수백만 명이 고향을 떠났다.

1994년 총선이 치러졌는데 역대 가장 자유로운 선거로 기록되었다. 그리고 1996년 대통령 선거에서 무세베니는 72.4퍼센트 득표로 대통령에 선출되었다. 그러나 종족 및 지역주의는 계속되었다. 총선에서 집권 국가저항군NRA−당으로 출마한 것이 아니라 '운동체계 Movement System'로 출마함−은 214석 중 144석을 얻는데 그쳤고 동부와 북부에서는 거의 전멸했다. 정치적 안정을 찾으면서 경제가 서서히 회복했으나 무장 봉기는 계속되었다. 부간다, 북부, 랑기와 아촐리 지역에서 일어난 반란이 완전히 잦아들기까지는 보다 많은 시간이 필요했다. 모든 무질서와 혼란의 주범은 나라를 망친 이디 아민이었다. 2005년 의회는 대통령의 연임 제한을 철폐했는데 이는 무세베니가 공적 자금으로 의원들을 매수한 결과였다. 무세베니는 이후에도 계속 대통령으로 당선되었으며 종신 대통령을 노리고 있는 것으로 보인다.

국제투명성기구는 우간다를 가장 부패한 나라 중 하나로 평가하고 있는데 2016년의 조사 결과 176개국 중 151위를 차지했다. 정치인과 공무원들 사이에 만연한 부패로 인해 돈에 얽힌 사건들이 많이 발생했으며 다른 나라들이 투자를 망설이는 요인이 되고 있다. 2012년 알버트 호수 인근에서 석유가 발견되면서 부패에 대한 우려가 증가하고 있다. 알버트 호수 근처 리프트 밸리 지역에서 2006년 매장량 7~10억 배럴, 일일 양산 3만 배럴에 달하는 24개 이상의 유전이 발견되었다. 한 단체는 우간다 의회가 제정한 에너지법이 '현금인출기를 송두리째 무세베니와 그의 측근에게 안겨준 셈'이라고 혹평하고 있다. 우간다 내 인권상황도 국제사회의 우려 대상이다. 내전 시 군에 의한 인권유린 행위는 물론 140만 명에 이르는 고향을 떠난 피난민, 의회 내 반대파 의원들의 체포와 구타, 아동 강제노역, 성적 착취, 고문과 살해, 동성애자 박해 등 여러 가지 문제가 나타나고 있다.

제3부

장 베델 보카사,
중앙아프리카공화국 대통령

1979년 9월 20일 보카사가 쫓겨남으로써 1970년대 아프리카에서 있었던 가장 잔인한 독재자의 시대가 막을 내렸다. 중앙아프리카공화국 Central African Republic은 아프리카에서 가장 고립되고 낙후한 나라 중 하나이다. 방기의 권력자가 된 보카사는 나라를 자신의 개인 영지처럼 취급했다. 보카사는 세 명의 독재자 중 폭력, 광기, 분노, 잔인함 등 측면에서 악랄함이 가장 덜한 편이다. 그는 아민처럼 잔인하거나 응게마 같은 광인이 아니다. 그러나 보카사는 시간이 지날수록 상식에서 어긋난 사람으로 변했다. 나폴레옹을 본 따 황제의 자리에 오른 것은 비상식과 기묘함의 극치를 보인 사건이다.

중앙아프리카공화국에 대한 이해관계 때문에 한사코 보카사를 지지하는 프랑스는 비상식적인 정책이나 행동에는 눈을 감았다. 그러나 모든 일에는 끝이 있는 법. 1979년 학생 데모 진압 과정에서 보카사가 개인적으로 저지른 잔혹한 행위들이 밝혀지면서 결국 파리는 그를 축출시키는데 동의해야 했다. 프랑스의 신속한 병력 파견으로 유혈사

태 없이 보카사는 권좌에서 물러나야 했고 이로써 그의 시대는 끝
났다. 늦었지만 프랑스는 중앙아프리카공화국을 정상으로 되돌려놓
았다.

● 중앙아프리카공화국

식민지 시절 중앙아프리카공화국의 이름은 우방기-샤리(Ubangi-
Shari)로서 두 강의 이름을 합친 것이다. 차드와 콩고 분지 사이
600~900미터 고원지대에 있으며 강과 급류로 둘러싸인 이 지역은
지리적으로 아프리카의 중앙에 해당한다. 면적은 약 62만 평방킬로미
터로 세계 45위인데 남쪽은 열대삼림지역이며 북쪽은 사바나 평원이
다. 국토의 3분의 2는 콩고로 흘러가는 우방기 강 분지에 있으며 3분
의 1은 차드 호로 흘러가는 샤리 강 분지에 위치하고 있다. 북쪽으로
차드와 수단, 동쪽으로 남수단, 남쪽으로는 DR콩고와 콩고공화국, 서
쪽으로는 카메룬과 국경을 맞대고 있으며 국경선의 길이가 5,920킬
로미터에 달한다. 2016년 현재 인구는 약 550만 명이다.

노예무역과 전염병 그리고 약탈적인 식민지배로 고통을 당했던 이
나라는 깊은 상처를 안고 있으며 인구밀도가 낮아 사람이 거주하지
않는 곳도 많다. 노예무역이 성행했던 동부와 북동부 지역에서는 아
랍 상인들이 많은 사람들을 노예로 끌고 갔다. 지금은 인구가 크게 늘
었지만 1971년 유엔 인구조사에 의하면 인구가 160만 명에 불과하

샤리 강변에 거주하고 있는 원주민의 일상
(사진. 도서 The Story of Africa and its Explorers– Robert Brown, Cassell, London 1892에서 발췌)

여 평방킬로미터 당 인구밀도가 2.6명에 불과했다. 약 80개의 부족이 있는데 어느 부족도 원주민은 아니고 대부분 18~19세기에 이주해온 사람들이다. 이 나라는 수많은 적과 노예상인들에게 핍박을 받으면서 제대로 된 국가를 형성하지 못한 아픈 과거를 가지고 있다. 여기저기서 쫓겨 들어온 사람들로 구성된 이 나라는 아프리카에서도 가장 발달이 더딘 곳 중 하나이다. 인종과 종족의 전시장 같은 이 나라에서는 수도 방기를 중심으로 종족분쟁이 자주 일어났다. 사라, 잔데, 반다 등과 같은 주요 종족들은 지방에 둥지를 틀고 독자적인 왕국을 구축했으나 군소 종족들은 집단 자치 형태로 살았다. 1966년 7월 반포된 법에서 인종, 부족 또는 종족에 관한 언급을 금할 정도로 종파주의가 극심했다.

반다와 그바야Gbaya(바야) 등이 주요 종족이다. 반다는 1830~90년 사이에 수단으로부터 이주해왔으며 북부와 동부에 자리를 잡았다. 이들은 다르 룽가Dar Rounga와 다르 쿠티Dar Kouti라는 나라를 세웠는데 나중에 라바Rabah에게 점령당했다. 술탄 라바는 자신의 부관인 모하메드 에스 세누씨에게 이 나라들을 맡겨 통치토록 했다. 이후 노예 사냥꾼들이 북부와 동부로 모여들자 반다는 여기저기로 흩어져 수단에서 카메룬에 이르는 광범위한 지역에 거주하게 되었다. 그바야 족은 숫자에 있어서 반다와 거의 비슷했다. 서부 지역 대부분을 차지하고 있는 이 종족은 원래는 수단 출신 무슬림 노예들이 16세기에 중앙아프리카로 이주해옴으로써 형성된 것이다. 현재 북부와 서부에 거주하고 있는 주민의 다수는 1805~1830년 사이에 카메룬과 나이지리아로부터 이곳으로 옮겨왔다. 유목민족인 풀라니가 카메룬 전쟁에서 승리한 후 군사적으로 압박하자 이곳으로 도피한 것이다.

남동부의 잔데 족Zande은 19세기 초에 수단으로부터 이주해왔다. 이들은 봉건국가들을 여러 개 세웠는데 나중에는 반다와 연합하여 다르 쿠티 점령 후 노예 포획을 위해 진격해오는 라바 군에 맞서 싸웠다. 북부에는 사라Sara라고 하는 다른 종족이 있다. 사라는 이웃국가인 차드에서 주요 종족 중 하나인데 일부가 중앙아프리카공화국으로 넘어온 것이다. 남서쪽 끝 열대 밀림 지역에는 1만여 명의 피그미족이 살고 있다. 바빙가Babinga라고도 하는 피그미는 원래는 훨씬 큰 부족인데 여러 곳으로 흩어지고 일부만 이곳 밀림에 남았다. 이밖에도 중앙아프리카공화국에는 이웃 국가에서 일어난 전쟁을 피해 넘어 들어온 난민이 많다.

모든 종족 중에서 정치, 경제, 사회적으로 가장 중요한 역할을 담당하고 있는 종족은 강변 부족Riverines 또는 우방기안Oubanguians으로 불리는 사람들이다. 우방기 강 줄기를 따라 살고 있는 이 종족은 프랑스인과 맨 처음 접촉한 사람들이기도 하다. 솜씨 좋은 어부이자 무역상貿易商인 우방기안은 프랑스가 도착하기 전 2백 년 동안 이 지역의 무역을 독점해왔는데 수단으로부터 이주해온 이민 집단이다. 이들은 노예 사냥꾼들을 피해 우방기 강에 있는 섬으로 도피했고 그곳에서 삶의 터전을 닦았다.

상인, 행정가, 중간 거래상으로서 우방기안의 역할이 워낙 중요했기 때문에 프랑스 식민 정부는 이들의 언어인 상고어Sango를 이 지역의 공용어로 지정했으며 1964년까지 중앙아프리카공화국의 유일한 공용어가 되었다. 전체 인구의 5퍼센트에 불과한 우방기안은 야심만만한 종족으로 신분 상승의 열망과 높은 교육열을 십분 발휘하여 프랑스 식민통치 시대는 물론 독립 이후에도 관료 사회의 주축을 이루었다. 전체 공직의 60퍼센트 이상이 우방기안의 손에 들어왔다. 이렇게 불균형이 커지자 식민통치 시절에도 분규와 소요의 주원인이 되었으며 독립 후에는 분쟁의 초점으로 등장했다.

식민통치 이전 많은 종족들은 술탄이 통치하는 조그만 왕국을 구성하고 있었으나 정치적 또는 군사적으로 힘 있는 나라는 없었다. 필요에 따라 종족들 간에 합종연횡을 이루어 북쪽의 노예 상인에게 저항하기도 했으나 종족들 간의 내전과 분규로 인해 늘 분열된 상태였다. 프랑스 식민 통치가 시작되면서 술탄이나 추장들의 권위는 추락했고 전통적 가치도 손상되었다. 부족민 전체가 빈곤에 시달리면서 주민이탈 현상이 심화되었으며 전통적인 사회는 더욱 붕괴되었다. 19세기 말 유럽인의 본격적인 침투가 시작되었다.

프랑스의 영토 사냥꾼으로 잘 알려진 피에르 사보르낭 드 브라자 Pierre Savorgnan de Brazza 백작은 자신의 이름을 딴 도시 브라자빌에 본부를 둔 프랑스령 콩고를 창건하고 중부 아프리카의 영토 확장을 위해 탐험대를 우방기 강까지 파견했다. 프랑스인들은 1887년 콩고 자유국과 체결한 협약을 통해 우방기 강 오른쪽 영토에 대한 소유권을 가지게 되었다. 프랑스 식민 통치가 시작되면서 1910년 우방기-샤리 지역은 차드, 브라자빌 콩고 및 가봉과 함께 프랑스령 적도 아프리카의 일부로 편입되었다.

프랑스의 많은 식민지 중에서도 중앙아프리카공화국은 가장 혹독하게 약탈과 착취를 당하고 가장 허접스러운 행정에 시달린 국가였다. 50여 년 간의 강제노동과 약탈, 가혹행위, 무차별적인 살인으로 인해 고통을 받은 국민은 중앙정부의 어떤 정책도 신뢰하지 않았으며

프랑스 장교 출신이었던 피에르 사보르냥 드 브라자 백작(사진. Nadar作, 1989년)

유럽인에 대한 증오로 가득 차 있었다. 중앙아프리카공화국이 줄곧 취해온 친親프랑스 노선으로 볼 때 양국 간에 문제가 없는 것처럼 보였지만 실제적으로는 인종 간 갈등이 심각했다.

중앙아프리카공화국에 거주하는 대부분 프랑스인은 오만하고 착취적인 소부르주아들(노동자와 자본가의 중간계급에 속하는 소시민을 말함)로서 현지인을 내놓고 멸시하고 차별했다. 오지인 중앙아프리카공화국은 프랑스 관리들이 가장 기피하는 자리였다. 이곳으로 오는 관리들은 신참이거나 좌천된 사람들이 대부분이었다. 난폭한 성격이나 알코올 중독 또는 다른 반사회적 행동으로 공무원 사회에서 낙인이 찍힌 사람들이나 행정 경험이 전혀 없는 애송이 관리들이 이곳으로 왔다. 자리가 자주 바뀌었고 이직율도 현저하게 높았다. 예를 들어 1920년 40개의 관직 중 25퍼센트가 공석이었고 쿠앙고 주에서는 1906~1969년, 63년 동안 책임자가 69명이 바뀌었다. 식민지 초기 수십 년 간 중앙아프리카공화국 사람들은 차드와 나일 계곡으로 프랑스 영토를 확장해나가는데 주로 동원되었다.

우방기안은 방기에서 강을 통해 물품을 운송하는 수로를 개척했는데 우방기 강을 따라 차드까지 물품을 수송하기 위해서는 많은 노동력이 필요했다. 이어서 프랑스 식민 정부가 필요로 하는 육상 교통로를 닦기 위해 수많은 인력이 강제로 징용되었다. 그중에는 프랑스 적도아프리카의 수도인 브라자빌에서 대서양까지 연결되는 철도공사도 포함되었다. 이 공사를 위해 중앙아프리카공화국은 물론 멀리 차드에서도 강제로 인력이 차출되었다. 과도한 노동과 형편없는 처우로 인해 많은 사람들이 죽었고 반 유럽 감정이 보다 커졌다. 1902년 한 해에만 1만여 명의 만지아 족Mandjia이 짐꾼으로 일하다 죽었다. 노동 자들의 탈주를 막기 위해 비인간적인 강제수용소를 운영했으며 별도의 인질 시설에는 부인과 아이 그리고 추장들까지 수용되어 노동 이탈을 방지했다.

1902년 도입된 인두세는 식민지에서 자체적으로 경비를 충당하기 위한 것이었는데 원주민의 고혈을 짜내는 도구가 되었다. 프랑스 당국의 요구를 거절하는 추장들은 쫓겨나고 말을 잘 듣는 현지인 요리사나 경비원 등으로 교체되었다. 모든 전통적인 권위나 관습 및 합법적 절차 등은 무시되었다. 특히 바야 족과 만지아 족이 짐꾼 등 단순 노동력으로 많이 차출되었다. 이 때문에 사람들은 징용을 피해 주기적으로 다른 지역으로 이주했다. 완전히 고립되어 절망에 빠진 바야와 만지아는 1909~1911년 대규모 반란을 일으키기도 했다. 다른 부족들의 경우도 마찬가지였다. 프랑스의 폭압에 절망한 부족들은 1929~30년, 1930년대, 1944년, 1954년 각각 반란을 일으켰다. 주기적으로 발생하는 전염병, 가뭄, 흉년 등으로 인해 사람들의 생활은 피폐해졌고 이루 말할 수 없는 고통에 시달려야 했다.

프랑스는 중앙아프리카공화국을 27개 지역으로 나누어 통치했으며 서로 다른 회사들이 각 지역을 맡아 착취했다. 자금력도 없는 상태에서 졸속으로 급히 만들어진 이 용역회사들은 일확천금의 야욕만을 갖

우방기 강가에서 사람을 실어나르는 카누, 1906년(사진. National Geographic 제공)

고 있었다. 회사 직원들은 프랑스 각 지역에서 모여든 어중이떠중이들이었다. 봉급을 받지 않는다는 조건으로 회사에 들어온 이들은 내심으로는 고무를 수집하여 떼돈을 벌겠다는 야심가들이었다. 돈에 눈이 먼 이들의 야수와 같은 행동은 외부에는 거의 알려지지 않았다. 앙드레 지드의 글이 발표된 1928년이 되어서야 프랑스인은 중앙아프리카공화국에서 행해진 자국민의 야만적인 행동을 알고 큰 충격을 받았다. 프랑스 관리들의 묵인과 방조 하에 현지인에 대한 구타, 고문, 살인 등 광적인 행동이 수십 년 동안 계속되었던 것이다.

용역회사들이 정리되고 보다 통제가 강화되었음에도 불구하고 과거부터 내려오는 권위주의적인 행태는 여전했다. 프랑스 정착민이 중앙아프리카공화국에 끼친 악행은 전혀 줄어들지 않고 1950년대 중반까지 지속되었다. 프랑스인의 잔혹 행위로 인해 현지인은 신분고하를 막론하고 큰 피해를 입었다. 1972년 내각 구성원 중 여섯 명이 가까운 인척을 잃었는데 초대 총리 바르텔레미 보간다Barthélemy Boganda의 어머니는 고무 수거 시설에서 작업하던 중 용역회사 사병들의 구타에 의해 죽었다. 추장이었던 보카사의 아버지(보간다의 사촌)도 인력 동원에 협조하지 않는다는 이유로 끌려간 후 맞아 죽었다.

고무, 상아 및 금에 대한 요구가 잦아든 후에는 목화가 주요 수입원으로 등장했다. 프랑스 정부는 목화 재배를 강요했으나 대부분 부족의 남자들은 농업을 모욕적인 일이며 여자들이나 하는 일로 여겼다. 이들은 전통적으로 남자는 사냥이나 어업을 해야 한다고 믿는 사람들이었다. 게다가 '백인의 작물'로 알려진 목화 재배로 현지인이 얻는 수입은 극히 미미했다. 프랑스인은 협박과 회유 등 거친 방법으로 목화 재배를 강요했다. 주기적으로 목화 농사를 감시했으며 성과가 미진한 농부에게는 처벌이 뒤따랐다. 불만이 쌓이면서 현지인은 보다 더 고립되었으며 반란이 수시로 일어났다.

1945~46년의 식민지법 개혁으로 강제노역이 사라지자 농민은 복수라도 하듯 목화 농장을 버렸고 이에 따라 생산이 급감했다. 전반적으로 도시로 인구 이동이 일어나면서 농업은 고전을 면치 못했다. 1970년경이 되면 도시 중심부에 흑인 거주지역이 들어섰으며 중앙아프리카공화국은 아프리카에서 도시 집중률이 높은 국가 중 2위에 올

랐다.

방기의 인구는 폭발적으로 늘어났다. 1949년 인구 4만 명의 조그만 마을이었던 방기는 1962년 인구가 9만 명으로 증가했으며 1981년에는 30만 명 이상이 되었다. 1950년대에 접어들면서 식민 정부는 파리의 압력에 따라 사회정치적인 개혁에 착수했으나 보수적인 이민사회의 반대로 어려움에 처했다. 이민자들은 개혁의 수준이 너무 높아 현지인의 필요와 능력을 초과한다고 주장했다. 어쨌든 개혁정책으로 말미암아 사회 전반에 변화가 있었고 특히 교육 분야에서 획기적 진전이 있었다. 적도권 프랑스에서 가장 낙후된 지역이었던 중앙아프리카공화국의 진학률은 1936년 1.5퍼센트에 불과했는데 1958년에는 34.5퍼센트로 20배 이상 급증했다. 독립 후 중앙아프리카공화국의 문자해득률은 전체 아프리카 국가 중 3위를 차지할 정도로 괄목할만한 진전이 이루어졌다.

중앙아프리카공화국은 풍부한 지하자원, 목재, 관광 및 농업 등의 잠재력이 큰 국가이다. 그러나 국가 경제는 광물과 농업 생산량의 부침에 따라 기복이 심한 모습을 보였다. 농업은 시골 주민의 도시 이주, 소득 형 작물에 대한 농민의 거부감, 중앙정부로부터 내려오는 일방적인 명령에 대한 농부들의 반감 등으로 인해 침체를 면치 못했다. 임업과 광업은 잠재력은 크나 개발을 위한 초기 투자비용 마련이 어려운데다 내륙국가라는 지리적인 약점으로 인해 발전이 더뎠다. 목재와 광물을 수출하기 위해서는 우선 산지로부터 방기까지 운송한 후 다시 방기로부터 강을 거쳐 바다로 통하는 항구까지 운송해야 하는 복잡한 절차를 거쳐야 했으니 결코 쉬운 일이 아니었다. 게다가 보카사 시절 국가 재정을 주머니 쌈짓돈으로 여기는 관행과 약탈적인 외국회사에게 개발권을 내주는 관행 등으로 인해 고전을 면치 못했다.

작물 중에서는 커피와 목화가 수출의 35~60퍼센트를 담당하면서 돈줄 노릇을 했다. 남서부의 습한 기후에서 재배하는 커피는 유럽식 대농장 농법과 전통적인 소규모 농장의 두 가지 부류로 나뉜다. 커피 생산은 큰 진폭을 보이며 불규칙하게 성장했다. 1969~1970년 생산량은 1만 3천 톤 이상에 달했다. 식민지 시절 강제노동과 착취에 대한 트라우마가 있는 현지인이 프랑스 농장에서 일하기를 꺼려해 농장주들은 노동력을 얻기가 쉽지 않았다. 일부에서는 프랑스 농장을 축출하려는 선동적인 움직임도 일어났다. 현지인 농장은 규모가 작아 효율적이기는 하나 낮은 커피 가격과 노동집약적인 방식으로 인해 발전성은 없었다.

목화는 1920년대부터 본격적으로 재배되었는데 중부와 동북부의 습한 열대우림지역의 농장에 약 2만 5천 명의 인력이 투입되었다. 목화의 잠재력은 매우 크지만 주민들은 식민 시절 노예처럼 일해야 했던 쓰라린 기억을 가지고 있었다. 당시에는 생산을 강요하기 위해 주기적으로 식민 정부가 파견한 감찰대가 현장을 방문했다. 식민 정부는 농업에 익숙하지 않은 원주민과 목화 재배에 적합지 않은 토양을 가진 주민들까지도 강제적으로 목화 농장에 몰아넣었다. 이 과정에서 민병대, 마케팅 회사, 또는 탐욕스러운 추장들이 저지른 가혹행위는 생산 쿼터(한도량)를 채우는 한 눈감아주곤 했다. 해방 후 억지로 농사를 지었던 농민들이 목화 재배를 그만 두자 생산이 급감했다. 이 때문에 오랫동안 고전을 면치 못하던 목화는 1969년이 되어서야 겨우 과거 수준으로 돌아갈 수 있었다.

중앙아프리카공화국의 가장 풍부한 자원 중 하나는 삼림이다. 국토의 남부는 열대우림 숲으로 덮여있으며 키가 50~60미터나 되는 단단한 나무들이 하늘을 찌를 듯 숲을 덮고 있는 천혜의 보고이다. 문제는 벌목한 후 운송이었는데, 우선 강변으로 목재를 끌고 가야하고 그 곳에서 강을 거쳐 항구까지 실어날아야 했다. 이러한 과정에 약 2~7개월이 걸린다. 이런 연유로 열대삼림은 거의 손상되지 않은 상태로 남았다. 외국 회사들이 들어온 후 벌목이 몇 배로 증가했음에도 불구하고 삼림의 규모에 비하면 미미한 수준이었다. 목재는 벌목의 부진에도 불구하고 1976년까지 목화 다음으로 중요한 수출 품목이었다. 목재 수출이 전체 수출의 40퍼센트에 달했다. 주로 통나무 상태의 원목을 수출하는데 도로로 카메룬을 통해 수출하는 방법과 철도 및 하천을 이용하여 콩고공화국의 푸앵트누아르Pointe-Noire 항으로 운송하는 방법이 있었다.

중앙아프리카공화국에는 또한 많은 광물이 매장되어 있다. 동, 철광석, 석회석, 망간, 석탄과 수은 등 종류도 다양하다. 대부분 광물은 높은 초기 비용과 운송비로 인해 거의 개발되지 않았고 부피가 크지 않으면서 부가가치가 높은 금, 다이아몬드, 우라늄만 채굴되었다. 1930~40년대 금은 연간 500~1,000킬로그램씩 채굴되었다. 1950년대 이후에는 다이아몬드가 인기를 끌어 1977~78년 사이에 생산량이 정점에 달했다. 다이아몬드 산업에 5만 명 이상의 인력이 종사하고 있는 것으로 알려져 있다. 양적으로는 이웃 DR콩고에 미치지 못하나 보석으로서의 가치가 높은 다이아몬드가 서부와 중동부의 인구가 희박한 지역에 매장되어 있다. 1966년 다이아몬드 수출은 전체 수출의 53퍼센트를 기록했다. 주로 수단, 나이지리아, 시에라리온 등에서 온 상인들이 다이아몬드를 매입하므로 많은 밀거래가 이루어졌으며 중앙정부는 밀거래를 통제하는데 어려움을 겪었다. 보카사 시절에는 다이아몬드 밀거래가 자금줄 노릇을 했다. 공식적으로 집계된 금과 다이아몬드 수출액은 실제 수출의 70퍼센트 정도이며 나머지 30퍼센트는 밀수출되는 것으로 알려져 있다.

방기가 기대를 걸고 있는 또 하나의 광물은 우라늄이다. 1959~61년 바쿠마Bakouma 부근에서 3백만 톤 이상의 매장량이 확인되었다. 1969년 프랑스-중앙아프리카공화국 간에 합작회사를 설립하고 매년 5백 톤의 농축우라늄을 생산키로 합의했으나 프랑스는 전 세계적으로 우라늄 공급이 넘친다는 이유로 합작투자에서 이탈했다. 그러나 1973년 석유 위기 후 프랑스는 입장을 바꿔 1975년에는 프랑스-스위스-중앙아프리카공화국 합작회사를 설립했는데 여러 가지 기술적인 문제로 인해 본격적인 채굴은 이루어지지 않았다. 1980년대 전 세계적인 우라늄 생산 과잉과 1990년대 냉전의 종식으로 말미암아 우라늄 수요가 급격히 줄어들자 중앙아프리카공화국의 우라늄 수출 목표는 큰 장애에 부딪쳤다.

● 보카사의 출생과 성장

보카사는 1921년 2월 22일 방기로부터 80킬로미터 떨어진 보방기에서 조그만 마을의 추장 아들로 태어났다. 아버지 민도곤Mindogon은 프랑스 회사에 징용될 마을 사람들의 명단 작성을 거부했다는 혐의로 끌려가 주지사 사무실 옆 광장에서 맞아 죽었다. 그 후 그의 어머니는 열두 명의 아이들을 남겨놓고 자살했다. 보카사는 나이 여섯 살에 고아가 되었다. 할아버지 밑에서 자란 보카사는 브라자빌 등의 가톨릭 선교사 학교에서 공부했다. 그는 키는 작았으나 강한 체력으로 운동에서 탁월한 능력을 보였다. 고등학교를 마친 보카사는 할아버지의 권유로 1939년 프랑스 군에 자원입대했다. 군 생활 내내 그는 매우 용감했다. 뛰어난 용기와 전투에서의 부상 등으로 인해 12개의 훈장과 표창장을 받았다. 1940년에 상병, 1941년에 중사가 되었으며 나치 독일이 프랑스를 점령한 후 자유 프랑스 군의 아프리카 부대에 배치되었고 비시 정부 수도였던 브라자빌 점령 작전에 참가했다.

1944년 8월 연합군의 프로방스 상륙작전에 참가했고 나치 독일이 항복하기 전까지 남프랑스와 독일에서 싸웠다. 그는 제2차 세계대전이 끝난 후에도 프랑스에 남아 육군에서 통신을 공부했다. 1950년 인도차이나 전쟁에 통신병으로 파견되어 여러 차례 전투에 참가하여 공을 세웠으며 이로 인해 레종 도뇌르 훈장과 무공 십자훈장을 받았다. 인도차이나 체류 중 위엔 티 후에라는 17세 된 베트남 소녀와 결혼한 그는 딸을 하나 두었으나 가족을 놔둔 채 프랑스로 떠났다. 프랑스로 돌아온 그는 아프리카 병사들에게 통신을 가르쳤다. 그는 1956년 소위 그리고 1958년 중위로 진급했다. 1958년 군사기술자문관으로 브라자빌에 체류했으며 1959년 20년 만에 다시 방기로 돌아왔다.

1961년 7월 대위가 된 보카사는 1962년 1월 프랑스군을 떠나면서 새로운 공화국의 군을 창설하는 임무를 부여받았다. 현 대통령 데이비드 다코David Dacko의 사촌이자 초대 총리 바르텔레미 보간다의 조카라는 배경을 가진 그는 군 창설의 가장 적임자로 떠올랐다. 1963년 500명 규모로 창설된 중앙아프리카공화국 군 사령관에 임명되었고 빠른 속도로 진급하여 1964년 12월 중앙아프리카공화국 최초로 대령이 되었다. 통상 8년이 걸리는 자리를 2년 만에 오를 정도로 초고속으로 진급했다.

보카사는 정부에서 자신의 존재감을 과시하기 위해 늘 다코 대통령 곁에 앉는 등 의전을 잘 지키지 않아 의전비서관과 말다툼을 벌였다. 다코는 사촌의 가식적인 복장과 격에 벗어난 행동을 보면서도 이를 촌극 정도로 여기면서 보카사가 쿠데타를 일으킬 위험은 없는 것으로 판단했다. "보카사는 메달을 수집하는 데에만 몰두해 있다. 그는

데이비드 다코 대통령과 중앙아프리카공화국을 방문한 이츠하크 벤츠비Yitzhak Ben-Zvi 이스라엘 2대 대통령.
1962년 8월 8일(사진. David Eldan)

쿠데타를 일으킬 만큼 영민한 인물이 아니다." 그러나 측근들은 다코에게 보카사가 위험한 인물이므로 경계를 소홀히 하지 않도록 충고했다. 내무장관은 차라리 보카사를 입각시켜 그의 허영심을 충족시킴으로써 군과의 밀접한 관계에서 멀어지게 하는 방안을 건의하기도 했다. 다코는 쿠데타 가능성을 없애기 위해 500명 규모의 헌병대와 120명으로 구성된 대통령 경호대를 창설하여 측근인 장 이자모와 프로스퍼 무눔바이예에게 각각 지휘를 맡겼다.

1965년 쿠데타로 권력을 장악한 보카사는 1967년 장군이 되었고 1971년에는 원수가 되었으며 더 이상 올라갈 자리가 없자 1972년 스스로 황제가 되었다. 보카사의 허영심은 일찍이 파리의 정계에 잘 알려져 있었다. 훈장을 주렁주렁 달고 다니는 모습은 참모총장 시절까지만 해도 다소 우스꽝스럽고 시대착오적인 것으로 비쳐졌다. 그러나 대통령이 된 후 옷에 훈장과 장식품을 붙이는 습관이 한층 심각해지자 과대망상증 환자로 치부되었다. 1966년 《파리 맷치Paris Match》지에 실린 사진 한 장이 외교 문제를 일으켰다. 훈장과 휘장을 가득 단 예복을 입고 있는 모습이 프랑스인의 조소를 일으키자 중앙아프리카공화국 대사가 공식적으로 항의했기 때문이다. 아이러니하게도 보카사는 이 사진을 좋아하여 모든 공공 기관에 내걸도록 했다. 그러나 정부의 통제로 일반인이 이 사진을 구하는 것은 쉽지 않았다.

보카사의 집권 후 누구도 그의 지나친 행동을 막을 수 없었다. 사실 이를 저지하려고 하는 것은 목숨을 걸만큼 위험한 일이었다. 불같은 성격을 지닌 보카사가 무슨 짓을 할지 모르기 때문이다. 숙청되기 전까지는 그의 부관 알렉산더 반자가 보카사의 행동에 제동을 걸 수 있는 유일한 인물이었다. 다른 모든 사람들은 충언은커녕 망상과 허영심을 부추기고 그의 마음에 들 만한 프로젝트를 추진하느라 바빴다. 말할 필요도 없이 보카사를 조종하여 이권을 챙기기 위한 것이다. 국가, 대통령, 개인 간의 구분이 모호해지면서 국가 정책은 한낱 보카사의 놀잇감에 불과했다.

● 다코 정부

식민지 시절 강제노동과 강압적인 목화 재배 그리고 흑백 갈등으로 악명 높았던 식민 정부는 1945년 이후 개혁과 자유화 바람이 불자 어떻게든 이를 비켜가려 했다. 반면 프랑스 정착민은 흑인들의 목소리가 커지고 목화와 커피 농업이 자유화될 경우 자신의 이익이 심각하게 침해될 것을 우려했다. 프랑스인들은 본국 정부의 정책에 반해서라도 이익을 지키려 했다. 예를 들어 차드-우방기-샤리 지역 프랑스 의회 대표인 르네 말브랑Renée Malbrant은 1946년 35명의 현지인 대표를 선출하는 안에 대해 이들의 능력이 떨어진다는 이유로 반대했다. 주민의 대표라면 적어도 프랑스 적도아프리카인 보다는 더 지적인 능력이 있어야 한다는 것이다. 지역 의회에 아프리카인이 들어온다는 이유만으로 백인 대표들은 사표를 제출했다. 인종차별적인 소부르주아적 사고방식은 독립 때까지 지속되었으며 흑백 갈등은 그치지 않았다.

우방기-샤리에서는 바르텔레미 보간다가 리더로 등장했다. 그는 1946년 프랑스 의회에 진출했고 1956년에는 지역의회에 진출했다. 그와 그의 당 흑아프리카 사회진보당(MESAN: Movement for the Social Evolution of Black Africa. 이후 본문에서는 사회진보당으로 줄임)은 중앙아프리카공화국에서 핵심 정치세력으로 부상했다. 다른 나라와 달리 중앙아프리카공화국에서는 아프리카 정당들 간에 경쟁이 없었고 부족 문제가 정치화되지도 않았다. 전통적인 주민의 무력감, 현대적 엘리트들의 소심함과 함께 보간다의 개인적 흡인력과 교회의 전반적인 지지 등으로 인해 그는 거의 유일한 정치적 지도자로 떠올랐다. 파리에 머무는 동안 프랑스 내의 자유주의와는 정반대로 식민지에서 행해지는 인종차별적이고 권위주의적인 행태의 이중성에 큰 충격을 받았던 보간다는 본국의 방침에 역행하여 과거의 악습을 되풀이하고 있는 식민 정부의 행태를 맹비난했다. 보간다를 위험한 선동가로 간주한 식민 정부는 그가 의원으로서 면책특권을 갖고 있음에도 불구하고 체포하여 투옥시켰다. 그러나 식민 정부가 그를 핍박하면 할수록 지지층은 더욱 확산되었다.

1956년에 보간다는 15만 표를 득표하여 의회에 재선되었는데 차점자의 득표는 2만 표에 불과했으니 그의 높은 인기를 가늠할 수 있다. 다음 해 선거에서 사회진보당MESAN은 지역의회의 모든 의석을 휩쓸었으며 보간다는 프랑스 적도아프리카 의회 의장으로 선출되었다. 강한 카리스마와 이념을 지닌 보간다는 도덕적인 문제, 사회 가치의 변천, 적도 아프리카의 지역 통합, 경제 분야에서 상호 협력 등과 같은 거시적인 문제에 주로 관심을 쏟았다. 최초로 자치공화국의 권력을 장악한 보간다는 통상적인 정책과 이슈는 아벨 굼바 부총리에게 위임한 채 자신의 관심사항에만 매달렸다. 그러다가 1959년 3월 의문의 비행기 추락 사고로 사망했다.

보간다가 죽자 이 나라 최초의 의사 출신인 아벨 굼바가 임시로 권력의 공백을 메웠으나 곧 내무장관 데이비드 다코에게 권력을 내주어야 했다. 여러 명의 다른 정치인들이 다코의 리더십에 도전했기 때문에 권력 이양은 쉽지 않았다. 경쟁자로는 방기 시장 겸 사회진보당 의장 에티엔 은구니오, 상원의원 우방기, 국회의장 피에르 말레옴보 등이 있었다. 다코를 끌어내리기 위해 손을 잡은 굼바와 말레옴보는 합동으로 의회에서 불신임안을 제출했다. 의회에서 3분의 2 동의를 얻는 것이 무난할 것처럼 보였으나 다코의 기민한 대처로 상황이 반전되었다. 고향에 내려간 다코는 일장 연설을 한 후 트럭에 주민을 가득 싣고 방기로 돌아와 그에 대한 풀뿌리 민심의 지지가 확고하다는 사실을 보여줌으로써 프랑스 측의 신임을 얻었다. 그런 후 뇌물 공세와 협박을 병행하며 의원들에게 불신임안에 동의하지 말도록 종용했다. 이렇게 해서 다코는 권력을 잡을 수 있었다.

뜻을 이루지 못한 굼바는 사회진보당의 명칭을 다소 변경한 중앙아

우방가-샤리의 정치적 미래를 논의하기 위해 브라자빌을 방문한 드골 총리를 보간다 총리가 맞이 하고 있다. 1958년 8월 24일(사진. 작자미상. Wekimedia Commons 제공)

프리카 민주진보당(MEDAC: Democratic Evolution Movement of Central Africa. 이후 본문에서는 민주진보당으로 줄임)을 창설했다. 은구니오 등 14명의 의원이 신당에 즉시 가입했다. 1960년 9월 선거에서 광범위한 협박에도 불구하고 신당은 20퍼센트의 득표를 기록했다. 민주진보당 MEDAC이 본거지인 만지아 지역에서 대부분의 표를 얻고 사회진보당은 바야 지역에서 표를 휩쓸자 종족 분쟁의 불길한 기운이 감돌았다. 두 당의 선전善戰에 불안을 느낀 다코는 일련의 칙령들을 반포하여 중앙집권체제를 강화했으며 더 이상의 정당 창설을 금하고 굼바를 포함한 민주진보당 소속 의원 7명을 체포했다. 굼바 계파를 숙청함으로써 방기의 정치적 대립은 완화되었으나 다코의 리더십이 강화되지는 않았다. 성격이 유약하고 우유부단한 다코는 중앙정부를 제대로 통솔하지 못했다. 부패한데다 제멋대로 행동하는 관료사회를 통제하지 못했으며 경제적 침체를 막기 위한 적절한 정책적 대안을 제시하지도 못했다. 정권의 속성은 더 억압적으로 바뀌어가는 가운데 다코의 힘과 권위는 점점 약해져 갔다.

카리스마가 약한 다코는 충성을 다하는 가신 그룹을 갖고 있지 못했으며 성격상 동료들에게 엄격하거나 냉정하지도 못했다. 다코는 내각과 의회 및 관료사회에 의존했는데 이들은 부패하고 질이 떨어지는 조직이었다. 스스로 전임 보간다의 그릇에 미치지 못함을 잘 알고 있는 다코는 사회의 여러 계층에서 원한을 사는 일은 하지 않으려 했다. 이러한 다코의 약점을 간파한 부하들이 권력을 남용했다. 현지인으로 급조된 새로운 관료층이 권력의 단물을 빨아먹기 시작하자 엄청난 부패가 정부의 모든 곳에 몰아닥쳤다.

보간다의 강단 있는 리더십과는 대조적으로 동료에게 행정을 일임하는 다코의 스타일로 인해 장관들은 모두 성주가 되어 성안에 안주하면서 누구의 간섭도 받으려하지 않았다. 전반적으로 다코 정부는 무능하고 리더십이 결핍된 정권이었다. 점차 확산되는 태만과 부패를 참다못한 다코가 마침내 수백 명의 관료들을 숙청코자 했으나 이미 독은 깊이 스며들어가 있는 상태였다. 정부 감찰관들은 피의자로부터 뇌물을 받고 이들의 혐의를 눈감아주었다. 20여 명의 주지사 또는 부지사의 대부분이 횡령이나 배임 등의 혐의를 벗고 원직으로 복귀했다. 내각의 유력한 인사들이 자신의 하수인 격인 지방 관리들을 보호했다.

1964년경이 되면 경제적 형편이 심각한 상태에 이르게 된다. 목화 생산은 참혹한 수준이었고 새로 발견된 다이아몬드 광산이 농업 부문의 실직자들을 흡수하는 상황이었다. 실질적 GDP가 감소했고 재정 적자가 위태로운 수준에 도달했음에도 불구하고 아무도 책임지는 사람이 없었다. 1962년 공무원 봉급은 전 해에 비해 두 배로 상승했는데 누가 이를 승인했는지 알 수 없었다. 신규 공무원 임명 동결 조치가 내려졌으나 누구도 이를 준수하지 않았다. 급격히 늘어난 재정 지출을 충당하기 위해 세금이 200~300퍼센트 상승했다.

1963년에는 소득세를 내지 않은 농부에게 인두세가 부과되었고 기업에 대한 법인세가 10퍼센트 증가했다. 자발적으로 납부했던 국가개발기금에 대한 참여도가 줄자 강제적으로 기금을 모금했다. 그러나 이 기금의 대부분은 징수자의 호주머니로 들어갔다. 이러한 사정이 공개되자 전국적으로 분노가 들끓었다. 농부들은 자신이 수확한 농작물을 국가 조달청에 팔 때 별도로 세금을 내야 했으니 일각에서는 심지어 식민지 시대로 돌아가자는 움직임까지 일어났다. 그때가 그나마 덜 착취적이고 덜 부패했다는 것이다. 농업생산을 획기적으로 높이고 도시와 지방의 인구 이동을 막겠다는 다코의 목표는 공염불이 되고 말았다. 국가 재정을 메꾸기 위해 전체 공무원의 봉급에서 매월 10퍼센트씩을 국가에 헌납토록 하는 조치로 말미암아 민심이 더욱 더 흉흉해졌다.

● 다코와의 대립 및 쿠데타

1964~65년 사이에 다코 정부는 일련의 어려움에 봉착했다. 경제는 침체 상태였고 관료제도는 붕괴되고 있었다. 그리고 남쪽에서는 콩고의 루뭄바 지지자들이 자주 국경을 침범했고 동쪽에서는 수단인민해방군(SPLA: Sudan People's Liberation Army)이 국경을 압박했다. 다코는 사회진보당의 압력을 물리치고 프랑스의 지원 없이도 독자적인 외교정책을 수행할 능력이 있다는 사실을 보여주기 위해 1964년 9월 마오쩌둥의 중국과 외교관계를 수립했다. 곧 고위급이 이끄는 중국의 사절단이 중앙아프리카공화국을 방문하여 공산주의를 선전하는 영화를 상영하는 한편 무이자로 10억 세파 프랑(2천만 프랑스 프랑)의 융자를 제공했다. 그러나 이 정도의 지원으로 중앙아프리카공화국의 재정적 난관이 해소될 수는 없었다. 게다가 부패한 정부 관리와 정치인들이 돈을 보고 벌떼와 같이 달려들었다. 이러한 상황을 지켜보면서

보카사는 자신이 정권을 잡아야만 국가의 모든 문제를 해결할 수 있다고 생각했다. 특히 중앙아프리카공화국을 공산주의의 마수로부터 구할 사람은 자신 밖에 없다고 믿었다.

다코는 1965년 7월 바스티유의 날 기념식 특사로 보카사를 파리에 보냈다. 보카사는 기념식 참석 후 바로 귀국코자 했는데 다코가 이를 막았다. 일종의 추방인 셈이다. 화가 난 보카사는 수개월 동안 파리에 머물면서 프랑스 인사들과 국내 인사들을 총동원하여 다코가 자신의 귀국을 허용토록 간접적인 압력을 넣었다. 마침내 다코가 한 발 물러섬으로써 보카사는 그해 10월에 귀국했다. 보카사는 드골 대통령이 개인적으로 다코에게 그의 귀국을 허용토록 요청한 것이 주효했다고 주장했다. 다코와 보카사 간 긴장관계는 점점 고조되었다.

11월 다코는 측근인 이자모가 이끄는 헌병대의 예산 증액은 승인하면서 보카사가 요청한 군 예산 증액은 허용하지 않았다. 보카사는 그의 측근들에게 다코의 처분에 대한 불만을 늘어놓으면서 공공연하게 쿠데타를 일으킬 것이라고 말하고 다녔다. 사실 다코는 군사 자문관으로 보카사 대신 이자모를 임명할 계획이었으며 보카사와 그의 측근들을 좌천시키는 대신 새로운 사람들을 충원시키려 했다. 다코는 그의 계획을 감추지 않았다. 그는 보방기 부족의 장로들에게 이러한 계획을 말했고 그들은 이를 보카사에게 전했다. 위기에 봉착한 보카사는 이제 행동이 필요한 때임을 직감했다. 그러나 상황이 만만치 않다는 사실이 그의 머리를 혼란하게 했다. 가장 큰 문제는 그가 거느리

프랑스 드골 대통령, 1942년(사진. 미국전
쟁정보국OWI, 미 의회도서관 제공)

는 500명의 직속부대가 헌병대나 대통령 근위대의 상대가 되지 않는
다는 사실이다. 둘째로는 쿠데타가 일어날 경우 프랑스가 다코를 구
하기 위해 군대를 파견할 가능성이 높다는 것이었다. 1964년 2월 가
봉의 레옹 음바 대통령을 겨냥한 쿠데타가 일어났을 때도 프랑스는
공수부대를 파견하여 쿠데타를 제압한 바 있었다.

보카사의 쿠데타는 이러한 상황에서 일어난 것이다. 보카사는 사촌
에게 총부리를 겨눈 이유에 대해 여러 가지를 언급하고 있다. 다코의

친親 동구적인 성향과 이로 인한 좌익세력의 집권 가능성, 무정부적인 혼란과 경제의 추락 등이 단골 메뉴이다. 사실 보카사가 정권을 인수한 후 첫 번째로 취한 조치는 방기에 있는 중국 대사관 폐쇄와 다코의 비서실장 및 보안장관을 체포한 것이었다. 그러나 1965년 12월 31일 쿠데타의 진정한 동기는 개인적, 구조적인 것이었다. 당시 다코 정권은 너무 허약하여 누구라도 건들면 저절로 넘어질 것 같은 상태에 놓여있었다.

사회경제적인 혼란을 감당하지 못할 처지에 놓이자 다코는 1965년 중 대통령직을 사임하려 했다. 비록 주변의 아첨꾼들이 말리는 통에 사직은 보류했으나 방기 엘리트 중 다코를 무너뜨리려는 야심가들이 도처에서 기회를 노렸다. 별 능력은 없으나 야심만만한 국회의장 미셸 아다마-탐부가 대표적인 인물이다. 그는 관료사회와 정당 간부들로 자신의 지지층을 구축했다. 다른 야심가들도 호시탐탐 기회를 노렸으며 몇몇은 보안부대의 장교들과 유대를 구축했다.

다코는 원래 일반 부대보다 헌병대를 더 선호하여 예산과 물자 등 필요한 지원을 해주고 있었다. 그러나 이것이 참모총장 보카사의 심기를 건드렸다. 화가 난 그는 1965년 어느 날 초대받지도 않은 각료회의에 들어가 일반 부대에 대한 예산과 물자 지원 증가를 요청했다. 그러나 다코의 지지를 얻어내지 못했을 뿐 아니라 헌병대장 장 이자모Jean Izamo의 양보도 얻어내지 못했다. 그러던 중 보카사는 이자모가 그를 암살한 뒤 권력을 장악하려는 음모를 꾸미고 있다는 첩보를 입수했다. 그의 부관 알렉산더 반자의 충고에 따라 보카사는 먼저 이자모를 유인하여 체포하고 감금했다.

이것이 쿠데타의 시작이었다. 반자 대위는 쿠데타에서 핵심적인 인물이었다. 방기 동북쪽 캄프 카사이 주둔군 사령관인 반자는 보카사처럼 오랫동안 프랑스 군에서 산전수전을 다 겪은 인물이었다. 반자는 지적이고 야심이 만만하며 능력이 뛰어났다. 사실 보카사는 벌써 오래 전부터 심약하고 우유부단한 다코의 통치 스타일에 실망하고 있었다. 다코가 죽은 보간다와의 인척 관계를 강조하고 있는 것도 그의 심경을 건드렸다. 실제적으로는 보카사가 다코와 훨씬 더 가까운 인척이었다. 주변에서는 다코에게 직접 도전하기를 꺼리는 정치인들이 보카사를 선동하고 있었고 부관 반자가 특히 그를 부추겼다. 이에 따라 과시욕이 강하고 자기중심적인 보카사는 중앙아프리카공화국이 드골과 같은 구세주를 기다리고 있으며, 그 구세주는 바로 자신이라는 믿음을 가지게 된 것이다.

1965년 12월 31일 다코는 르네상스 궁(대통령 궁)을 떠나 방기 서남쪽에 있는 한 농장을 시찰 중이었다. 자정이 가까울 무렵 반자는 행동 개시 명령을 내렸다. 보카사는 이자모에게 즉시 처리해야 할 서류가 있으니 서명을 위해 군 사령부로 와달라고 요청했다. 친구들과 함께 송년파티 중이던 이자모는 내키지 않았으나 사령부로 갔다. 그는 도착 직후 체포되어 지하 감옥에 갇혔다. 자정 무렵 보카사 일행은 사령부를 떠나 방기로 향했으며 몇 시간 내에 수도를 장악했다. 그러나 다코의 행방은 오리무중이었다. 다코가 쿠데타를 미리 알고 피신했다고 생각한 보카사는 나라 전체를 뒤져서라도 그를 꼭 찾아내라는 명령을 내렸다. 사실 다코 측근들은 그전부터 보카사의 정신 상태가 이상하여 일을 낼 가능성이 있으므로 체포할 것을 몇 번 건의했으나 다코는 이에 귀를 기울이지 않았다. 이제 땅을 치고 후회해도 이미 늦었다.

다코는 수도의 서쪽 접경지역에서 체포되어 대통령 궁으로 이송되었다. 보카사는 그를 포용하면서 말했다. "제가 미리 경고하려고 했으나 이제는 늦었습니다." 다코를 체포한 직후 쿠데타 사령부는 라디오를 통해 다코 정부가 전복되었으며 보카사가 전권을 장악했다고 발표했다. 다음 날 아침 보카사는 라디오를 통해 전 국민에게 성명을 발표했다. 다코는 은가라그바 교도소에 수감되었는데 보카사는 그를 캄프 카사이로 데려와 사임을 강요했다. 다코는 로바예Lobaye에서 가택 연금되었다가 1969년 7월 석방되었으며 1976년 9월에는 보카사의 개인 고문으로 임명되었다. 그 후 보카사의 통치가 보다 난폭해지고 행동이 상식에서 벗어나자 다코는 방기를 탈출해 파리로 망명했다.

보카사의 최초 내각은 군 장교 세 명, 다코 내각의 장관 세 명 및 고위 공무원 등으로 구성되었다. 그를 충동하여 쿠데타를 일으키게 한 알렉산더 반자 대위는 중령으로 진급한 후 국무장관으로 임명되었다가 나중에 재무장관이 되었다. 반자는 얼마 후 보카사와 사이가 벌어져 처형되었으나 다른 장관들은 대부분 보카사 근처에서 떠나지 않고 권력의 중추로 남았다. 집권 초기 보카사는 미디어를 동원해 프랑스에서 얻은 훈장, 그의 육체적인 힘, 용기 및 남성미 등을 보여줌으로써 국민들의 인기를 얻는데 진력했다. 그는 신정부를 혁명평의회 Revolutionary Council로 명명했으며 헌법을 무효화하고 의회를 해산했다. 곧 선거를 실시하여 새로운 의회를 구성하고 새로운 헌법을 제정할 것이라고 약속했다. 또한 공산화의 위험이 사라지면 권력을 내놓겠으며 경제를 안정시키고 부패를 뿌리 뽑겠다고 공언했다.

보카사는 사회진보당MESAN 외에 다른 정당은 모두 활동을 금지시켰다. 신정부는 새로운 법과 규칙을 잇달아 발표했다. 18세~55세 사이의 남녀 모두 직업이 있다는 것을 증명하지 못하면 벌금을 물거나 투옥시켰다. 구걸행위가 금지되었고 도덕적인 규율을 높이기 위해 특별단속반이 바와 댄스홀 같은 밤무대를 감시했다. 일부다처제, 지참금, 여성 할례 등 악습을 폐지시켰다. 방기와 지방간의 교통을 활성화시키기 위해 새로운 버스 노선을 창설하고 우방기 강의 선박 통행을 증편했으며 오케스트라 창단을 위해 보조금을 지급했다.

● 통치

보카사의 최초 정책들은 인기가 높았다. 그의 칙령들은 포퓰리즘 성격이 강한 것으로 대부분 행정부의 권력 남용을 막는 내용이었다. 의회 해산과 국회의원 면직 그리고 사회진보당의 부패 척결 등에 관한 칙령은 압도적 지지를 얻었다. 공무원의 나이트클럽 출입과 공식

리셉션에서 음주를 금지하는 것과 같은 청교도적인 칙령도 있었다. 정책은 인기가 높았으나 보카사는 권력 엘리트들의 기득권을 지키는 데 민감했다. 그는 다코의 긴축정책을 폐기하고 정권 변동에 불안해하는 프랑스인에게 과장된 형제애를 표출했으며 프랑스 견제 카드로 급성장한 중국 대사관을 폐쇄시켰다.

많은 장교들이 쿠데타 후 진급했고 예산과 봉급도 급격히 증가했다. 보카사는 자신의 첫 번째 봉급을 병원 건설에 기부하는가 하면 정부의 재정 적자 일부를 현금으로 보충해주기도 했다. 이러한 행동을 통해 자비로운 추장과 같은 이미지를 구축하는데 일부분 성공했다. 그러나 이러한 포퓰리즘이 오래 가지 못한 것은 말할 필요도 없다. 쿠데타 주역인 반자 대위는 빠르게 진급하여 바야 출신으로는 최초로 내각의 장관이 되었다. 그러나 가장 특혜를 입은 종족은 보카사의 고향 부족인 음바이카Mbaika였다. 인구의 6.5퍼센트에 불과한 음바이카는 쿠데타 후 각료의 23퍼센트를 차지했다. 총체적으로 보아 보카사의 쿠데타는 성공적이었다.

그의 정책은 환영을 받았고 중앙아프리카공화국이 그토록 갈망하던 강력한 리더십을 보여주었다. 이는 응게마나 아민과는 크게 다른 점이다. 응게마와 아민은 집권 첫날부터 무익한 정책을 남발하여 불신을 가중시켰다. 보카사의 잔인성과 권위주의에 관한 보도가 있었으나 사람들은 다루기 힘든 나라를 통치하는데서 나타나는 일시적인 현상이라고 가볍게 생각했다. 그러나 머지 않아 사람들은 그의 진면목

보카사 대통령 1970년 7월 추정(사진. 작자미상. 미 국립기록보관소 소장)

을 보게 된다.

집권 초기 6개월 동안 보카사는 그동안 무질서했던 공공 행정을 과
감히 개혁했다. 일시적인 경제 호황도 그의 인기 상승에 기여했고 군
사정권의 유용함을 뒷받침했다. 그러나 너무나도 빠르게 모든 상황이
악화되기 시작했다. 무질서와 무능이라는 과거의 타성이 행정에 다시

스며들어왔고 정책의 세부 사항까지 일일이 지시하는 보카사의 스타일이 그와 그의 부관 반자 사이에 쐐기를 박았다. 방기에서 소요가 일어나자 정권은 외부와의 접촉을 차단한 채 강경하게 진압했다. 1966년 초 방기 공공도서관이 폐쇄되었고 외국 언론에 대한 통제가 이루어졌다.《르몽드》지 등의 반입이 금지되고 방기로 들어오려는 외국 기자들에 대한 비자 발급이 거부되었다. 언론 통제로 중앙아프리카공화국 국내사정에 관한 정보는 언론인보다 현지인에 의해 주로 전파되었다. 정권에 대한 비판이 점증하는 것을 알아챈 보카사는 자구책으로 프랑스와의 관계 개선에 나섰다.

1968년 4월 보카사는 중앙아프리카 관세경제동맹(UDEAC: The Central African Customs and Economic Union. 이후 본문에서는 관세경제동맹이라고 줄임)을 탈퇴하고 자이르 및 차드와 함께 중앙아프리카국가연합(UEAC)에 가입했다. 미국 주도의 기구로부터 프랑스가 주도하는 기구로 말을 갈아탄 것이다. 관세경제동맹이 프랑스를 아프리카에서 몰아내겠다는 미국의 음모라는 의구심을 가진 프랑스는 보카사의 선도적인 조치에 쌍수를 들고 환영했다. 이 대가로 보카사는 프랑스로부터 여객기 DC-4 1대를 선물로 받고 프랑스 군의 지속적인 주둔 약속도 받았다. 곧 프랑스 분견대가 방기로 파견되었으며 보카사는 안보상의 불안감에서 벗어날 수 있었다.

취임 후 1년이 되지 않아 보카사는 영구 집권에 대한 의도를 드러냈다. 요는 그가 유일무이한 재능을 가진 사람이라는 것이다. "나는 모든 곳에 있지만 어느 곳에도 있지 않다. 나는 아무 것도 보지 않지만 모든 것을 보고 있다. 나는 무엇에도 귀를 기울이지 않지만 모든 것을 듣고 있다." 선문답 같은 보카사의 발언이다. 보카사의 내각은 불나방과 같은 아첨꾼들로 득실거렸으며 보카사 자신은 12개 부처의 장관을 겸직하며 모든 일에 마음 내키는 대로 간섭했다. 각료들은 수시로 바뀌었다. 많게는 일 년에 여섯 번씩 내각이 바뀌면서 전문성 있고 효율적인 행정은 물 건너가 버렸다. 수시로 행해지는 각료 교체가 내각을 통제하고 주종관계를 강화하는 권력 유지의 수단으로 굳어졌다. 이렇게 되자 한번 임명된 장관들은 가급적 속히 이권을 챙기는데 골몰했다. 언제 물러날지 모르기 때문이다. 회전문처럼 자주 자리를 옮겨 임명되는 사람들도 있었는데 대표적인 인물이 초대 경찰청장이었던 앙드레 듀돈네 마갈레André Dieudonné Magalé이다. 그는 여러 개의 각료 자리를 계속 옮겨 다녔다.

부패로 들통이 난 장관들은 자신의 잘못을 고백하면서 보카사에게 사면을 간청하기도 했다. 그리고 일시적인 추방이나 강등 정도는 기쁘게 받아들였다. 다시 보카사에게 잘 보이면 얼마든지 복귀가 가능하다는 사실을 잘 알고 있었기 때문이다. 범죄를 다루는 데 있어서도 보카사의 결정은 임의적이고 절대적이었다. 배가 고파 조그만 물건을 훔친 도둑이라도 20년의 노역 형에 처해질 수 있었고 잘못 보이면 교도소에서 맞아 죽었다. 보카사는 도둑질을 두 번 하면 귀 한 쪽을 자르고 세 번째는 손을 자르는 형벌도 도입했다. 그러나 국고에서 수백만 세파 프랑을 횡령한 장관이 보카사 앞에 엎드려 빌면 자비로운 독재자는 그를 용서하여 한직으로 보낸 후 시간이 지나면 다시 복귀시켰다. 보카사는 부패한 장관들을 봉급을 더 많이 받는 자리로 영전시키기도 했는데 그 이유는 순진하게도 그들이 돈을 모아 국고에서 훔친 돈을 갚을 것이라는 기대에서였다.

보카사의 독재는 응게마와 아민에 비하면 덜 잔인하고 더 이성적이기는 했지만 아집이 강해 모든 권력과 결정은 전적으로 스스로에게 의존했다. 포상과 처벌, 승진과 좌천 등 인사문제를 모두 직접 관장했다. 장관, 대사, 고위 관료, 일반 공무원에 이르기까지 모두 보카사를 두려워하여 독자적으로 정책을 입안하거나 결정을 내리는 법이 없었다. 그러다보니 무기력, 복지부동, 우유부단이 이들의 전매특허가 되었다. 이들은 아무리 사소한 일이라도 반드시 보카사의 승인을 얻은 후 행동에 옮기곤 했다.

보카사는 정기적인 각료회의를 혐오하여 거의 소집하지 않았고 방기 시내의 전화기는 대부분 불통이었기 때문에 모든 정부 관리들은 라디오를 크게 켜놓고 대통령궁이 방송으로 지시하는 조치들을 이행해야 했다. 아무리 엉뚱하고 시대착오적이며 불합리한 것이라도 보카사의 지시는 정부의 정책으로서 이행되어야 했다. 그의 권력은 절대적이었고 내정과 외교에 대한 간섭은 광범위했으며 정책 지시는 즉흥적이고 변덕이 심해 오류투성이인데다 예측이 불가능했다. 아무런 정책의 목표나 방향도 없이 13년 동안 보카사는 기분 내키는 대로 한 나라를 개인 영지처럼 통치했다.

1968년경에는 보카사의 사진이 모든 교과서의 맨 앞 페이지에 실렸다. 학교, 병원, 보건소, 도로, 프로젝트 등의 명칭이 그의 이름을 따라 지어졌다. 1968년 보카사는 은자메나 방문 후 귀국 시 비행기에서 내려 가마를 탔다. 봉건시대 왕의 행동을 방불케 했다. 이를 본보기로 삼아 그 뒤 이디 아민도 가마를 타게 된다. 정치범들은 보카사 개인에게 죄를 지은 것을 상징하기 위해 그의 고향 보방기에 수감되었다. 이들은 대통령의 관저와 정원에서 일을 함으로써 '대통령과 사회에 지은 빚'을 갚아야 했다. 1971년 '어머니 날'에 행한 것처럼 모든 어머니 죄수를 석방한 것이나 부인을 살해한 죄수들을 일괄적으로 사형시킨 것 등은 그의 권력에 제한이 없음을 만 천하에 과시하기 위한 것이다. 해외에서 조롱을 받고 국내의 외국인에게 경멸당하면서도 보카사는 위축되지 않았다. 외국 언론이나 학자들과의 조우를 꺼리면서도 만날 때마다 자신이 국민에게 인기가 높다는 사실을 반복적으로 강조했다. 그는 축출당하면서도 이러한 신념을 버리지 않았다. 이 때문에 1986년 프랑스에서 자발적으로 귀국했고 결국 고국에서 생을 마감했다.

1969년 브라자빌 방문에서 돌아온 후 보카사는 마르크시즘으로 전환했으며 이듬해 친親동유럽 외교정책을 표방했다. 그러나 가난한 동유럽으로부터 물질적 원조를 기대하기 어렵다는 사실을 깨닫고는 다시 친 서방 정책으로 전환했다. 오락가락하기는 종교에서도 마찬가지다. 리비아의 유혹에 끌린 그는 이슬람으로 개종하고 살라딘이라는 이름을 썼다. 이슬람 세계의 영웅 살라딘처럼 자신도 아프리카의 영웅이 되려는 꿈을 가졌던 것 같다. 과거 아랍 상인이 주도한 노예무역으로 이슬람에 대한 악감정이 깊은 중앙아프리카공화국에서는 생각하기 어려운 일이었다. 그의 측근 수십 명도 보스를 따라 함께 이슬람으로 개종했다. 그러나 얼마 후 카다피로부터 생각한 만큼의 원조를 얻어내지 못하자 보카사 일당은 다시 원래 종교로 돌아왔다.

적도기니나 우간다와는 달리 중앙아프리카공화국에서는 공식 정부조직이 작동하고 있었으나 보카사는 보스로서 전권을 누리는 개인적 리더십을 선호했다. 그는 국빈 방문을 매우 좋아하여 세계를 누비고 다녔다. 늘 많은 수행원을 대동했으며 개인 금고에서 꺼내온 다이아몬드를 선물로 뿌렸다. 또한 외국 귀빈을 위해 엄청난 면적에 걸쳐 사파리 사냥터를 만들어 놓고 매년 귀빈을 초청하여 환대했다. 그가 프랑스 대통령과 고위 관리들에게 뿌린 다이아몬드와 호화로운 사파리 사냥 등은 나중에 프랑스에서 추문으로 번져 대통령 선거에까지 영향을 미쳤다.

보카사의 즉흥적인 행정으로 인해 웃지 못 할 촌극이 계속 벌어졌다. 1970년 그는 방기의 거리가 너무 낡았다는 이유로 주요 도로 연변의 건물들을 몰수하여 즉시 재건축하도록 명령했다. 또한 국내에 있는 모든 은행들이 컨소시엄을 구성하여 방기에 호화로운 일류 호텔을 건축토록 지시했다. 1971년 2월에는 외교부가 비효율적이라는 이유로 당분간 문을 닫도록 명령했으며 수개월 후에는 대통령 칙령으로

카다피 리비아 대통령(사진. Jasse B. Await 미 해군 메스커뮤니케이션 전문가 2급. 미 해
군 제공, 2009)

국영항공사인 '중앙아프리카 항공Air Centrafrique'을 설립토록 지시
했다. 이 항공사는 취항지에 대한 승인과 국제 금융기관의 융자 승인
도 받지 못한 채 명령에 따라 무작정 출범했는데 얼마 못가 국가에 엄
청난 부채만 남기고 파산했다. 보유한 항공기는 3대였는데 불과 수회

출항 후 방기 공항에서 푹푹 썩고 있다가 아프리카 항공Air Afrique에 50퍼센트 할인가격으로 넘겨졌다. 비행기 1대는 빚을 갚지 못해 외국 공항에서 압류되었다.

같은 해 보카사는 수출고를 늘린다는 이유로 모든 지역에 목화 재배를 강요하면서 비현실적으로 높게 쿼터(한도량)를 배정했다. 쿼터를 채우지 못한 자는 엄벌에 처한다는 협박에 놀란 지역 관리들은 고품질 목화에 저질 목화Yellow Cotton를 섞어 쿼터를 채웠고 그 결과 국제시장에서 중앙아프리카공화국산 목화 전체의 질이 떨어져 엄청난 손실을 초래했다.

이 나라의 주요 수입품은 공산품과 섬유 등인데 거의 모든 물품이 강을 따라 운송되어야하기 때문에 높은 운송비와 관세 그리고 공화국 내에서의 높은 거래비용 등으로 말미암아 방기는 아프리카에서 가장 사업비용이 많이 드는 곳이 되었다. 지하자원과 몇 가지 농산품 수출에만 의존하는 재정구조는 매우 불안정하고 진폭이 컸다. 보카사 시절 이런 구조적인 약점과 함께 그의 독선적이고 아마추어적인 행정으로 인해 재정 상태는 보다 악화되었다. 보카사는 예산에도 없는 비용을 수시로 지출했고 각료들은 국가 자금을 수시로 횡령했다. 부족한 국가 자원의 낭비와 함께 일자리 및 여타 사회적 요구 증가로 중앙아프리카공화국 정부는 늘 심각한 난관에 봉착했다. 보카사는 물론 다코, 콜링바, 파타세 등 모든 정권들이 독자적으로는 국가를 제대로 운영할 수 없었으므로 종주국 프랑스의 원조에 의지했다. 프랑스는 이

나라의 전략적인 가치를 높이 샀고 풍부한 지하자원, 삼림 및 농업 등이 가지고 있는 잠재력에 미련을 버릴 수 없었다.

● 숙청과 횡포

모욕을 당했다고 생각하면 앙심을 품고 공격적이 되는 보카사는 손수 폭력을 휘두르며 잔인한 짓을 서슴지 않았다. 1966년 쿠데타 당시 다코 내각의 한 장관은 군을 깔본다는 죄목으로 그에게 맞아 죽었다. 1966년 2월 친親 중국 음모를 기획한 다코의 보안장관은 잔인하게 처형되었고 최측근이던 알렉산더 반자 중령도 3년 후 마찬가지 신세가 되었다. 방기 교도소에 수감된 정치범과 일반죄수들은 주기적으로 고문과 구타에 시달려야 했다. 교도소 인근에 있는 민간주택에서 죄수들의 비명 소리를 밤낮으로 들을 수 있을 정도로 고문이 잦았다. 1972년 잡범 소탕 시 공개적으로 죄수들을 구타한 것이나 1979년 학생 소요 시 직접 고문에 가담한 것은 보카사의 폭력적인 성격을 잘 보여준 사건들이다. 보카사는 또 사자와 악어를 키우는 콜롱고 별장Villa Kolongo에 즉결재판소를 차려 놓고 죄수를 사자와 악어 밥으로 만들기도 했다.

한편 보카사는 여리고 감성적인 측면도 지니고 있었다. 인도차이나 전쟁 당시 베트남 여성과의 사이에서 낳은 딸의 송환을 요청한 뒤 문제의 여인(실제적으로는 가짜)이 방기에 도착했을 때 그가 보인 애정과 관심은 놀라울 정도였다. 보카사는 드골의 장례식에서도 마치 아버지를 여읜 어린애처럼 펑펑 눈물을 쏟으며 울기도 했다.

집권 초기 보카사의 처지는 불안했다. 혁명 동지이자 지적 능력과 전략에서 한 수 위인 반자 중령이 보병 연대와 공수특공대를 관장하고 있었기 때문이다. 중앙아프리카공화국 내에서 반자는 보카사의 변덕과 전횡에 정면으로 맞설 수 있는 유일한 인물이었다. 두 사람은 서로 정면충돌하는 것은 자제하고 있었으나 이미 사이가 틀어져 소통은 중단되어 있었다. 두 사람은 국가 예산을 놓고 정면으로 대립했다. 반자가 보카사의 사치스러운 지출에 강력히 반대했기 때문이다. 사실 반자가 돈 문제를 가지고 보카사를 견제하려 한 것은 어리석은 행동이었다. 그가 야심을 실현하려 했다면 발톱을 감추고 오히려 그 반대로 행동했어야 옳았을 것이다. 보카사는 캄프 드 루Camp de Roux로 집무실을 옮겨 반자의 견제 없이 정부를 통치하려 했다. 그동안 반자는 군내 지지 기반을 넓혀 보카사에 대항하려는 전략으로 맞섰다. 이를 알아챈 보카사는 친 반자 병력을 변방으로 보내고 자신에게 충성하는 병력을 수도 인근 지역으로 옮겼다. 1967년 9월 파리를 방문한 보카사는 신변 보호를 요청했으며 2개월 후 프랑스는 80명의 공수부대를 방기로 파견했다. 프랑스군의 지원에 힘입은 보카사는 즉시 반자 제거 작업에 착수했다. 1968년 1월 첫 단계로 당시 재무장관이던 반자를 유명무실한 보건사회장관으로 좌천시켰다. 1년 후인 1969년 2월 반자는 보건사회장관에서도 밀려나 국무장관으로 좌천되었다.

보카사의 전횡과 경제 운용의 오류에 대해 정면으로 그를 비판했기 때문이다.

더 이상 견딜 수 없다고 판단한 반자는 군내 같은 종족 출신들의 지지를 등에 업고 쿠데타를 준비했다. 그러던 중 캄프 카사이 사령관인 장 클로드 만다바 소령을 자기 편으로 믿고 쿠데타에 가담해 줄 것을 요청했으나 만다바는 오히려 이 사실을 보카사에게 고한 뒤 그의 지시로 반자와 측근들을 체포했다. 베렝고 별장으로 끌려온 반자는 보카사에게 거의 죽을 정도로 두들겨 맞았다. 이후 군사재판에 회부되어 반역죄로 사형을 선고받은 지 몇 시간 후 총살되었고 이름 없는 야산에 묻혔다. 단 이틀 만에 모든 일이 일사천리로 이루어졌다. 공을 세운 만다바는 중령으로 진급한 뒤 1971년에는 장군이 되고 합참부 의장에까지 올라갔다. 임무를 마친 프랑스군은 1969년 9월 본국으로 돌아갔다. 한편,《타임Time》지는 반자가 국무회의실로 끌려간 후 보카사에 의해 칼로 난자당했고 이후 대통령 경호대의 구타로 인해 등이 부러진 상태로 시내 곳곳에 끌려 다니다가 총살되었다고 보도했다. 반역자의 비참한 말로를 공개하여 강력한 경고를 발하려는 목적인 것으로 보인다고 분석했다.

전광석화처럼 이루어진 반자 숙청으로도 반대 세력을 완전히 제거하지는 못했다. 그러나 반자 음모 사건에 연루된 기미가 있는 사람들에 대한 가혹한 처벌로 인해 반대파의 사기는 크게 꺾였다. 반자의 아내는 감옥으로 끌려가 고문을 받은 뒤 수년 간 감금되었다. 공무원들

보카사 대통령과 루마니아 대통령 차우세스코(오른쪽)-사진. 작자미상. 미 국립기록보관소 소장-

은 보카사의 지시가 없는 일을 단독으로 행하는 것을 매우 두려워했다. 몸보신에만 신경을 쓰는 관료들은 매사에 복지부동이었다. 보카사가 동족인 음바이카 출신을 대거 관료사회로 끌어오기 시작하면서 특히 이러한 경향이 커졌다. 4천여 명에 달하는 관리 가운데 일을 제대로 하는 사람은 거의 없었다. 대부분 놀면서 지냈고 권한을 행사하는 사람도 없었다. 무위도식자들은 식민시대에 지은 빌라와 클럽 등에서 하는 일 없이 빈둥거리며 시간을 보냈다.

1969년까지 재정 압박이 견디지 못할 수준에 도달했다. 보카사가 임의로 예산에 없는 일을 승인하는 통에 가용한 모든 재원이 쉽게 바닥나 버렸다. 측근들의 공공연한 공적 자금 횡령과 군에 편중된 예산 배정으로 재정 위기를 자초했다. 또한 재정에 대해 초보적인 책임 의식도 없는 관료 문화로 인해 사회에 혼란이 극심했다. 예산의 수입과 집행에 대한 세부내역을 기록한 통계자료도 없었다. 누구도 이러한 문제에 대해 신경을 쓰지도 않았다. 원래부터 고질적인 재정 남용이 보카사 시절에 들어와 더욱 악화되었다.

보카사는 자신이 원하는 지출이 방해받는 것을 용납하지 않았다. 그는 또한 예산 횡령으로 체포된 부하들을 처벌하는 스타일도 아니었다. 처벌 대신 보카사는 잦은 내각 개편을 통해 누구도 계속해서 예산을 유용하거나 부를 쌓아 세력을 구축하는 것을 막았다. 관리 실패로 경제의 한 부문이 흔들릴 때는 정돈된 계획 대신 임시적인 예산 배정으로 두들겨 막았다. 자금은 보카사의 마음이 닿는 부문으로만 흘러 들어갔다. 진행 중인 개발 프로젝트라도 보카사의 마음이 바뀌어 자금이 다른 프로젝트로 향하는 순간 중단되었다. 중간에 끼어 든 프로젝트도 또 다른 프로젝트가 나타나면 언제든지 중단되었다. 모든 것이 보카사의 변덕에 따라 임시변통으로 수정되었다. 프로젝트는 파리 목숨과 같았으므로 누구도 결과에는 관심이 없었다. 이러한 이유로 보카사 정부는 처음부터 끝까지 어떻게 하면 국내외적으로 보다 많은 자금을 만들어낼 수 있는지에만 관심을 기울였다. 외교관계, 이념, 외국인에 대한 대우 등 많은 사안들이 외국에서 돈을 끌어오는 데에만 초점을 맞추어 조정되곤 했다. 방기가 주기적으로 파리와 긴장 관계에 빠지는 것은 프랑스로부터 보다 많은 자금을 얻어내기 위해 전략적으로 벌이는 일종의 도박이었다.

● 대외관계

국내에서는 인기가 높아졌지만 국제적으로 신정부를 인정받는 데에는 어려움이 있었다. 보카사는 이자모와 중국 세력이 정부를 전복시키려 했기 때문에 국가를 공산주의의 위협으로부터 구하기 위해 쿠데타를 일으켰다고 주장했다. 중국 에이전트들이 혁명을 일으키기 위해 지방에서 무장 세력을 양성하고 있다고 주장하면서 1966년 1월 공작원들을 추방하고 중국과 외교관계를 단절했다. 보카사는 또한 국가가 보다 부패해지는 것을 막기 위해 쿠데타가 불가피했다고 주장했다. 보카사는 우선 차드 대통령 프랑수와 톰발바예François Tombalbaye와 만나 신정부 승인 약속을 얻었으며 이후 두 사람은 차드 국경에서 다시 만나 정부가 위기에 처할 경우 서로 돕기로 합의했다. 이후 다른 아프리카 국가들이 잇달아 신정부를 승인했다. 프랑스 정부가 신정부 승인을 망설이자 반자를 파리에 파견하여 프랑스 관료들을 설득했다. 보카사는 1966년 7월 조르주 퐁피두Georges-Jean-Raymond Pompidou 총리를 만나 지지를 요청했으나 퐁피두는 확답을 피했다. 보카사가 프랑존에서 탈퇴하겠다고 위협하자 드골 대통령은 1966년 11월 중앙아프리카공화국을 공식 방문했다. 신정부에게 이는 가뭄에 단 비와 같았다. 최대의 보루인 프랑스가 마침내 신정부를 공식적으로 지지했기 때문이다.

1968년 5월 방기는 중국과 외교관계를 복원했다. 물론 돈 때문이다. 그리고 이듬해 '동쪽으로의 이동Movement to the East' 정책을 발표했다. 무아마르 카다피도 보카사 지지를 선언했다. 보카사는 사회주의 이념을 찬양하는 립 서비스를 늘어놓음으로써 사회주의 국가로부터 막대한 원조를 기대했다. 이 대가로 몇몇 사회주의 국가로부터 기술원조 제안이 들어왔는데 가장 굵직한 건 당시 추진 중인 가봉 횡단철도에 중앙아프리카공화국을 포함시키겠다는 루마니아의 제안이었다. 그러나 이 사안은 뒤에 오해로 드러났다. 어떻게 오해가 생겼는지는 알 수 없지만 루마니아는 그러한 제안을 한 적이 없다고 일축했다. 그러나 이 사건은 동유럽국가에 비해 프랑스의 원조가 너무 인색하다고 비난하는 빌미로 작용했다. 화가 난 프랑스 대사는 중앙아프리카공화국 독립 후 프랑스가 제공한 원조의 세부 내용을 조목조목 발표했다. 프랑스 원조가 '물 몇 방울'에 불과하다고 한 보카사의 주장을 반박하기 위한 것이다. 보카사는 이에 대한 보복으로 전통적으로 프랑스 대사가 맡고 있던 외교단장 직을 박탈했으며 이어서 60여 명의 프랑스 농업기술자들을 추방했다. 그러나 양국 관계는 더 이상 악화되지 않고 곧 회복되었다. 서로에게 필요한 존재이기 때문이다.

1970년 11월 드골 장례식에서 보인 보카사의 격정적인 반응이 계산된 것이라는 관측도 나왔다. 동정과 공감을 일으켜 긴장 상태에 놓인 양국관계를 완화시키려는 행동이라는 것이다. 보카사는 평소 드골을 '파파'라고 부르며 흠모했는데 장례식에서 그는 달래기 어려울 정도로 어린아이와 같이 소리 높여 울었다. 여하튼 보카사는 장례식 후 조르주 퐁피두 대통령과 독대한 두 명의 아프리카 지도자 중 하나였다. 이 때문인지 이듬해가 되면 중앙아프리카공화국에 대한 프랑스의 원조가 급증하고 있음이 드러났다. 프랑스와 중앙아프리카공화국의 관계는 부침을 계속했다. 모두 돈 때문이다. 1971년에는 프랑스가 통제하는 화폐정책에서 벗어나 독자적인 화폐 발행을 요청했다가 거절되자 반 프랑스 시민 폭동으로 이어졌다. 외국인이 자산을 해외로 반출하고 공화국을 떠날 준비를 할 정도로 사태가 악화되었으나 외국은행 한 곳을 국유화하고 중앙아프리카공화국의 재정 자립을 지원하겠다는 프랑스의 약속으로 사태가 겨우 진정되었다.

보카사는 해외에서 그에 관한 나쁜 기사가 계속되자 최소한 프랑스에서는 이러한 기사를 막아보려 했다. 중앙아프리카공화국의 요청이 있자 프랑스 정부는 법적으로 허용된 검열을 통해 가급적 보카사를 비난하는 기사나 출판물을 억제하려 했으나 성급한 그의 행동으로 말미암아 오히려 사태가 더 악화되었다. 보카사가 명예훼손에 관한 소송을 몇 건 제기함으로써 그에 관한 파리 시민의 관심이 보다 커졌던 것이다.

파리 언론과 한창 험악한 싸움을 벌이고 있던 때인 1972년 7월 보카사는 헌병들과 함께 방기의 교도소를 방문하여 죄수들을 무차별 구

퐁피두 프랑스 대통령(사진. Eric Koch-Anefo, 1969)

타했다. 그는 며칠 전 대통령궁에 도둑이 침입한 것에 잔뜩 화가 나 있었다. 죄수들이 상습범이라고 고함을 지르면서 이들을 계속 구타할 것을 명했다. 두들겨 맞는 소리를 교도소 인근 주민들이 들을 수 있을 정도로 요란했다. 구타로 인해 세 명이 사망했다. 이 사건으로 외국 언론이 일제히 들고 일어나 보카사를 맹렬히 비난했다. 자신에게 비난이 빗발칠 때는 늘 희생양을 골라 보복하는 보카사의 습관이 또다시 발동했다. 이번에는 쿠르트 발트하임 유엔 사무총장이 대상이었다. 발트하임을 식민주의자, 제국주의자, 펌프와 같은 악당이라고 하면서 국제공무원이 감히 외국의 국가 원수를 비난하는 것을 좌시할 수 없고 즉각 체포하여 엄벌에 처할 것이라고 협박했다.

1970년대 중반에 이르면 보카사 정권은 점점 더 커져가는 대내외적 압력에 직면하게 된다. 정권의 안정은 프랑스의 지원, 보안세력의 장악과 관료사회의 지지 확보, 반대 세력 통제 등에 달렸다. 가장 중요한 것은 뭐니 뭐니 해도 후견국인 프랑스의 항구적인 지지를 확보하는 일이었다. 프랑스는 시종일관 보카사를 지지했지만 그에게 큰 기대를 걸지는 않았다. 사실 프랑스는 물러난 다코의 잠재력을 더 높게 평가하고 있었다. 이 때문에 그가 영영 시야에서 사라지지 않도록 관리했다. 1979년 프랑스 군대의 공격이 있자마자 다코가 다시 권력으로 복귀할 수 있었던 것은 모두 프랑스의 특별한 관리 때문이다. 사실 다코는 1차는 물론 2차 통치 때에도 대통령으로서 특별한 능력을 보여주지는 못했다. 그럼에도 불구하고 프랑스는 그를 선호했는데 이는 그가 종잡을 수 없는 보카사에 비해 예측 가능하고 상식적인 인물이었기 때문이다.

지스카르 데스탱Valéry Marie René Georges Giscard D'Estaing 대통령은 기묘한 행동을 보이면서 가끔씩 프랑스에 엉겨 붙는 보카사를 눈감아 주었다. 중앙아프리카공화국은 전략적으로 중요한 곳인데다 풍부한 지하자원을 가진 나라였으므로 프랑스는 이를 버릴 수 없었다. 보카사가 프랑스에 지속적으로 충성하고 프랑스의 이익에 반하는 행동을 하지 않는 한 그의 기묘한 행동은 용인할 심산이었다. 사실 보카사와 지스카르 사이에는 개인적으로 친밀한 관계가 형성되었다. 보카사는 그를 '경애하는 사촌'으로 불렀다. 보카사는 파리 방문 때마다 특별한 대접을 받기 원했고 다른 아프리카 지도자보다도 더 자주 파리를 방문했는데 지스카르는 이를 용인했다. 지스카르는 그를 '친구이자 가족의 일원'으로 불렀다.

지스카르의 아프리카적 취미도 두 사람 사이의 관계에서 한 몫을 차지했다. 사파리 사냥을 지극히 좋아하는 지스카르는 중앙아프리카 공화국을 방문할 때마다 보카사의 별장에 머물며 사파리를 즐기면서 왕과 같은 대접을 받았다. 보카사는 그에게 뇌물 수준 이상의 귀한 선물들을 안겨주었는데 보카사 실각 후 이런 사실이 밝혀지면서 프랑스 내에서 논란이 일어났다. 지스카르의 친인척들도 호텔 및 우라늄 등 공화국내 이권에 개입했다.

우라늄은 프랑스의 원자력 중심 에너지 정책에서 가장 중요한 자원이었고 냉전시대에 핵무기 제조를 위해서도 필수적인 품목이었다. 보카사는 주기적으로 투정을 부리거나 반 프랑스적인 언행을 보이곤 했는데 이는 프랑스로부터 더 많은 원조를 얻어내기 위한 전략이었다. 이때마다 프랑스는 기다렸다는 듯이 원조를 조금 더 주거나 아니면 보카사와 파리에 있는 그의 '거물 친구'와의 대화를 주선함으로써 넘어가곤 했다. 보카사가 황제 대관식을 거행했을 때 다른 나라는 믿을 수 없다는 반응을 보였지만 파리는 그가 계속 충성을 보인다는 전제 하에 묵인하려 했다. 그러나 위태위태하면서도 지탱해 가던 양국 관계는 1979년 보카사가 방기 내 학생들을 무차별 구타하는 사건이 벌어지면서 무너지고 말았다. 국가원수의 개인 폭력은 인권을 중시하는 프랑스의 철학에 정면으로 위배되었으며 이를 용납할 경우 프랑스의 국제적 명성이 손상됨은 물론 지스카르의 국내지지 기반을 훼손할 수 있는 악재였다. 마침내 프랑스는 그에 대한 지지를 철회할 수밖에 없었고 이렇게 보카사의 운명도 결정되었다.

● 커져가는 위기

1970년대가 되자 보카사는 군을 완전히 손아귀에 넣고 있었음에도 불구하고 그에게 도전하는 장교들이 점차 늘어나고 있음을 느낄 수 있었다. 군은 이미 1966년 쿠데타 때와 같이 나긋나긋하고 순종하는 집단이 아니었다. 군의 팽창과 장교단의 정치화 그리고 지각변동과 같이 급속한 진급 등으로 인해 어떤 사람들은 최고 권력에 대한 야심을 가지게 되었고 군 내부의 알력과 대립은 위험한 지경에 이르렀다. 보카사에게 절대적으로 의존한 측근들은 그를 끝까지 잘 섬겼으나 대부분의 음모는 군 내부에서 일어났다. 보카사는 군 통제가 그의 권력을 유지해준다는 사실을 잘 알고 있었다. 그래서 그는 군인들에게 높은 보수를 주고 좋은 물건을 안겨주었으며 장교들이 상업적 활동을 하는 것도 눈감아주었고 군 출신들을 장관으로 임명했다. 국방예산은 1967~69년 사이에 두 배가 되었고 부문별 예산 순위에서 2위를 차지했다.

지스카르 데스탱 프랑스 대통령 미국 백악관 방문 당시 지미 카터 대통령과 포즈를 취하고 있다.
1978년 1월 5일(사진. 미 국립기록보관소 소장)

　군부가 양날의 칼을 가지고 있다고 생각한 보카사는 수도 근처에 너무 많은 병력이 주둔하지 않도록 했다. 대부분의 병력은 수도 방기에서 600킬로미터 떨어진 부아르Bouar나 1천 2백 킬로미터 밖에 있는 수단 국경 부근에 주둔했으므로 유사시 쿠데타군이 수도로 쳐들어올 위험은 거의 없었다. 이것도 모자라 그가 가장 신임하는 음바이카 출신으로 구성된 대통령 친위대만 중무장시키고 일반 부대에게는 실탄도 충분히 보급하지 않았다. 작전 명령은 그가 가장 신임하는 합참부의장 장 클로드 만다바Jean Claude Mandaba 장군과 앙드레 듀돈네 마갈레André Dieudonné Magalé 장군이 독점했다. 특히 경찰청장을 지낸 마갈레 장군은 보카사의 최측근으로 회전문처럼 내각을 들락날락하는 인사였다. 부패한 마갈레는 많은 재산을 보유하고 있어 보카사는 그의 세력이 커지지 않도록 한 자리에 오래 놔두지 않았다.

1970년대가 되면 경찰도 음바이카 족 위주로 채워졌다. 대통령 친위대는 일반 군이나 경찰과는 완전히 별개의 존재로서 출신이나 성분이 확실한 엘리트들로만 구성되었다. 이들에게는 고급 제복과 무기 등 필요한 물품이 제때에 공급되었고 측근 조세파트 마요모킬라Josephat Mayomokila 장군이 이끌었다. 친위대는 단순히 경호만 하는 부대가 아니고 비상시 특수 임무를 수행했다. 마요모킬라가 이끄는 이 특수부대가 방기의 학생 소요 때 학생들을 무자비하게 탄압하고 학살함으로써 보카사 정권이 붕괴하는 단초를 제공하게 된다.

보카사가 군을 특별히 대우하면서 그에게 충성하는 장교들을 특진시키고 장교 간에 상호 경쟁하는 체제를 구축했지만 1970년대 중반이 되면 군 내부에서 음모, 반란 및 권력투쟁이 자주 일어났다. 1973년 4월 군 출신인 공공사업부장관 오구스트 음봉고가 만다바 장군을 시켜 반反 보카사 세력을 구축하려다 체포되었다. 만다바의 지휘권은 즉시 박탈되어 앙드레 마갈레 장군에게 넘어갔다. 1974년 12월에는 마르텡 링고푸Martin Lingopou 사령관을 포함한 헌병 수뇌부에서 보다 심각한 음모가 발생했다. 멀리 부아르에서도 1975~76년 사이 부대 내에서 주기적으로 반란이 여러 차례 일어났다. 보카사의 심기를 건드리는 반란과 음모가 계속되던 중 1976년 2월 방기 공항에서 보카사를 겨냥한 수류탄 투척 사건이 일어나자 마침내 마녀사냥이 시작되었다. 이 사건으로 공군사령관이던 보카사의 사위를 포함한 여덟 명의 고위 장교들이 군법회의의 판결을 받고 사형에 처해졌다. 이밖에도 보카사가 자이르 방문 후 귀국할 때 암살하려는 음모도 있었으므로 보카사의 군에 대한 신뢰는 점점 더 떨어졌다.

보카사는 아예 방기를 정치적 공백지역으로 만들어 음모의 싹을 자르겠다는 계획을 세우기도 했으나 뜻대로 되지는 않았다. 쿠데타 당시 투박하고 거칠었으나 충성을 바치던 엘리트 그룹은 이제 탐욕스럽고 권력을 탐하는 기득권층으로 변모했으며 이들의 요구는 날이 갈수록 커졌다. 관료들이나 권력 주변에 있는 사람들은 신분고하를 막론하고 모두 부패했다. 신분이 높을수록 재물을 더 많이 축적하고 낮을수록 더 적게 축적한다는 차이만 있을 뿐이다. 보카사는 부패한 측근이나 관료들을 처벌하는 경우가 거의 없었다. 가끔 처벌하는 흉내만 냈을 뿐이다. 1976년 군사법정이 두 명의 전직 외교장관과 체신장관을 포함한 아홉 명의 고위직에게 횡령혐의로 2~18년의 실형을 선고한 것이 대표적인 사례이다. 보카사는 주기적으로 숙청을 통해 권력이나 부패가 지나치게 커지는 것을 막았다. 강변 출신들이 부와 권력을 독점하는 가운데 비非 강변Non-Riverine 출신들의 불만은 점점 더 커졌고 기득권층의 부패를 혐오했다.

보카사의 통치가 길어지면서 경제는 점점 더 악화되었다. 재정과 금융 그리고 통상이 붕괴했다. 개념 없는 과도한 지출, 무분별한 건설 및 지나친 인력 충원으로 인해 경제가 흔들거렸고 권력 엘리트들의 사치스러운 생활도 큰 부담이었다. 만성 인플레이션으로 인해 물가는 하늘로 치솟았다. 방기까지 오는 물자의 운송비가 엄청나게 올라 모든 물자의 공급이 극도로 부족했다. 현대식 가옥의 월세가 미화 2-3천 달러에 달했고 사과 한 개가 5달러나 되었으며 설탕과 고기 가격은 3~4배가 뛰었다. 석유 부족으로 운송이 끊겨 내륙 무역이 중단됨으로써 도시민의 생활에 심각한 장애를 초래했다.

정부가 외국에 진 빚이 큰 폭으로 늘어나고 법원이 상업분쟁을 적시에 심판하지 못함에 따라 외국회사들은 정부에 외상으로 물자를 공급하는 것을 거부했다. 오직 선금을 내는 경우에만 운송이 이루어졌으니 물자 부족 현상은 날이 갈수록 심각해졌다. 외국에 주재하는 중앙아프리카공화국 대사관들의 사정도 어려웠다. 봉급이나 운영비를 제때에 받지 못해 대사관 운영 자체가 심각한 위험에 처했다. 그럼에도 불구하고 1976년 대통령궁은 봉급 등 예산의 송금 지연으로 인해 발생한 해외공관들의 부채에 대해 정부는 아무 책임이 없다는 입장을 발표했다. 국내 공무원의 보수는 보통 3~4개월 지연되었다. 수입업자들이 물자 공급을 거부하자 정부는 협박, 몰수, 국유화 등으로 압박했다. 방기에 주재하는 기업들과 공무원 간의 충돌은 일상사가 되었다. 이러한 상황에 대해 일반 공무원의 불만과 불평은 점점 커졌으며 '보카사 황제'의 비상식적으로 호화롭고 사치스러운 생활에 분노가 쌓여갔다. 이제는 권력 엘리트들조차 보카사의 즉흥적인 정책, 변덕스럽고 몽상에 가까운 정치경제 발전 계획 및 남성우월적인 통치 스타일

등에 신물이 나서 점차 거리를 두기 시작했다.

1970년대 후반이 되면 도시의 프롤레타리아 계층이 관료 및 군내 불만 집단과 의기를 투합하여 근본적인 권력 교체를 원하는 세력으로 변모했다. 보카사는 추락하는 인기를 만회하기 위해 자신을 국정의 책임으로부터 벗어나게 하는 완충장치를 만들려고 했다. 1974년 5월 거의 빈사상태에 빠진 사회진보당은 총회를 소집하여 보카사에 대한 전폭적인 지지를 다짐하는 한편 그가 '국민에게 예외적으로 봉사한' 공을 인정하여 원수 직책을 수여했다. 1975년 1월에는 노동조합이 그를 '공화국의 첫째 일꾼' 및 '국민의 이익 수호자'로 찬양하며 명부에 그의 이름을 큼지막하게 새겼다.

보카사는 행정적 책임에서 벗어나기 위해 총리직을 신설했다. 그러나 다른 사람에게 권력을 이양하는 것을 생리적으로 싫어하는 성격으로 인해 이를 제대로 활용하지는 못했다. 임명된 총리들은 대부분 단명에 끝났다. 조금이라도 인기를 끌거나 권력이 커지는 기미가 보이면 보카사는 즉시 총리직에서 끌어내렸다. 사회진보당 부의장으로 대중의 인기를 누렸던 엘리자베스 도미티엔 같은 인물이 대표적이다. 방기의 상인과 시민들에게 인기가 높았던 그녀는 보카사의 여성 친척과 첩들의 음해 및 시기와 질투로 인해 면직되고 말았다. 이에 앞서 보카사는 1970년 2월 마리 조세프 프랑크를 중앙아프리카공화국 최초의 여성장관으로 임명하기도 했다.

● 황제가 된 보카사

보카사가 황제가 되려는 계획은 그의 몽상과 우월감 그리고 나폴레옹에 대한 개인적 숭배 등에서 연유했다. 보카사는 자신을 프랑스의 영웅 나폴레옹과 동일시했다. 황제 선포는 즉흥적이고 무계획적으로 조급히 이루어졌다. 예측할 수 없는 보카사의 엉뚱한 결정으로 인해 중앙아프리카공화국의 정체성은 혁명공화국에서 이슬람 공화국을 거쳐 제국으로 급격히 바뀌었다. 이 결정은 곁에서 아첨하며 그의 상상력을 자극하는 장관이나 측근들의 부추김에 의존한 바가 크다. 당시 아프리카의 많은 독재자들 중에서 비슷한 꿈을 꾸고 있는 사람들이 있었으나 이를 실행에 옮긴 사람은 보카사 뿐이다.

1977년 12월 거행된 대관식을 위해 미화 2천만 달러가 소요되었다. 국가 1년 예산의 3분의 1에 해당하는 큰돈이었다. 보카사는 대관식을 '중앙아프리카공화국 국민이 얻은 사상 최대의 승리'라고 뽐냈다. 경비의 대부분은 프랑스와 국내에 있는 외국기업 그리고 공무원들의 자발적 기여금으로 충당했다. 해외에서는 모두 이 행사를 비웃었으며 어떤 국가원수도 참가하지 않았다. 대부분 아프리카 국가들은 공식 대표단도 파견하지 않았다. 외부세계 사람들은 보카사가 정신이 돌았다고 생각했으며 그를 이디 아민과 같은 어처구니없는 독재자로 평가했다. 초청장을 보낸 2천여 외국인 중 약 6백 명이 참가했다. 지스카르 데스탱 대통령을 대표하여 참가한 프랑스 국무장관은 대관식을 옹호하는 발언을 했다. 프랑스 국방장관은 대관식 안전을 위해 1개 대대를 파견했으며 17대의 전투기를 황제의 새로운 정부에 빌려주었다. 또한 오케스트라 지휘를 위해 해군에서 지휘자를 파견했다. 프랑스 예술가가 대관식 전체를 주관했으며 파리의 보석상이 왕관을 제작했다.

보카사는 5백만 달러를 들인 왕관을 쓰고 베토벤, 모차르트의 장중한 교향곡과 전통음악이 울려 퍼지는 가운데 입장했다. 그는 무게가 2톤이나 되는 왕좌에 앉았으며 특별히 수입한 여덟 마리 백마들이 끄는 고풍스런 마차 위에 앉아 화려한 복장의 창기병들이 호위하는 가운데 방기 시내를 돌았다. 프랑스는 원래 백마 열네 마리를 보냈으나 열대의 기후를 이기지 못하고 여섯 마리가 죽었다. 6미터나 되는 붉은색 망토를 걸치고 나폴레옹 모자를 쓴 보카사는 다이아몬드가 박혀 있는 1.8미터짜리 홀을 황제의 상징으로 움켜쥐었다. 이후 열병식이 있었는데 피그미 전사들과 소련제 무기를 든 대규모 병력이 참가했다. 보카사는 나폴레옹 즉위 때와 같이 교황이 그의 머리 위에 왕관을 씌워주기 원했으나 교황 바오로 6세는 그의 요청을 정중하게 거절했다. 단순히 미시즈 보카사로 불렸던 빈한한 농촌 출신의 부인 캐서린은 일약 황후가 되었다. 황제와 황후는 프랑스 해군 악단의 연주에 맞추어 밤새 왈츠를 추었다.

프랑스와의 우호적인 관계는 보카사가 카다피의 파트너가 되려고 한다는 정보기관의 보고가 있은 후 급격히 냉각되었다. 1976년 9월 보카사는 카다피와 만난 후 이슬람으로 개종하고 이름도 살라 에딘 아흐메드 보카사Salah Eddine Ahmed Bokassa로 개명했다. 그러나 그해 12월 다시 가톨릭으로 돌아왔다. 그의 이슬람으로의 개종은 순전히 리비아로부터 재정적 지원을 얻어내기 위한 전략이었다. 카다피가 약속한 막대한 재정 지원이 도달하지 않자 보카사는 즉각 이슬람에서 가톨릭으로 회귀했다. 1976년 9월 보카사는 정부를 해산하고 중앙아프리카공화국 혁명평의회를 대신 창건했다. 같은 해 12월 사회진보당 총회에서 가톨릭으로 복귀한 후 공화국을 중앙아프리카 제국CAE으로 개명했다.

황제 즉위 후 행정 조직의 개편이 있었고 보카사는 방기에서 80킬로미터 떨어진 그의 고향 베렝고Berengo에 대신들과 함께 머물렀다. 베렝고에 엄청난 규모의 궁전인 '조상의 집'을 짓고 이곳까지 고속도로를 깔았다. 당시 중앙아프리카공화국의 포장도로 전체 길이가 400킬로미터 정도밖에 되지 않았으니 과도한 역사役事였다. 행정은 총리로 임명된 앙주 파타세Angé Patassé가 맡았고 황태자 조지는 국방장관에 임명되었다.

국민들은 이제 보카사가 일반 행정에는 개입하지 않고 궁에 들어앉아 위세나 부리면서 의전적인 일에만 몰두할 것으로 예상했으나 빗나갔다. 베렝고는 베르사이유가 아니었다. 황제는 총리와 내각이 국정을 좌지우지하도록 가만 놔두지 않았다. 모든 일에 개입했다. 1978년 7월 황제와 마찰을 빚은 파타세가 경질되고 보다 나긋나긋한 앙리 마이두가 임명되었다. 파타세는 중앙아프리카공화국에서 가장 유능한 행정가로 정평이 난 인물이다. 다코 시절부터 내각에 있었던 파타세는 1966년 이후 한 번도 빠지지 않고 입각한 내각의 단골 멤버였다. 생존의 달인인 파타세는 보카사에게 반대하는 법이 없었으며 모든 충동적인 요구에도 순응했다. 그는 1976년 보카사와 함께 이슬람으로 개종했으며 그의 황제 즉위에도 앞장 선 인물 중 하나였다. 그러나 총리로 임명된 후 권력과 현실을 착각하고 말았다. 내각에서 보카사의 측근을 밀어내고 재정 지출에 있어서 원칙을 세우고자 했을 때 이미 그는 보카사의 눈 밖에 나고 말았다. 이렇게 해서 처세의 달인 파타세도 마침내 숙청되고 말았다.

● 정권 붕괴와 보카사의 최후

정권 붕괴의 원인이 된 학생 시위는 1979년 1월에 일어났다. 모든 학생들에게 보카사의 모습이 새겨진 교복을 사 입도록 강제한 칙령을 반포한 것이 원인이었다. 모든 교복은 보카사의 부인 중 한 사람이 만들었고 또한 이 교복은 다른 부인이 운영하는 상점에서만 독점적으로 판매되었다. 학생들은 더운 날씨에 답답하고 칙칙한 군복 스타일의 교복을 착용하는데 거부감을 가졌고 한 벌에 25달러나 하는 비싼 옷값을 치르기에는 학부모들의 부담이 너무 컸다. 이러한 칙령을 내린 것을 보면 이 정권이 얼마나 탐욕적이며 국민의 고통에 무관심한 지 짐작할 수 있다. 국민 대다수는 혹독한 세금으로 등골이 빠졌고 공무원들은 벌써 3~4개월째 봉급을 받지 못하고 있었다. 1월부터 어린 학생들이 보카사의 승용차를 비롯한 관용차에 돌을 던지는 등 산발적 시위가 일어났다. 4월 들어 시위의 규모가 커지자 보안군은 학생들을 닥치는 대로 체포하여 중죄인을 수감하는 엥가랑바 교도소에 수감시켰다. 이 감옥에서 적어도 50명 이상의 어린 학생들이 총검에 찔리거나 커다란 곤봉에 맞아 죽었고 30명 이상의 학생들은 밀폐된 좁은 방에 한꺼번에 수감되어 집단으로 질식사 했다.

학살 소식이 전해지자 학생들은 대거 시위에 참가했고 일반 청년들이 가세하여 시내 중심에 있는 왕비가 경영하는 상점을 공격했다. 황실 근위대가 발포하여 수십 명의 학생이 사망하자 방기 시민들은 전통적인 활과 독화살로 무장하여 군인에게 맞섰다. 전투 결과 100여 명의 군인이 사망했다. 사기가 떨어진 근위대는 일단 후퇴하여 전열을 재정비해야 했다. 근위대는 음바이카 족으로 구성되었고 시위대는 대부분 북부 출신이었으므로 사태는 종파 대립 양상으로 비화했다. 부아르와 수단 국경에 많은 병력을 가지고 있으나 이들을 믿지 못하는 보카사는 절친인 자이르의 모부투에게 지원을 요청했다. 300여 명의 자이르 군이 방기에 도착한 후 정부군은 박격포와 기관총을 동원하여 반격에 나섰다. 공격의 주목표는 비 강변 부족이 사는 곳으로 수백 명의 민간인이 희생되었다. 사태가 점점 악화하자 보카사는 라디오 방송을 통해 국민의 자제를 요청하면서 희생자에 대한 자신의 책임을 부인했다. 지난 2년 동안 자신은 행정부의 통치자가 아닌 황제였다고 주장한 것이다.

4월 중 보조금 지급 지연에 항의하여 보카사 대학에서 또 다른 소요가 일어났다. 소요는 다른 곳으로 계속 번졌고 대통령 근위대 차량에 돌을 던지는 사태로 발전했다. 모욕을 당했다고 여긴 보카사는 국가의 젊은이들을 잘 보호하겠다던 약속을 팽개치고 근위대에게 학생들을 무차별 탄압하라는 명령을 내렸다. 군인들은 총검으로 학생들을 무자비하게 공격했다. 700~800여 명의 학생들이 체포되어 감옥에 수감되었으며 많은 학생들이 가혹행위를 당한 후 죽었다. 체포된 학생들은 1인 독방에 20~30명씩 구겨 넣어져 질식사하기도 했다. 보카사자신도 직접 고문과 살해에 가담했다. 악명 높은 은가라그보Ngaragbo 교도소나 카사이Kasai병영에서 얼마나 많은 학생들이 희생되었는지 정확한 숫자는 알 수 없으나 대략 500여 명이 살해된 것으로 추정되었다. 프랑스 기자들은 보카사가 직접 개입한 사망자만 해도 최소한 60여명이라고 보도했다. 보카사는 늘 들고 다니는 지팡이로 무자비하게 학생들을 때렸다.

국제 여론이 비등하면서 보카사의 운명이 결정되고 말았다. 1월 사태 이후 이미 보카사의 종말을 예측한 반대 세력이 해방 전선을 구축했다. 주 프랑스 및 주 영국 대사직을 사임한 실베스터 방기 장군, 파리에 거주하던 전 총리 앙주 파타세 등이 이에 동참했다. 실베스터 방기는 9월 11일 파리에서 '우방기공화국' 수립을 선언하고 스스로를 수반으로 하는 임시정부를 결성했다. 당시 29세인 보카사의 아들 조지도 아버지의 행위를 비난하며 프랑스로 망명했다. 다코의 오랜 측근으로 코토누에서 세계보건기구WHO 지역사무소의 고위직으로 있던 아벨 굼바가 1976년 반 보카사 단체를 조직했는데 이제 이들에게도 기회가 찾아왔다. 프랑스에 주재하는 약 1천여 명의 중앙아프리카공화국 학생연합회 회원들은 방기에서 대중봉기를 촉구하고 보카사에 대한 프랑스의 지지 철회를 요구했다.

여러 곳으로부터의 압력에도 불구하고 미지근한 태도를 보이던 프랑스는 8월 19일 보카사가 직접 살해에 가담했다는 키갈리 보고서가 발표되자 태도를 일변했다. 다음 날 모든 프랑스의 원조는 즉각 중단되었다. 보카사는 이제 용납할 수 없는 정치적 장애물이 되었으며 그가 자리를 유지하는 경우 프랑스의 국제적 명성에 씻을 수 없는 오점을 남길 것으로 판단되었다. 9월 20일 보카사는 재정 지원과 병력 증파를 요청하기 위해 이틀 일정으로 트리폴리를 국빈 방문했다. 리비아의 선발대는 이미 방기에 와있었고 리비아 군용기는 8월부터 전쟁물자를 공수하고 있었다. 그러나 보카사의 계획은 프랑스의 전격적인 작전에 의해 무산되었다. 프랑스 군의 카방Caban작전과 바라쿠다 작전Barracuda Operation이 시작된 것이다.

프랑스 정보부의 사복 요원과 해병대 및 공수부대 요원들이 합동으로 방기 음포코 국제공항을 우선 접수했다. 카방 작전이 성공한 것이다. 다음으로 제2차 작전인 바라쿠다 작전이 개시되었다. 가봉과 차드에 주둔하는 300여 명의 공수부대와 함께 파리에 머물던 데이비드 다코가 군용기 편으로 방기에 도착했다. 다코는 라디오를 통해 군이 보카사를 전복시키는데 동참해줄 것과 권력 이양기에 수도의 안정을 위해 프랑스가 적극 나서줄 것을 요청했다. 이것으로 상황 끝이었다.

9월 21일 다코는 중앙아프리카제국의 소멸과 함께 중앙아프리카공화국으로의 복귀를 선포했다. 졸지에 권력을 잃은 보카사는 처음에 파리로 갔으나 망명이 거절되어 아비장으로 향했다. 그곳에서 복수심이 발동한 보카사는 프랑스 대통령과 가족에게 베푼 다이아몬드 선물과 다른 특혜를 조목조목 폭로했다. 보카사는 4년 후 프랑스로 망명했으며 파리 외곽의 한 고성에 거주했다. 그는 횡령한 돈으로 구입한 성과 여타 부동산 등을 가지고 있었다.

보카사가 치부한 재산은 대략 1억 2천 5백만 달러로 밝혀졌다. 이외에도 은가라그보 교도소 밖에서 대규모 집단 매장지가 발견되었고 보카사 관저의 냉장고에서 인육이 발견되었다. 그의 요리사의 증언에 의하면 인육은 보카사가 평소에 즐겨 먹는 음식이라고 한다. 보카사는 머리를 절단하고 내장을 제거한 인체를 각종 양념으로 요리하여 불에 구워 먹었다고 증언했다. 은가라그보 교도소에서 희생된 학생들의 사체 일부가 보카사의 관저에서 애완용으로 키우는 악어의 먹이가 되었으며 일부는 그의 요리 재료가 되었다는 소문도 있었다. 공교롭게도 1979년은 '국제 아동의 해'였다. 악행이 하나씩 밝혀짐에 따라 그가 방기로 송환되어 재판에 회부되어야 한다는 여론이 비등했다.

1980년 궐석재판에서 살인, 횡령, 카니발리즘 등의 혐의로 사형이 선고되었다. 7년간의 프랑스 망명 중 보카사는 비망록을 썼으나 프랑스 법원은 8천 권에 달하는 책의 몰수와 파기를 명했다. 이 책에서 보카사는 지스카르 데스텡과 한 여인을 공유했다고 주장했다. 또한 그는 1973년 지스카르가 재무장관일 때 그에게 25만 달러 상당의 다이아몬드를 기증했다고 주장했다. 이러한 스캔들에 휘말린 지스카르는 차기 대통령 선거에서 낙선했다.

정치 정세가 조금씩 안정되고 경제가 다소 개선되는 가운데 망명한 보카사는 마지막 카드를 내던졌다. 1986년 10월 23일 갑자기 방기 공항에 나타난 것이다. 물론 그는 즉각 체포되어 열네 가지 혐의로 기소되었다. 이를 두고 억측이 분분했다. 정말로 국민이 그를 구세주로 환영하리라는 생각으로 무모한 모험을 감행한 것인지, 거주지의 전기, 전화, 수도가 끊길 정도로 무일푼이 되었다는 그의 주장이 사실인지, 처형되지 않고 고향에서 여생을 보낼 수 있도록 정부가 배려해줄 것이라는 확신을 가졌는지 등에 대해 추측이 분분했던 것이다. 그러나 예기치 못한 귀국은 아마도 이상과 현실을 혼동하는 그의 성향 때문이었을 것이다. 이유야 어쨌든 보카사의 귀국은 수세에 몰린 콜링바 정부에게는 정치적 노다지였다. 관심이 모두 보카사에게만 쏠렸기 때문이다. 보카사는 두 명의 프랑스 변호사를 고용하여 치열하게 법정 투쟁을 전개했다. 그의 재판은 라디오와 TV를 통해 국내는 물론 인근 프랑스어권 아프리카 국가들에도 방송되었다.

많은 사람들이 법정에 증인으로 섰다. 학생 피해자들은 보카사가 고래고래 소리를 지르며 흑단으로 만든 지팡이를 들고 학생들의 머리를 내려쳤다고 증언했다. 보카사는 모든 혐의를 부인했다. 그는 모든 죄를 장관이나 군 관계자들에게 돌렸다. "나는 성자가 아니다. 나는 보통 사람에 불과하다." 보카사 관저의 전 안보실장은 그가 인육을 요리해서 냉동고에 보관한 다음 때때로 보카사에게 바쳤다고 증언했다. 그러나 카니발리즘은 중앙아프리카공화국에서는 경범죄에 불과했다. 법정은 카니발리즘에 대해서는 무죄를 선고했고 나머지 혐의 모두에 대해서는 유죄를 선고했다. 오랫동안 재판이 진행되면서 심리적으로 중앙아프리카공화국의 어두운 과거는 묻혔다. 뿐만 아니라 '문명화된' 콜링바 정부와 늙은 알코올 중독자로 나타난 독재자의 과거 정부가 선명하게 비교되면서 갑자기 콜링바의 입지가 더 좋아졌다. 처음에 사형을 선고 받은 보카사는 대부분 평론가들이 예상했던 대로 무기형 그리고 20년 형으로 감형되었다. 수감 중 종교에 귀의한 보카사는 자신을 예수의 사도로 칭했다. 7년 복역 후 1993년 8월 석방된 보카사는 방기에 거주하다가 1996년 심장마비로 사망했다. 그의 나이 75세였다.

● 제2차 다코 정부

방기에서는 보카사의 몰락을 열렬히 환영하는 여론이 대세였으나 다코가 다시 복귀하는 것에 대해서는 회의가 컸다. 권력 교체의 방식에 대해서도 논란이 일었다. 결국 보카사를 밀어낸 것은 중앙아프리카공화국 국민이 아닌 외국 군대였고 과거 식민종주국이 신뢰받지 못하는 옛 지도자를 다시 내세우고 있기 때문이다. 파리는 다코가 유일한 대안이라고 생각했으나 방기에서 그는 신뢰받지 못하는 흘러간 지도자에 불과했다. 더군다나 그는 지난 수년 간 보카사 정부의 자문 역할을 맡았던 전력이 있었다. 보카사 후임으로 자처하는 모든 경쟁자들은 과거에 보카사의 측근들이거나 아니면 파리가 정치적으로 용납할 수 없는 사람들이었다. 실베스터 방기, 앙리 마이두, 앙주 파타세(11번 장관직 역임) 등은 전자에 속했으며 코토누에서 복귀를 노리고 있는 아벨 굼바는 참신한 정치인이나 반仏 프랑스 적이어서 파리로서는 용납하기 어려웠다. 앙주 파타세의 경우 과거 보카사의 측근이기는 하지만 도시 젊은이들에게 인기가 있었고 출신지인 북부의 광범위한 지지가 있었으나 파리는 그의 급진적이고 친 리비아적인 성향에 대해 거부감을 갖고 있었다.

황폐해진 사회경제 체제를 다시 복구하는 것이 가장 시급한 과제였으나 다코는 이 일에 적임자가 아니었다. 국민의 화해와 보카사에게 충성을 바친 사람들에 대한 관용을 외쳤으나 국민 정서와는 동떨어진 것이었다. 그는 코트디부아르에 체류 중인 보카사의 범죄인 인도를 한 번도 진지하게 요청하지 않았다. 가장 악명 높은 몇 명의 장군과 측근들이 재판을 받고 이중 몇 명은 처형되었으나 다코는 자신의 친척, 친구 및 동료들에 대한 처벌에는 지극히 형식적이고 소극적이었다. 여론의 악화를 주시하던 프랑스 대통령이 특사를 파견해 강력히 요청한 후에야 비로소 자신의 내각에 포함되어 있는 구舊 정권 인사들을 해임했다. '정치적 일관성'을 유지하기 위해 보카사 측 인사들을 내각에 포함시켰다고 변명했으나 국민은 과거와 결별하고 급진적인 개혁을 통해 예전과는 다른 사회경제 질서 확립을 원하고 있었다.

다코는 구시대 인사를 잔류시킴으로써 잠룡들의 야망을 당분간 잠재우는 데는 성공했을지 모르나 국민의 신뢰를 잃고 말았다. 국민들은 낯익은 얼굴들이 새 정부에서도 활동하는 것을 보고 보카사의 악령이 건재한 것에 절망했다. 예를 들어 보카사 정부의 마지막 총리였던 마이두는 부통령으로 자리를 옮겼다. 1980년 3월 구에레트 법무장관은 다코 정부의 고위관료 중 몇 명이 보카사 정부에서 대규모 횡령 및 1979년 학생 학살 사건에 연루되어 있다는 보고서를 제출했다. 그러나 구에레트는 이 때문에 면직되었고 보고서에서 지적된 인물들은 한참이 지나서야 해임되었다. 다코는 범죄자들을 솎아낼 생각이 전혀 없었다. 마지못해 이들을 해임한 것은 악화일로인 국민 여론과 대중시위로 인한 것이다.

처음 대통령을 지내던 때처럼 매사에 우왕좌왕하는 다코는 경제를 회복시키거나 우후죽순처럼 생겨난 정치 세력을 통제할만한 능력이 없는 지도자였다. 만성적인 재정적자와 부채를 줄이기 위해 내핍정책을 폈으나 봇물 터지듯 밀려드는 대중의 사회경제적 요구 때문에 물거품이 되고 말았다. 개혁의 우선순위 중 하나는 16년 동안 6천 명에서 2만 6천 명으로 늘어나 대부분 방기에 거주하면서 예산의 88퍼센트를 쓰는 공무원 숫자를 줄이는 것이었다. 보카사 시절에 급격히 늘어나 7천 5백 명에 달하는 군인 숫자를 줄이는 것도 시급한 일이었다.

중앙아프리카공화국에서는 학교를 졸업해도 장래가 불투명했다. 경제가 몰락하여 공직이든 민간분야든 일자리를 얻을 기회가 거의 없었기 때문이다. 커피, 다이아몬드, 목화, 담배 등 주 산품이 모두 독립 당시보다 더 생산량이 줄어들었다. 넝마가 된 도로는 방치되어 있었고 상업은 거의 중단상태이며 국가수입은 크게 위축되었다. 다코 정부는 2천 명의 프랑스 공수부대원과 자문관에게 전적으로 의지했고 프랑스의 개발 원조와 보조금 덕분에 겨우 정부를 운영할 수 있었다. 프랑스 정부가 보조금으로 주는 연간 10억~50억 세파프랑이 없었더라면 공무원에게 보수를 지급할 수도 없었다. 프랑스는 중앙아프리카공화국의 구세주이자 주인과 같았다. 노동자와 젊은이들에게 외면당하고 끝없는 파업과 음모 등에 시달리면서 다코 정부는 점차 권위적으로 되어갔다. 정부는 정치인, 노조지도자, 학생지도자 등을 체포하여 아주 먼 벽지로 추방하곤 했다.

1981년 3월 대통령 선거 당시 다코는 결선투표에서 50.23퍼센트를 얻어 신승했다. 파타세가 38퍼센트, 마이두가 3.2퍼센트, 굼바는 불과 1.4퍼센트 득표에 그쳤다. 굼바의 부진은 그가 15년 동안 해외에만 체류했던 때문이고 마이두의 몰락은 보카사 정권에서 그의 역할 때문이었다. 이 선거에서 선전한 사람은 파타세였다. 선동적인 파타세는 북부 사라 족의 표를 모으고 수도에서 노동자와 젊은 층의 몰표를 얻은 후 반反 강변 세력을 결집시킴으로써 좋은 결과를 만들어냈다. 후보들이 결과에 승복하지 않자 여러 곳에서 폭동이 일어났다. 소요가 계속되자 다코는 비상사태를 선포했다. 의회 선거가 무기한 연기되고 탄압이 강화되면서 야당 정치인 수십 명이 투옥되었다. 다코의 전위대가 구성되어 야당 지도자를 물리적으로 청산하려는 움직임도 일어났다. 노동조합이 주도한 시위는 강제로 해산되었다. 보카사 시대에나 볼 수 있었던 엄격한 검열이 행해졌고 야당 지도자들의 언론에 대한 접근이 금지되었다. 다코는 보카사가 했던 대로 자이르의 모부투에게 군대 파견을 요청했으나 거절당했다. 다코의 실각은 예정된 것이었다.

파리에서 지스카르 데스탱이 물러나고 사회주의자인 프랑수아 미테랑François Maurice Marie Mitterrand이 권력을 잡자 다코의 추락은 정해진 것이나 다름없었다. 새 정부는 지스카르의 대 아프리카 정책을 전면 수정코자 했다. 이러한 상황에서 애당초 인기가 없는데다 점점 더 권위주의적으로 되어가는 다코 정권은 애물단지였다. 다코 정권은 무언가 돌파구를 찾기는커녕 식물인간과 같은 장관들을 다른 식물인간으로 대체하고 부패한 사람들을 다른 부패한 사람들로 교체하는 무능한 모습만 드러내고 있었다.

말썽 많았던 대통령 선거 이후 정세는 점점 더 악화되었다. 방기 시

내에서 몇 차례 폭탄이 폭발했고 지하 무장조직이 우후죽순 격으로 생겨났다. 고질적인 학생 소요는 연일 지속되었고 파타세의 고향인 북부에서는 목화 생산 감소로 정권에 충격을 주기 위해 농민들이 스스로 목화농장에 불을 질렀다. 국가비상조치를 이행하느라 피로가 쌓인 군 내부에서도 불만이 표출되었다. 군은 방기 시내 폭발 사건 후 시내 순찰을 강화해야 했고 국내의 많은 적들로부터 허약한 정권을 보호해야 했다.

더 이상 사태를 좌시할 수 없다고 판단한 파리는 비밀리에 앙드레 콜링바André Kolingba 합참의장을 접촉해 대책을 협의했고 양측은 다코가 물러나야 한다는데 의견을 일치했다. 1981년 8월 31일 새로 부임한 프랑스 대사는 더 이상 프랑스군이 군사 쿠데타로부터 다코를 지키지 않을 것이라고 천명했다. 이 발표 직후 다코는 스스로 방기를 떠나 자신의 고향으로 향했다. 다음 날 앙드레 콜링바 합참의장이 정권을 인수했다. 평화적인 쿠데타가 일어난 셈이다.

● 콜링바 정부

고위 장교들을 총망라하여 구국위원회를 구성한 콜링바는 경제가 회복되기 전까지 정치 활동 금지를 선언했다. 그동안 주요 정치인들에게는 한직이 주어졌다. 예를 들어 아벨 굼바는 방기 대학 총장으로 임명되었다. 그러나 국가를 비정치화하려는 시도는 실패로 돌아갔다.

다코의 과도정부 집권 중 권력에서 소외된 사람들은 중앙아프리카공화국 군대를 경멸했다. 3,800명으로 축소된 군은 아프리카 내에서 가장 훈련이 덜 되고 무장도 엉성한 군대였다. 음바이카(보카사 및 다코), 사라(파타세), 야코마(콜링바) 등 여러 종족으로 구성된 군은 정치적으로 분열되어 있었다. 군 내부 분열로 인해 민간인과 군을 포함한 도당이 생겨났고 이들 간의 야합이 이루어지자 파타세는 1982년 3월 권력을 쟁취하려는 야심을 드러냈다. 그러나 쿠데타 실패로 인해 장교들의 집단적인 충성심은 산산조각이 났고 민간에 권력을 이양할 전망도 사라졌다. 파타세가 파리로 망명함으로써 끝난 것처럼 보였던 권력 게임은 그가 전격 귀국함으로써 한 차례 더 전개되었다.

1만여 명의 군중이 공항에 운집한 가운데 파타세는 집권을 위해 돌아왔다고 노골적으로 야심을 드러냈던 것이다. "국민은 더 이상 총을 두려워하지 않는다. 콜링바는 반역자이다. 헌법적 정당성을 갖춘 사람은 나밖에 없다." 군부 내에 있는 그의 동조자들이 지지를 선언했으나 이 아마추어적인 음모는 손쉽게 제압당하고 말았다. 동족들만이 파타세를 지지하는 가운데 콜링바 군이 그의 저택을 습격하여 50여 명을 사살하자 파타세는 황급히 프랑스 대사관으로 망명했다. 곧 이어 군 장교단, 내각, 고위관료 등 친 파타세 인맥이 대거 숙청되었다. 파타세의 쿠데타 음모가 파리의 사주에 의한 것이라는 소문이 돌았으나 미테랑 대통령의 특사가 방기를 방문하여 이를 공식 부인함으로써 곧 잦아들었다.

파타세의 음모는 저지되었으나 사회의 분열로 인해 콜링바는 세력을 결집시킬 수 없었다. 학생 소요는 끝없이 계속되었고 폭동 중 몇몇은 해외에 있는 파타세가 사주한 것이었다. 콜링바는 화합을 위해 프랑수아 구에레와 실베스터 방기 등과 같은 민간인 출신을 내각에 포함시켰으나 여전히 여러 곳에서 도전을 받고 있었다. 1982년 5월 다코 시절 방기 폭탄물 투척 사건을 일으켰고 리비아에서 훈련받은 이디 랄라가 이끄는 무장단체가 부아르 병영을 폭파시키려 한 혐의로 재판에 회부되었다. 8월에는 아벨 굼바가 혁명단체를 결성한 혐의로 체포되었으며 1983년 8월에는 이디 랄라와 파타세의 비밀조직이 차드 국경에서 만나 중앙아프리카혁명당(PRC)을 결성한 후 콜링바 축출과 점진적인 민간정부 출범을 목표로 정했다.

1986년 7월에는 모든 반反 콜링바 단체를 포괄한 파타세-굼바 연합이 결성되었다. 계속되는 음모와 정세 불안으로 콜링바 정부는 언제 무너질지 모르는 상황이었다. 지나치게 권한을 위임하는 습관이 있는 콜링바는 국정을 내각에 맡겨놓고 자신은 삼엄한 경비망이 갖춰진 개인농장으로 내려가 휴식을 취하곤 했다. 그는 언제라도 도피할 수 있도록 늘 많은 다이아몬드와 현금을 지니고 다녔다. 콜링바를 보호하는 인물은 프랑스 출신 경호부장 겸 정보부장인 망숑Mansion 중령이었다. 극우파 프랑스인의 경제적 이익과 가봉 정부의 이익도 대변하고 있는 망숑은 용병들과도 연계되어 있었다. 망숑은 때때로 정부를 대신해서 외국과의 교섭에 나서기도 했다.

경제는 계속 엉망이었다. 1983년 재정적자가 100억 세파프랑에 달했으며 프랑스의 원조는 150억 세파프랑으로 증액되었다. 공무원 숫자는 감축해도 다시 늘어나기 일쑤였다. 여전히 너무 많은 인력이 공직에 집중되었다. 부패한데다 극도로 효율성이 떨어지며 자리를 잘 지키지도 않는 공무원 집단은 무려 국가 예산의 90퍼센트를 쓰고 있었다. 한편 콜링바와 그의 가족 및 측근들의 비리와 축재에 관한 소문이 그치지 않았다. 경제정책에서 거둔 성과가 거의 없고 야당의 압력은 더욱 거세지고 국정 운영에서 실패만 거듭하고 있는 콜링바 정부를 지원하는 것이 파리에게도 큰 부담이 되었다. 자연스럽게 민간인 출신인 굼바로 정권을 교체하자는 주장이 설득력을 얻기 시작했다.

1984년 11월 북부 국경에서 일어난 친 파타세 게릴라의 공격은 콜링바 정부에 큰 타격을 입혔다. 이로 인해 파리에서는 굼바를 대안으로 세우는 방안이 진지하게 검토되었다. 친 파타세 세력을 결집하기 위해 리비아 요원들이 방기에 들어왔다는 소문이 돌자 방기-파리 동맹이 일시적으로 강화되었다. 그러다가 12월 친 파타세 세력이 '구국을 위한 임시정부'를 선포하자 콜링바 정권 하에서는 파타세나 리비아 세력을 축출하는 것이 어렵다는 사실이 드러났다. 현실적으로 콜링바 외에 다른 뾰족한 대안이 없는 프랑스에게는 가급적 빨리 정권을 문민화하고 선거를 통해 정권의 정당성을 강화시키는 것이 시급한 과제로 남았다. 이로 인해 1985년 8월 개각에서 수 명의 민간인이 입각했고 속히 의회민주주의로 복귀하겠다는 약속이 나왔다. 곧바로 방기에서는 항구적인 의회 건물을 짓기 위한 기초 공사가 시작되었다. 1986년 콜링바는 중앙아프리카 민주운동(RDC)이라는 신당을 창설하고 다른 모든 정당의 활동을 금지했다. 또한 신헌법이 제정되었다. 정권의 신임을 묻기 위한 국민투표에서 콜링바는 76만 표 중 69만 표를 얻었다. 1986년 5월에는 고질병인 학생 시위를 법으로 금하고 이를 어기는 자는 무조건 투옥한다는 칙령이 발표되었다.

보카사가 자진 출두함으로써 지금까지 방기를 괴롭혔던 과거사 문제가 해소되었다. 보카사가 죽을 때쯤이면 그에 대한 관심은 거의 사라지고 없었다. 비록 과거사에 대한 부담은 해소되었으나 콜링바가 대중의 정당성을 확보하기 원하는 프랑스의 희망은 이루어지지 않았다. 1987년 7월 실시된 총선에서 유권자의 62퍼센트가 기권했다. 54석이나 되는 의석이 콜링바에게 반대하는 지방의 무소속 후보들에게 돌아갔다. 콜링바 내각은 일부 반대 세력까지 포용하면서 보다 다원화되고 성숙해졌으나 기본적인 통치 구조는 여전했다. 그는 군을 기반으로 하여 전적으로 프랑스에 의존하는 방식으로 국가를 통치했다.

중앙아프리카공화국의 전략적 가치를 더 높이 평가한 프랑스는 8천 명 이상의 병력과 1개 전투기 편대를 상주시켰다. 프랑스 주둔군은 차드 분쟁에 개입한 리비아와 정전협정을 맺은 직후 배치된 것으로 지역 감시군의 성격을 지녔다. 프랑스 장교와 병사들은 가급적 저자세를 견지하라는 명령을 받고 있었으나 방기 시내에서 이들의 모습을 흔히 볼 수 있었다. 프랑스 병력은 시민과 반 콜링바 세력에게는 위협적인 존재가 아닐 수 없었다. 상황은 여전히 만만치 않았다. 굼바와 같은 정치적 경쟁자나 야심가들은 연금 상태에 있거나 묵묵히 생업에 종사하거나 또는 리비아의 후원을 얻어 권토중래를 노리고 있었다. 망명한 파타세는 토고에 체류 중이었다.

무슨 일이 있어도 '큰 형님'이 지켜줄 것이라는 확신을 가진 콜링바는 프랑스 덕분에 안도의 한숨을 쉬며 고향에 있는 별장에 머무르는 날이 더 많아졌다. 국정은 자신의 대리인 격인 망숑과 그의 수하에게 위임되었다. 이렇게 되니 중앙아프리카공화국의 실제적인 통치자는 망숑이며 사실상 '콜링바 정부의 숨은 대통령'이라는 소문이 퍼졌다. 실제적으로 망숑은 주요 결정을 내리고 국가 안보를 좌지우지했으며 여권과 비자도 관장했다. 그의 승인 없이는 행정에 어떠한 변화도 있을 수 없었다. 이렇게 되니 중앙아프리카공화국은 프랑스인이 통치하는 나라처럼 되어갔다.

그러나 변칙적인 상황이 지속될 수는 없었다. 마침 아프리카 대륙 전체에 변화의 바람이 불고 있었고 독재자들은 국민의 거센 저항에 직면해야 했다. 방기에서는 반 프랑스 정서가 부글부글 끓었다. 시민들은 결과를 두려워하지 않고 무슨 일이 일어나기만을 고대하는 분위기였다. 또한 베를린 장벽이 무너진 후 서양 국가들은 대 아프리카 원조에 대한 조건으로 선정善政(Good Governance)을 요구하는 방향으로 선회하고 있었다. 그러나 무엇보다도 콜링바 자신의 실책과 악화일로인 국내 정세가 그의 몰락을 재촉했다.

국정에 대한 무관심, 전체 인구의 5퍼센트도 안 되는 강변 세력의 득세와 프랑스 군에 대한 전적인 의존 그리고 그와 가족들의 부패 등이 그의 발목을 잡았다. 콜링바는 반대 세력이 자신의 당에까지 침투해옴에도 불구하고 국가회의 개최와 다당제 재도입 등을 내세우며 1993년까지 간신히 버티고 있었으나 몰락은 기정사실이었다. 프랑스가 콜링바 정권을 지지할수록 방기에서는 반 프랑스 정서가 더 깊어졌다. 예를 들어 1992년 6월 야당은 콜링바가 어리석은 고집을 내세우며 다원적인 정부를 구성하지 않고 있는 것이 프랑스 때문이라고 맹공격했다. 그로부터 2개월 후 경찰에 의해 희생된 한 시민운동가의 장례식에서 격렬한 반 프랑스 시위가 일어났다. 방기의 사정이 점점 더 악화되자 콜링바는 중간 선거를 실시하여 곤경에서 빠져나오려 했다. 그러나 콜링바가 부정 선거를 자행했음에도 불구하고 굼바와 파타세 등 그의 정적들이 승리한 것으로 결과가 나오자 콜링바는 선거를 무효화하고 대통령 선거를 포함하여 새로운 선거를 실시하겠다고 발표했다. 그러다가 선거는 몇 차례 또 연기되었다. 어떻게 해서든지 권력을 지키려는 콜링바의 술책으로 인해 국정은 거의 마비되었다. 상항이 악화되자 학생들을 선두로 사회 곳곳에서 소요가 물밀듯이 일어났다. 압력에 견디다 못한 콜링바는 더 이상 연기할 수 없어 선거를 실시했는데 이번에도 결과는 그의 대패로 나타났다. 이것으로 콜링바 정권은 문을 닫아야 했다.

• 오늘의 중앙아프리카공화국

콜링바의 뒤를 이어 앙주-펠릭스 파타세가 대통령으로 취임했다. 그러나 한 번 단추를 잘못 끼운 방기에서는 파업, 폭동, 학생 데모, 반 프랑스 시위 및 종족 충돌이 계속해서 일어났으며 1996년 이후로는 군의 반란과 쿠데타도 자주 일어났다. 보카사의 독재와 콜링바의 무능이 빚은 중앙아프리카공화국 내 혼란은 수십 년 후인 지금까지도 지속되고 있다. 2000년 3월 콜링바가 주도하는 반군이 쿠데타를 시도했으나 실패했고 파타세에게 충성하는 민병대가 수도 인근에서 은신 중이던 반군에게 보복 공격을 가했다.

한편 참모총장이던 프랑수아 보지제는 쿠데타 음모에 가담했다는 의심을 받자 차드로 피신했다. 2003년 3월 보지제는 파타세의 외유를 틈타 쿠데타를 일으켜 성공하고 2005년 봄 선거를 실시하여 대통령에 당선되었다. 파타세는 카메룬으로 피신했다가 다시 토고로 망명했다. 이때 '미스터 클린Mr. Clean'으로 불리던 아벨 굼바가 부통령으로 임명되어 보지제 정부가 긍정적인 이미지를 얻는데 기여했으나 국가를 개혁으로 이끌지는 못한 채 2005년 3월 해임되고 말았다.

보카사 몰락 후 이 나라에서 반란과 쿠데타는 거의 일상이 되었다. 그럼에도 불구하고 2010년 보지제 대통령은 보카사를 복권시키면서 그를 '모든 사람이 위대한 창건자로 여기는 이 나라의 아들'이라고 칭송했다. 이후 중앙아프리카공화국의 정치인들은 앞 다투어 보카사의 애국심과 그의 집권 중 국가를 안정시킨 공로에 대해 찬사를 늘어놓았다. 그러나 2012년 또 정변이 일어났다. 2007년에도 반란이 일어나 평화협정을 체결했는데 반군이 협정을 파기함으로써 다시 내전이 벌어진 것이다. 북부의 이슬람 세력이 결성한 셀레카Seleka 반군이 수도 방기를 향해 진군하자 공화국 정부는 급히 프랑스에 지원군을 요청했으나 과거 종주국은 이제 미온적인 반응을 보였다. 시대가 변했으므로 더 이상 남의 나라 일에 개입하지 않겠다는 것이다. 셀레카 반군이 2013년 3월 방기를 점령하자 보지제 대통령은 가족과 함께 DR콩고로 망명했다가 다시 야운데로 망명했다. 이슬람 세력을 배경으로 한 셀레카 반군이 수도 점령 후 기독교 세력 숙청에 나서자 영향력 감소를 우려한 프랑스는 뒤늦게야 적극 정책으로 입장을 변경했다. 유엔 안보리에서 결의를 채택한 후 유엔과 함께 현지에 군대를 파견한 것이다.

2013년 8월 셀레카 반군 출신인 미셸 조토디아가 과도국가위원회의 추대로 과도정부 수반으로 선출되었으며 2014년 1월에는 카트린 삼바-판자 방기 시장이 과도정부 대통령으로 선출되었다. 카트린은 중앙아프리카공화국 역사상 첫 여성 국가수반이 되었다. 2014년에는 기독교도로 구성된 반 셀레카 민병대가 무슬림을 대상으로 인종 청소에 가까운 학살을 자행하여 많은 무슬림이 인근 차드 및 카메룬으로 도피했다. 유엔은 2014년 4월 '중앙아프리카공화국 다차원통합안정화 임무단'MINUSCA(United Nations Multidimensional Integrated

프랑수아 보지제 대통령.
2008년 4월 14일
(사진 hdplcar, 방기 중앙아프리카공화국)

Stabilization Mission in the Central African Republic)이라는 긴 이름의 평

화유지군을 파견하여 지역 정세를 안정시키는데 진력하고 있다. 2016

년 2월 선거에서 포스탱-아르샹주 투아데라 전 총리가 대통령으로

당선되었으며 차기 대선은 2021년 4월 실시될 예정이다.

몽상가 보카사와 무능한 지도자들을 거치면서 아프리카에서도 가

장 발전이 늦은 국가가 중앙아프리카공화국이다. 방기는 세계 최악의

도시 중 두 번째로 꼽히고 있으며 60세를 넘기는 사람이 거의 없을

정도로 평균 수명도 낮다. 중앙아프리카공화국의 GDP는 32억 달러에 불과하고 1인당 GDP가 700달러로 전 세계 229위, 인간개발지수는 188위(0.352)에 이르는 세계 최저개발, 최빈국에 머무르고 있다. 외국으로부터 유입되는 공적개발원조가 GNI 대비 30퍼센트 이상으로 대외의존도가 매우 높은 국가이기도 하다. 카메룬, 차드, DR콩고 등 주변국으로 피신한 국외난민이 약 46만 명, 국내실향민이 약 40만 명으로 중앙아프리카공화국 전체 인구의 20퍼센트에 달한다.

제4부

그 밖의 악명 높은
아프리카의 독재자들

모부투 세세 세코,
콩고민주공화국 대통령

모부투 세세 세코Mobutu Sese Seko는 아프리카가 낳은 희대의 독재자이자 천문학적인 재산 축적자이다. 그가 모은 재산은 40억~150억 달러로 추산된다. 모부투는 가히 도둑정치Kleptocracy의 대가이며 족벌주의의 명수이다. 모부투는 은그반디 족Ngbandi 출신의 친척과 친지들을 모두 군 및 정부의 높은 지위에 앉혔으며 장남 은니와Nyiwa를 후계자로 지명했으나 1994년 에이즈로 죽고 말았다. 미소 냉전의 와중에서 군사 쿠데타로 정권을 잡은 모부투는 미국의 비호 속에 일인천하를 구축할 수 있었다. 그의 철저한 친미-반소 입장으로 인해 항상 워싱턴의 적극적인 지지를 이끌어낼 수 있었기 때문이다. 모부투는 미국 CIA로부터 정기적으로 자금을 받았고 콩고 내 CIA 책임자로부터 주기적으로 정세 브리핑도 청취했다.

모부투는 1965년 11월 무혈쿠데타로 정권을 잡은 후 한 번도 친미 입장에서 벗어난 적이 없는 골수 친미동맹파이다. 1975년부터 시작된 앙골라 내전 당시 미국의 요청으로 사빔비의 앙골라 완전독립 민족동맹(UNITA: The National Union for the Total Independence of Angola) 편을 들었고 아프리카 국가로서는 드물게 이스라엘과 외교관계를 수립했다. 그는 또한 리비아가 후원하는 반군과 싸우는 차드 및 토고 정부를 지원한 유일한 아프리카 지도자이기도 했다. 모두 미국 때문이다. 한편 교활한 모부투는 적극적인 반소정책으로 인해 경쟁국인 중국으로부터도 지원을 얻어낼 수 있었다. 1973년 그는 베이징을 방문하여 마오쩌둥 주석을 만났고 1억 달러의 원조를 얻었다. 모부투는 북한도 방문했다.

1960년 콩고 독립 직후 풍부한 자원을 가진 카탕가주의 주지사 모이세 촘베Moise Tshombe가 분리 독립을 선포하자 유엔은 평화유지군을 파견했다. 유엔군 사령관이 패트리스 루뭄바Patrice Hemery Lumumba 초대 총리의 지휘를 거부하자 루뭄바는 소련의 지원을 요청했다. 이로써 친 서방파인 촘베와 친 소련파인 루뭄바 사이에 치열한 권력 투쟁이 전개됐다. 낮은 신분 출신의 모부투는 1958년 벨지움 박람회 참석을 계기로 젊은 콩고 엘리트들과 어울렸는데 그중 하나가 패트리스 루뭄바였다. 이렇게 해서 루뭄바와 인연을 맺게 된 모부투는 한때는 그의 비서실장이 되어 일할 정도로 가까운 사이였는데 정치적 노선을 달리하면서 사이가 벌어졌다.

촘베와 루뭄바 사이에서 눈치를 보던 모부투 대령은 루뭄바가 소련과 손을 잡자 정부를 통제하고 루뭄바를 투옥시킨 뒤 소련의 자문

모부투 자이르(콩고)대통령, 1973년 8월 12일(사진. Rob Mieremet-Anefo)

관과 외교관들을 모두 추방시켰다. 루뭄바를 제거키로 결심한 모부투
는 그를 숙적 촘베에게 보내 죽이도록 했다. 이후 촘베가 총리에 오르
면서 일시적으로 정권을 잡았으나 신생 콩고는 혼란한 정국을 안정시
키지 못한 채 결국 1965년 11월 무혈 쿠데타에 의해 모부투가 정권을
잡았다. 촘베는 스페인으로 망명했는데 얼마 후 그가 탄 비행기가 하

이재킹을 당해 알제리 공항에 기착하는 도중 심장마비로 사망했다.

　정세가 안정되자 미국은 콩고가 소련 진영으로 넘어가지 않은 것에 안도의 한숨을 내쉬면서 친미적인 모부투를 전력 지원하게 되었다. 콩고는 230만 평방킬로미터가 넘는 영토로 사하라이남 아프리카에서 두 번째로 큰 나라이며 동, 코발트, 석탄, 석유, 망간, 은, 금, 다이아몬드, 우라늄, 주석과 카드뮴 등 다양하고 막대한 광물을 가진 나라로 가히 자원의 보고이다. 소득으로 보아 동銅이 콩고의 주 광물인 것처럼 보이나 산업용 다이아몬드 생산량이 전 세계의 40퍼센트이며 코발트 매장량은 60퍼센트에 달한다. 어떤 대가를 치르더라도 이처럼 중요한 나라를 결코 놓치지 않겠다는 것이 미국의 생각이었다.

　모부투는 아프리카의 정신을 회복한다는 명목으로 국가와 도시의 명칭을 바꾸었다. 콩고는 '큰 강'이란 뜻의 자이르Zaire로 개명되었고 수도 레오폴드빌은 킨샤사로 개명되었다. 국가國歌와 국기도 새로 만들었다. 자신의 이름도 모부투 조지프 데지레Mobutu Joseph–Désiré에서 모부투 세세 세코Mobutu Sese Seko로 개명했다. 이는 콩고어로 '불굴의 투지와 의지로 승리를 거듭하며 가는 곳마다 불의 자취를 남기는 전지전능한 투사'라는 뜻이다. 테가 굵은 안경에 실크 스카프, 표범가죽으로 만든 모자에 지팡이를 짚고 다니는 패션모델과 같은 이미지는 그의 전매특허가 되었다. 모부투에 대한 개인숭배는 극에 달했다. 그의 사진은 우표, 화폐, 공공기관, 주요 건물 등은 물론 남성용 셔츠와 여성의 드레스에까지 나붙었다. 그에게 붙은 수사는 '국가의 아

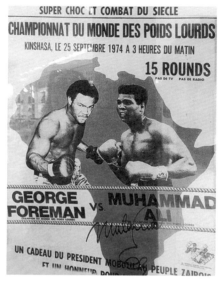

1974년 9월 25일 자이르(콩고민주공화국) 킨샤사에서 열렸던 무하마드 알리와 조지 포먼의 대전 포스터. 8회에 무하마드 알리가 K.O.로 이겼다(포스터 사진, Nicoleon)

버지, 인민의 구세주, 최상의 투사, 위대한 전략가' 등으로 희극적인 느낌마저 드는 것들이었다.

모부투는 한편으로는 미국의 전폭적인 지지를 이끌어내고 다른 한편으로는 철저한 민족주의적 정책을 펼침으로써 권력을 반석 위에 올려놓았다. 반대하는 자를 회유하여 자기편으로 끌어들였으며 회유할 수 없는 자는 무자비하게 숙청했다. 5년여 정비 작업 끝에 1970년까지 모부투는 모든 권력을 한 손에 장악한 절대적인 독재자가 될 수 있었다. 모부투는 자신의 영향력을 과시하기 위해 1974년 세기의 대결로 알려진 무하마드 알리와 조지 포먼 간 복싱 헤비급 세계챔피언 전을 수도 킨샤사에서 성사시킨 것으로도 유명하다.

모부투의 놀라운 재능은 부의 축적에 있었다. 1973년 모부투는 경제적 독립을 이룬다는 명계로 농원, 대농장, 목장, 공장, 도매상점 및 소매상점 등 외국인이 소유하는 2천여 개의 기업을 몰수했다. 몰수한 기업은 국가가 관리하는 것이 아니라 모부투와 그의 친족들에게 주어졌다. 모부투는 국가 수입의 3분의 1 정도를 직접 관리했으며 중앙은행을 개인 금고처럼 다루었다. 그의 사업 영역은 농업, 광업, 무역, 금융, 다국적기업, 다이아몬드 거래 등 끝이 없었고 외국회사들로부터 많은 뇌물을 받았다. 1970년대 말까지 모부투는 아프리카에서는 물론이고 전 세계에서 가장 부유한 사람 중 하나가 되었다. 1980년대 모부투의 재산은 최소 50억 달러에서 150억 달러까지 추산되었다. 그는 이렇게 긁어모은 막대한 재산으로 지중해의 프렌치 리비에라 해안, 파리, 브뤼셀, 스페인, 포르투갈, 스위스, 이탈리아, 코트디부아르, 세네갈, 모로코와 브라질 등 각국에 막대한 부동산을 사들였다.

모부투는 미국에 충성했으나 인권을 유린했고 엄청난 부정 축재를 했기 때문에 사실상 미국에게는 골칫거리이기도 했다. 그는 '순종하는 협력자이지만 부패한 제3세계의 독재자'를 어떻게 처리하는 것이 좋은가? 라는 숙제를 미국에 안겨주었다. 모부투의 미국과의 밀월관계는 냉전의 종식과 함께 끝났다. 이제 미국으로서는 공산주의에 대한 방패로 모부투를 이용할만한 이유가 더 이상 없었다. 미국과 서방이 모부투에게 민주화와 인권 제고 압력을 가함으로써 모부투는 점점 더 곤혹스러운 상황에 빠져들었다. "나는 냉전의 희생물이다. 미국은 더 이상 나를 필요로 하지 않는다. 미국의 정책에 대한 맹목적인 지지도 더 이상 먹혀들지 않는다."라고 모부투는 고백했다. 1993년 워싱턴을 방문코자 하는 모부투에게 미국 비자 발급이 거부되었다.

모부투가 재산을 축적하는 동안 국가는 위기 속으로 빠져들었다. 자이르(콩고)에 진출한 외국기업이 재산을 몰수당하는 상황에서 누구도 투자하는 사람이 없었다. 상업, 농업, 무역 등 모든 분야에서 투자가 끊기고 경제는 마비되었다. 1975년 부채가 30억 달러에 달했으며 자이르 정부는 부채 상환 능력을 상실했다. 뒤늦게 위기를 깨달은 모부투는 1976년 국유화정책을 버리고 외국투자를 유치했으나 누구도 되돌아오는 사람이 없었다. 자이르에는 부정부패가 판을 쳤다. 40만 공무원 중 3분의 2는 사실상 가공인물이었고 그림자인 이들의 봉급은 부패한 고위관리가 대신 받았다. 군 장교는 병사들의 봉급을 가로채고 군대의 보급물자를 시장에 내다 팔았다. 군인들은 민간인으로부터 돈을 우려냈으며 길에 차단장치를 설치하고 주민에게 통행세를 거두었다. 공군 장교는 공군기를 가지고 민간항공회사를 운영했고 의사는 의료장비와 의약품을 시장에 내다 팔았다. 교사들은 '셔츠 2장'으로 불렸는데 그들의 봉급으로 셔츠 2장을 살 수 있었기 때문이었다. 교사들은 생계를 위해 학부모로부터 뇌물을 갈취했다. 졸업이나 성적 등 학교의 모든 업무가 돈으로 좌지우지되었다.

자이르에서 뇌물 없이 이루어지는 것은 아무 것도 없었다. '부패왕국의 왕' 격인 모부투는 신하들의 부패를 눈감아주었다. 그는 부패를

나무라지 않고 "눈에 띄지 않도록 영리하게 조금씩 훔쳐라"라고 충고
했다. 모부투는 견제 세력이 형성되는 것을 방지하기 위해 각료를 수
시로 갈아치우거나 혐의를 씌워 투옥시키곤 했다. 미국의 저널리스트
블레인 하든Blain Harden은 "모부투와 그의 가족에게는 늘 관리해야
할 사람이 80여 명 정도 있었다. 이들 중 20명은 현직 각료이고, 20명
은 망명 상태이며, 20명은 감옥에 있고, 나머지 20명은 대사들이었다.
3개월마다 음악이 그치면 모부투는 패를 갈아치우곤 했다"라고 기술
했다.

사회의 모든 계층이 모부투의 행위를 본받아 재산을 모으는 데만
열중함으로써 고질화된 부패는 한계를 넘어섰다. 1980년대에 이르자
자이르 어린이의 절반이 영양실조와 질병으로 다섯 살 이전에 사망
했으며 대부분 국민은 그들이 1960년에 벌었던 소득의 10분의 1만을
벌었다. 일반인은 하루 한 끼를 먹고 사는 것이 일상이었다. IMF는 몇
번 대표단을 파견하여 자이르의 만성적인 적자 보전 방안을 강구했으
나 이들이 내린 결론은 이미 빌려준 돈의 회수가 불가능하므로 추가
융자는 고려 밖이라는 것이다. 자이르에게 돈을 빌려주는 것은 굶주
린 늑대 떼에게 고기를 던져주는 것과 같았다.

모부투는 방탕한 인물이었다. 그가 권력을 잡은 1960년대 중반은
세계적인 구리 가격 폭등으로 국가 수입이 비약적으로 늘어난 시기였
다. 그러나 모부투는 구리 수출로 얻은 돈의 대부분을 대통령궁, 4차
선 도로, 경기장, 모부투 기념관 등 상징적인 시설을 짓는데 소비했다.

자신을 과시하기 위한 세계 복싱 챔피언 전 유치에만 1천 5백만 달러가 들어갔다. 동북부 콩고의 열대밀림에 위치한 인구 1,700명의 고향마을 그바돌리트Gbadolite에 막대한 예산을 들여 현대식 시설을 도입하고 주택, 병원 및 고급 호텔 등을 지어 인구 3만 7천 명의 도시로 탈바꿈시켰다. 이곳에 호화 저택을 지은 모부투는 지하에 저장된 고급 포도주가 1만 5천 병에 이른다고 자랑했다. 그바돌리트는 '자이르 화化' 또는 '모부투 주의'의 상징으로 치부되었다.

모부투는 교묘한 집권 장치를 만들고 자신을 신격화했다. 어떤 야당도 존재할 수 없었으며 집권당인 민중혁명당이 모든 권력을 쥐고 흔드는 구조였다. 그는 절대적인 권력과 함께 개인적인 신비주의를 고취시켰다. 모부투라는 이름은 '가장 힘 있는 용사' 또는 '초인적인 인내심과 꺾을 수 없는 의지로 승리를 향해 나아가는 사람'을 의미한다. 국민에게는 그의 얼굴이 새겨진 배지와 티셔츠 및 셔츠를 입도록 강요되었다. 모부투는 강력한 힘을 가진 보안조직을 양성하여 철권통치를 행했다. 반대파는 모두 체포되어 고문을 받고 외딴 지역에 격리되거나 해외로 망명해야 했다. 가혹한 인권 침해와 국민에 대한 탄압은 모두 모부투의 폭력 정치에 의한 것이다. 온갖 종류의 고문과 가혹 행위가 자이르의 감옥에서 행해졌다. 전기고문, 물고문, 공중에 거꾸로 매달기, 날카로운 쇠막대기로 찌르기, 굶기기, 잠 못 자게 하기 등 고문의 종류도 다양했다. 일반 여자 죄수들에 대한 강간은 일상적으로 벌어졌다. 감옥에서 많은 아이들이 출생한 것이 이를 증명한다.

막대한 광물 자원 및 아프리카 대륙의 중앙에서 9개국과 국경을 접한 전략적 중요성 때문에 미국은 오랫동안 자이르와 밀접한 관계를 맺어왔다. 1980년 로널드 레이건Ronald Wilson Reagan이 대통령에 당선되자 모부투와의 관계는 보다 가까워졌다. 1983년 모부투의 워싱턴 공식 방문 당시 레이건은 모부투를 '20년 동안 한결 같은 친구'라고 칭송했다. 레이건 정부는 무차별, 무조건적으로 자이르를 원조해주는 정책을 변경하지 않았다. 그러나 미국의 이러한 정책은 오래 가지 못했다. 모부투 스스로가 실수를 거듭했기 때문이다. 그는 르완다 학살 이후의 상황에 제대로 대처하지 못하다가 동부에서 일어난 내전으로 결국 실각하게 된다. 1997년 6월 로랑 카빌라Laurent Desire Kabila가 이끄는 반군에 쫓겨 토고로 망명했다가 모로코로 옮겨간 모부투는 3개월 후인 9월 고질병인 전립선암으로 사망했다.

로버트 무가베,
짐바브웨 대통령

무가베Robert Gabriel Mugabe는 한때 아프리카 최고의 풍요로운 나라로 알려진 짐바브웨(舊 남 로디지아)를 바닥으로 끌어내린 장본인이다. 짐바브웨를 백인의 손에서 해방시킨 투사이자 건국영웅이 자기 손으로 만든 국가를 다시 망가뜨렸다는 것은 아이러니가 아닐 수 없다. 복합적인 이유가 있지만 무가베의 권력욕이 짐바브웨를 파탄에 빠뜨렸다. 라이벌 관계였던 만델라와는 여러 면에서 대비가 된다. 만델라는 종신 대통령이 가능했음에도 불구하고 한 번의 임기를 마친 1999년 81세의 나이로 깨끗이 은퇴했다. 그러나 권력욕이 강한 무가베는 권력의 끈을 놓지 않았고 위기가 닥칠 때마다 도박사 기질을 발휘하여 승부수를 던졌다.

1990년대 인기가 떨어질 때는 모잠비크 내전 종식과 콩고 내전 개입이라는 카드로 인기를 만회했으며, 1999년 헌법개정안이 국민투표에서 부결되자 백인 농장 몰수라는 강수로 위기를 극복했다. 2008년

노조지도자 출신 모건 창기라이Morgan Tsvangirai가 이끄는 민주변화운동(MDC: Movement for Democratic Change)에게 선거에서 패하자 연정을 구성하여 위기에서 벗어났으며 2013년 선거에서 승리하자 다시 짐바브웨 아프리카민족연맹 애국전선(ZANU-PF: Zimbabwe African National Union - Patriotic Front. 이하 본문에서 애국전선이라고 줄임) 단독 정권으로 복귀했다. 국제적인 고립과 날로 악화되는 경제 속에서도 악착같이 정권을 지키며 아내 그레이스에게 권력을 물려주려 했던 93세 된 아프리카의 공룡 무가베는 결국 집권 37년만인 2017년 11월 군부 쿠데타에 의해 실각하고 그의 부관이던 음난가그와Mnangagwa가 정권을 잡았다.

무가베의 노쇠가 확연하게 드러난 2014년 이후 권력 투쟁이 본격화되었다. 여권에서 무가베의 후계자 자리를 노리는 사람은 셋이었다. 그의 아내 그레이스, 오랜 세월 투쟁 동지였던 음난가그와 그리고 독립전쟁 당시 로디지아군의 헬기를 기관총으로 격추시킨 것으로 유명한 게릴라 출신의 부통령 조이스 무주루가 바로 그들이다. 조이스의 가장 강력한 후견인인 남편 솔로몬 무주루는 2011년 8월 의문의 화재로 사망했으나 조이스는 부통령 자리를 지키고 있었다. 첫 번째 대결은 그레이스와 조이스 무주루 간에 벌어졌다. 남편 무가베의 묵시적인 동의를 얻은 그레이스는 대중 집회에서 조이스를 제거해야 할 독초와 같은 존재라고 맹비난했다. 권모술수에 능한 전 공보장관 조나단 모요와 전 수자원장관 카수퀘레 등이 그레이스 진영의 참모로

크렘린을 방문한 음난가그와Emmerson Mnangagwa 현 짐바브웨 대통령(사진, klemlin ru)

동참했다. 그레이스는 애국전선 여성위원장에 올라 힘을 배가한 후 조이스를 제거하기 위해 전력을 다했다. 궁지에 몰린 조이스는 마침내 2014년 12월 다른 여덟 명의 장관들과 함께 해임되고 말았다. 조이스는 죽은 남편과 함께 무가베를 전복시키려 했으며 심지어는 그를 암살하려 했다는 혐의까지 받았으나 이는 완전히 날조된 것이었다. 조이스의 뒤를 이어 음난가그와가 부통령에 올랐다.

이제 그레이스의 목표는 좁혀졌다. 음난가그와만 물리치면 자신이 확실히 무가베의 후계자가 되는 것이다. 곧 대통령궁의 실질적인 주인은 늙고 힘없는 무가베가 아니라 그레이스라는 소문이 파다하게 퍼졌다. 그레이스가 권력 투쟁에서 최종 승리자가 될 가능성이 높아진 것처럼 보였다. 그러나 음난가그와는 조이스 무주루와 달리 그렇게 만만한 인물이 아니었다. 그레이스를 돕는 그룹은 G40으로 불렸는데 40대가 주축이 되어 세대교체를 이루자는 의미이다. 그레이스도 아직 40대였다.

이에 반해 음난가그와 그룹은 라코스테로 불렸다. 음난가그와의 별명이 악어이기 때문에 악어 로고를 사용하는 라코스테가 등장하게 된 것이다. 무가베를 등에 업은 그레이스와 G40은 각종 집회에서 음난가그와를 파상적으로 공격했고 음난가그와는 소극적인 방어에만 치중하는 국면이었다. 그러다가 인신공격이 정점에 이르던 2017년 11월 6일 무가베는 전격적으로 음난가그와를 해임시켰다. 해임 사유는 음난가그와의 충성심이 부족하고 부통령으로서의 직무를 제대로 수행하지 못했다는 것이다. 이틀 후 음난가그와는 남아프리카공화국으로 망명했다. 자신과 가족의 신변에 다가오는 위협을 느낀 때문이다.

이제 모든 게임은 끝난 것 같았다. 그러나 사실은 이제부터 시작이었다. 오랫동안 기다려오던 군부가 움직이기 시작한 것이다. 음난가그와는 이러한 때를 대비해서 군부와 긴밀한 관계를 맺어 왔고 군 수뇌부는 일찌감치 무가베의 후계자로 그를 점찍고 있었다. 군은 11월 14일 작전을 개시했고 쿠데타의 주역은 군 사령관 콘스탄티노 치웬가Constantino Chiwenga였다. 쿠데타 군은 무가베와 가족을 대통령궁에 연금시킨 후 방송국을 장악하여 정변이 일어났음을 알리고 상황이 곧 정상으로 돌아갈 것이라고 국민을 안심시켰다. 이그나티우스 촘보 재무장관을 비롯한 친親 그레이스 세력의 일부가 체포되었다. 그러나 핵심 인물인 모요와 카수퀘레는 이미 국내를 벗어나 외국으로 도피했다. 완강히 사임을 거부하던 무가베는 의회가 그를 탄핵하려는 움직임을 보이자 더 이상 버티지 못했다. 사임 이틀 전 무가베는 자신과 가족이 기소되지 않아야 하며 모든 재산이 보전된다는 조건을 내걸었고 군부는 이를 받아들였다.

마침내 11월 21일 무가베는 의회에 사직서를 제출함으로써 대통령직에서 물러났다. 이로부터 사흘 후 남아프리카공화국으로부터 귀국한 음난가그와가 후임 대통령으로 취임했다. 음난가그와는 자신을 대통령으로 만들어 준 군부의 공을 잊지 않았다. 쿠데타 리더인 치웬가는 부통령, 쉬리 공군사령관은 토지 및 농업장관, 그리고 쿠데타의

무가베 전 짐바브웨 대통령
(사진. Koen Suyk-Anefo, 1979)

성공을 방송했던 모요 소장은 외교부장관에 각각 임명되었다. 사실
상 연금 상태인 무가베는 아직도 정치에 미련이 남은 것처럼 보였다.
2018년 7월 대통령 선거와 총선을 앞두고 자신의 부하였던 음난가그
와와 자신이 힘을 합쳐 만든 집권당 애국전선을 지지하지 않고 야당
편에 서겠다고 선언했기 때문이다.

무가베가 정권을 지키기 위해 무리수를 두는 동안 '아프리카의 진
주'로 불렸던 짐바브웨는 서서히 몰락했다. 무가베의 승부수가 통할
때마다 국민의 고통은 가중되었고 국가는 피폐일로를 걸었다. 정권
창출에 기여한 퇴역군인들의 압력에 못 이겨 막대한 보상금과 연금을

지급함으로써 경제 몰락의 첫 단추를 끼웠다. 1998~2002년 콩고 내전 개입으로 짐바브웨의 재정은 급격히 악화되었고, 이는 결국 2008년 유례없는 초인플레의 원인이 되었다.

콩고 내전에 참가하는 동안 짐바브웨는 최소한 2억 달러 이상의 재원을 헛되이 날려버렸다. 2000년 백인 농장 몰수 사태는 짐바브웨 경제의 몰락을 초래했고 서방의 경제제재를 자초했다. 농장 몰수로 가장 큰 피해를 입은 당사자는 백인농장주가 아니라 농장에서 일했던 흑인 노동자들이었다. 200만 명에 달하는 노동자와 그의 가족들은 하루아침에 오갈 데 없는 신세로 전락했다. 이들 중 약 40만 명이 질병과 영양실조 등으로 사망했다. 농장 몰수로 혜택을 본 사람은 권력의 주변에 있었던 4천 여 명에 불과하다. 이들은 무가베가 자신을 지지해준 대가로 농장을 나누어 준 사람들이다. 그러나 이들 중 대부분은 농장 관리에 실패했다. 농업에 경험이 없기 때문이다. 백인농장주 축출 전 6,500개에 달했던 상업농장이 현재에는 400여 개만 남아있다. 농장 사건과 직접 관계가 없는 1천 3백만 국민은 당시에는 피해도 이익도 보지 않았다. 그러나 이들도 결국 피해자가 되었다. 농작물 수출로 부를 쌓은 짐바브웨가 졸지에 농작물 수입국으로 전락했기 때문이다. 경제 추락과 정치적 탄압을 피해 수많은 사람이 짐바브웨를 떠났다. 백인뿐만 아니라 의사, 간호사, 교사, 회계사 등 전문 직종을 가진 흑인 중산층이 대거 짐바브웨를 탈출했다.

2008년 총선과 대선에서 패한 무가베는 공권력을 총동원하여 국가를 공포와 폭력의 도가니로 몰아넣었다. 사태의 악화를 우려한 야당 당수 창기라이는 결선투표 불참을 선언했다. 선거에 지고도 대통령직을 유지할 수 있었던 무가베는 남아프리카 개발공동체(SADC: Southern African Development Community)의 중재로 창기라이와 연정을 구성함으로써 위기에서 벗어났다. '적과의 동침'으로 묘사된 연정은 상호 협력을 바탕으로 국정을 꾸려가는 정부가 아니라 서로 싸우고 헐뜯으며 상대방의 업적을 깎아내리는 비정상적인 정부였다. 더군다나 자원 민족주의를 내세워 도입한 내국민지분법으로 말미암아 외국 투자가 중단됨으로써 짐바브웨의 경제는 더욱 악화되었다. 국가 경제를 망친 무가베는 엄청난 재산을 축적했다. 위키리크스가 폭로한 무가베의 재산은 17억 5천만 달러로 추산되었다. 재산의 대부분은 홍콩과 영국 등 해외에 있는 것으로 알려졌다.

무가베가 지도자로서 시종일관 엉망이었던 것은 아니다. 무가베는 집권 초기 10년 동안에는 아프리카에서 가장 혜안이 있는 지도자로 명성이 높았다. 그의 교육, 보건 및 사회복지 정책은 서방으로부터 찬사를 얻었다. 그는 하루에 16시간씩 일했으며 국제적인 명사들과 어깨를 나란히 했고 국민과 소통했다. 그러나 1990년 대 이후 무가베는 초기에 보였던 지도자로서의 기풍과 혜안을 잃고 악명 높은 지도자로 전락하고 말았다. 무가베의 쇠퇴는 오랜 세월에 걸쳐 서서히 진행되었다. 무가베 통치 37년 동안 짐바브웨는 아프리카 최상위 국가에서 최하위 국가로 수직 하락했다. 한때 아프리카의 곡창Breadbasket of

Africa, 아프리카의 진주Jewel of Africa등으로 찬사를 한 몸에 모으던 나라가 짐바브웨이다. 농업, 광업, 공업, 상업과 관광 등이 균형을 이루어 발전하고 전국 어디를 가든지 관광지와 좋은 휴식처가 있고 비교적 잘 발달된 교통망과 저수지 및 관개수로가 있으며 문맹률이 거의 없는 높은 교육수준을 자랑했던 나라가 짐바브웨였다. 현재의 짐바브웨는 어떠한가? 국가소득의 중추를 담당했던 상업농장이 거의 몰락하고 농업생산이 크게 감소하여 농작물 수출국에서 수입국으로 전락했으며, 공장가동률은 30퍼센트에 불과하고 관광시설과 인프라가 낙후되었으나 재원이 없어 복구할 엄두도 내지 못하는 나라가 되었다. 거의 모든 일용품을 남아프리카공화국이나 중국에서 수입하여 쓰고 있으며 2008년 초인플레로 자국 화폐인 짐달러를 포기하고 적대국가의 화폐인 미 달러화를 사용하고 있는 국가이기도 하다.

짐바브웨의 초인플레가 극에 달했던 2008년 여름 인플레율은 2억 3천 1백만 퍼센트라는 말도 안 되는 상태에 달했고 급기야 1백조 달러짜리 지폐까지 발행되었다. 도저히 버틸 수 없게 된 짐바브웨는 2009년 1월 자국화폐를 버리고 미 달러화를 공용화폐로 채택했는데 이것이 자신들이 말하는 달러화정책Dollarization이다. 2017년 후반부터는 달러가 부족하여 군인, 공무원에 대한 보수도 지급하기 어렵게 되자 정부가 발행한 임시화폐를 사용토록 강요하고 있다. 이런 현상이 지속되면 2008년의 초인플레 악몽이 재현할 가능성도 있다.

독버섯처럼 퍼진 에이즈HIV/AIDS로 인해 평균수명이 절반으로 축소되었으며 30~40대 연령층에 구멍이 뚫려 숙련된 노동력이 부족하고 에이즈로 사망한 젊은 부모 대신 조부모가 아이들을 돌보고 있어 취학률이 떨어지고 있는 나라이기도 하다. 어느 한 분야도 발전은커녕 퇴보하고 있으며 외국으로부터 고립되어 투자가 막혀 있다. 한때 밝았던 국가의 이미지가 점차 퇴색하여 무가베 정권 말기에 오면 우중충한 단계를 지나 시커먼 막장으로 치달았다.

그의 뒤를 이은 음난가그와 정권도 사실 무가베 정권의 연장선상에 있기 때문에 전도가 밝지 않다. 짐바브웨는 지도자를 잘 못 만나면 아무리 잘 살던 나라도 짧은 시간에 몰락할 수 있다는 사실을 극명히 보여준 사례이다. 짐바브웨는 우리에게 경종을 울리는 한편 지도자의 중요성에 관한 교훈도 함께 던져주고 있다. 미국의 히스토리 채널이 제작한 세기의 폭군 18명 중 아프리카 지도자 2명이 포함되어 있다. 한 명은 이디 아민이고 다른 한 명은 로버트 무가베이다. 무가베가 아민처럼 잔인한 살육자로 사람을 많이 죽였다고 할 수는 없지만 잘 살던 국가와 국민을 나락에 떨어뜨린 죄과가 살인에 못지않다고 판단한 듯하다. 한마디로 말해 무가베는 한 나라를 말아먹은 독재자이기 때문이다.

1980년 짐바브웨의 독립 후 무가베 대통령이 정권 확립 과정에서 남부지역의 소수 은데벨레 족Ndebele 2만 여명을 잔인하게 학살했던 구쿠라훈디Gukurahundi 작전은 국민들 가슴 속에 여전히 깊은 상처로 남아 있다. 당시 사건을 주도했던 인물들(무가베와 음난가그와 현 대통령 등)이 아직도 요직을 차지하고 있기 때문에 이 사건의 진상이 밝혀지지 않고 있다. '구쿠라훈디'라는 말은 쇼나어로 '추수 후 짚을 썻어 내려가게 하는 이른 비'라는 뜻이다. 무가베가 이 작전을 전개한 것은 라이벌 조슈아 은코모가 이끄는 짐바브웨 아프리카 인민동맹(ZAPU: Zimbabwe African Peoples Union. 이하 본문에서 인민동맹이라 줄임)을 몰아내고 짐바브웨 아프리카 민족동맹(ZANU: Zimbabwe African National Union. 이하 본문에서 민족동맹이라 줄임)의 일당독재를 확립하기 위한 것이었다. 무가베는 이를 위해 북한의 도움을 얻어 제5군단이라는 특수부대를 양성했다. 북한 교관들은 동부 산악지대에 위치한 냥가Nyanga에서 특수부대를 훈련시켰다. 5군단은 1983년 초부터 작전을 개시했으며 1987년 말까지 지속되었다. 이는 인민동맹과 민족동맹의 대결이자 무가베와 조슈아 은코모Joshua Mqabuko Nyongolo Nkomo의 대결이었으며 다수족인 쇼나와 소수족인 은데벨레 간의 대결이기도 했다.

처음 5군단이 공격목표로 삼았던 사람들은 과거 인민동맹의 군사 조직인 ZIPRA(짐바브웨아프리카인민혁명군: Zimbabwe People's Revolutionary Army) 소속 군인과 인민동맹 당원이었으나 점차 희생자의 범위가 넓어져 민간인 특히 여자와 아이들까지 포함되었다. 무가베는 무자비한 작전 끝에 마침내 목표를 이루었다. 1987년 12월 견디다 못한 은코모가 단일화협약에 서명함으로써 인민동맹과 민족동맹이 애국전선ZANU-PF으로 통합된 것이다. 인권단체 등은 구쿠라훈디 사건의 진실을 밝히고 책임자를 가려내기 위해 노력해 왔으며 이로 인해 끊임없이 정부의 탄압을 받았다. 구쿠라훈디 사건은 결코 작은 사건이 아니다. 지금은 무가베와 그의 뒤를 이은 음난가그와 일당이 정권을 장악하고 있어 사건을 파헤치는 일이 원천적으로 봉쇄되어 있지만 언젠가는 문제가 불거질 것이다. 수만 명에 달하는 사람들이 죽거나 다치거나 실종된 대규모의 참사이기 때문이다.

짐바브웨는 어차피 학살의 진상을 밝혀야 한다. 진상이 밝혀지면 책임자를 어떻게 처벌해야 할까? 이는 사실 매우 어려운 문제이다. 진상을 알게 된 피해자 가족이 그냥 넘어가려 하지 않을 것이기 때문이다. 그러나 보복 차원에서 관련자를 처벌할 경우 짐바브웨는 더 큰 혼란에 빠져들 가능성이 높다. 피는 피를 부르고 보복은 보복을 부르는 것이 세상의 이치 아닌가. 짐바브웨보다 더 큰 고통을 당한 이웃나라 남아프리카공화국의 사례가 참고가 될 것으로 보인다. 만델라는 아파르트헤이트 시절에 저지른 죄악에 대한 진상을 파헤쳤으나 책임자에 대해서는 관용을 베풀었다. 만델라가 설치한 진실과 화해위원회(TRC: Truth and Reconciliation Commission)는 상처 입은 사람들의 마음과 영혼을 달램으로써 내전의 발발을 막고 수십 년 동안 곪았던 환부를 치료할 수 있었다. 이를 발판으로 남아프리카공화국은 큰 혼란 없이 통합국가로 재출발할 수 있었다. 짐바브웨의 경우에도 남아프리카공화국과 같이 우선 진실을 밝히는 것이 급선무이다. 피해자들은 가해자가 누구인지 알고 있으며 이들은 서로 얼굴을 보고 살아가고 있다. 피해자는 도대체 누가 왜 작전 명령을 내렸고 동포에게 그러한 잔학행위를 저질러야 했는지 그 이유를 알고자 한다.

아프리카의 전통적 문화에서는 어떤 사람이 폭력적인 죽음을 맞이할 경우 '복수의 영Ngozi'으로 나타나 가해자를 괴롭힌다고 한다. 아프리카인은 가해자에 관한 진실이 밝혀져야만 이 은고지가 사라진다고 믿고 있다. 남아프리카공화국의 진실과 화해위원회와 같은 진상조사위원회를 통해 진실이 밝혀지면 은고지에 관한 논쟁이 사라질 것이다. 진실과 화해위원회의 대상은 구쿠라훈디 뿐 아니라 그동안 밝혀지지 않았던 독립전쟁의 피해자, 농장몰수 사건의 피해자, 무람밧치나 사건(도시 빈민 소탕작전)의 피해자, 선거 때 폭력행위로 인한 피해자 등 짐바브웨의 숨겨진 과거사로 확대될 수 있을 것이다. 짐바브웨가 과거의 어두운 그림자를 청산하는 것은 밝은 미래로 나아가기 위해 꼭 필요한 일이다. 과거를 묻어두고 어정쩡한 자세로 나아갈 경우 때때로 시비와 폭력이 재발할 가능성이 다분하다. 남아프리카공화국과 마찬가지로 힘든 일이지만 진실과 화해위원회를 통해 폭력과 고통으로 점철된 과거를 밝힌 후 용서와 화해로써 이를 정리하는 것이 성숙한 짐바브웨로 나아가는 발판이 될 것이다.

20~21세기 정치 지도자 중 무가베와 같이 논란이 많은 사람도 드물 것이다. 그는 서방에서는 지독한 독재자, 악의 화신, 가장 야만적이고 민족주의적인 아프리카 지도자로 평가되는 한편 제3세계 국가에서는 영웅으로 취급되며 아프리카 각지를 방문할 때마다 환영의 물결이 일었다. 많은 아프리카 국가에서 무가베는 아프리카를 백인으로부

터 해방시킨 위대한 인물이라는 찬사를 받기도 했다. 그러나 장기 집권이 계속되고 국정 실패와 고립으로 인한 국민의 고통이 가중되면서 무가베를 평가하는 목소리는 현저히 잦아들었다. 이미 권력에서 벗어난 그를 기억하는 사람들은 점차 줄어들 것으로 보인다.

오마르 알 바시르,
수단 대통령

　수단의 현 대통령 오마르 하산 아흐마드 알 바시르Omar Hassan Ahmad al-Bashir는 타고난 강성 독재자이다. 육군 중장 출신인 그는 국제형사재판소에 의해 제노사이드로 기소되어 체포영장이 발부된 상태이다. 이로 인해 오마르는 해외여행을 거의 나가지 못하고 있다. 알 바시르는 1944년 1월 1일 카르툼 외곽에 있는 호쉬 반나가Hosh Bannaga에서 태어났다. 그의 조상은 수단계 아랍인으로 베두인족이다. 알 바시르의 어린 시절에 대해서는 거의 알려진 바가 없다. 심지어 부모의 이름조차 모른다. 알 바시르는 고향에서 초등학교를 마친 뒤 카르툼으로 와 자동차 정비공장에서 고학을 하며 고등학교를 졸업했다. 고교를 마치자마자 알 바시르는 1960년 군에 입대하여 카이로의 이집트 육군사관학교와 말레이시아에서 교육을 받았으며 1966년 수단 육군사관학교를 졸업하고 장교가 되었다.

　이후 알 바시르는 26년간 군에서 성실히 근무했다. 그는 공수부대에서 경력을 쌓았으며 제1차 수단내전(1955-1972)에 참전했고 1973년 10월 욤 키푸르 전쟁 당시 이집트 군에 가담하여 이스라엘과 싸웠다. 1975~79년에는 주 UAE(아랍에미리트) 수단 대사관에서 무관으로 근무했다. 이 시기에 알 바시르는 점차 정치에 접근하기 시작하여 하산 알 투라비가 창설한 민족이슬람전선National Islamic Front에 참여하면서 수단 군내부에서 이슬람주의 세력을 대표하는 인사로 성장했다. 1981년에는 카르툼 방위사령관이 되었고 이후 6년간 공수여단장을 지내면서 수단인민해방전선(SPLA: Sudan People's Liberation Army)을 상대로 한 작전을 지휘했다. 그는 1980년대 후반 대령으로 진급했으며 1988년에는 준장이 되었다.

수단이 남북으로 갈려 치열한 전쟁으로 빠진 제2차 수단내전을 종식시키기 위한 평화협상이 무르익어가고 있던 1989년 6월 알 바시르는 쿠데타를 일으켜 알 미르가니 대통령과 알 마디 총리를 제거하고 권력을 잡았다. 정신적인 지주인 전통 이슬람주의 지도자 알 투라비가 이 쿠데타를 지지했으며 수단 전역에 피바람이 불었다. 많은 군 고위 인사들이 처형되었고 야당의 정치적 활동이 금지되었으며 언론도 통제되었다. 이후 30년간 알 바시르는 힘으로 수단을 통치하고 있다. 알 바시르는 여당인 국가구제혁명평의회(RCC)와 군사조직을 모두 해체시켰으며 비우호적인 언론을 폐쇄하고 수단을 이슬람 전체주의에 입각한 일당독재 체제로 전환시켰다. 이후 선거에서 알 바시르는 대통령, 알 투라비는 국회의원으로 나란히 당선되었고 알 투라비는 국회의장으로 입법부를 장악했다.

밀월관계였던 두 사람은 1990년대 중반부터 주도권을 놓고 사이가 틀어져 1999년 12월 알 바시르는 의회를 해산하고 헌법을 정지시켰다. 알 투라비가 이슬람 근본주의자들과 밀접한 관계를 유지하면서 오사마 빈 라덴을 수단으로 초청한 것이 결정적인 원인이었다. 1990년대 초 카를로스 재칼, 오사마 빈 라덴, 아부 니달 등 악명 높은 테러 지도자들이 모두 카르툼에 거주했다. 알 투라비가 의회에서 대통령의 권한을 축소하는 법안을 제출하자 알 바시르는 군대와 탱크를 동원한 궁정쿠데타를 일으켜 의회를 공격하고 알 투라비를 체포했다. 2000년과 2002년에 발간된 흑서Black Book에 북부 수단이 모든 권력을 독차지한 가운데 다른 지역을 압제하고 있다는 내용이 포함된 사실이 밝혀지자 알 바시르는 이 책의 배후에 알 투라비가 있는 것으로 판단하고 2001년 그를 체포하여 수감시켰다가 2003년 석방했다. 알 바시르의 가장 강력한 적이 된 알 투라비는 투쟁을 멈추지 않다가 2016년 3월 심장마비로 사망했다.

1993년 수단은 미국이 작성한 국가 테러리즘 지원 국가의 리스트에 올랐다. 알 바시르가 이슬람주의를 옹호하면서 수단이 테러조직의 온상이 되었기 때문이다. 알카에다가 대표적인 예이다. 1990년대 초 오사마 빈 라덴이 수단에 와서 알카에다의 훈련 캠프를 설치하고 자금을 모금했다. 이밖에도 헤즈볼라, 하마스, 팔레스타인 이슬람지하드, 이란의 이슬람혁명 수호대 등 많은 이슬람 테러 조직들이 수단에 훈련 캠프를 차렸다.

1991년 심각한 기근으로 식량이 부족하자 국제구호기구와 유엔은 수단에 10만 톤의 식량을 긴급 지원키로 했는데 마침 걸프전이 터졌다. 이때 수단이 사담 후세인의 쿠웨이트 침공을 지지했다는 이유로 많은 국가들이 불참을 선언함으로써 식량 지원은 무산되었다. 곧 이어 수단은 불량국가Rogue State로 지목되었다. 알 바시르는 서방의 제재로부터 벗어나기 위해 1994년 프랑스 정보기관이 카를로스 재칼을 체포하는데 협조했고 1996년 클린턴 정부의 요청에 부응하여 오사마 빈 라덴을 추방하기도 했다. 그러나 이 정도로는 서방국가와의 관계가 개선되지 않았다. 알 바시르는 북부 수단의 국민에 대해 이슬람 율법을 엄격히 지키도록 강제했다. 음악, 춤, 결혼식 피로연 등이 모두 금지되었으며 율법을 어긴 여성에게는 공개적으로 태형을 가하고 있다. 여성이 바지를 입었다는 것만으로도 태형에 처해지고 있으며 여성들은 모든 권리를 박탈당하고 모든 활동을 남편에게만 의존하고 있다. 여성에 대한 통제는 가혹할 정도로 엄격하다.

알 바시르 치하에서는 고대에서나 볼 수 있는 노예거래도 횡행하고 있다. 약 20만 명의 노예가 거래된 것으로 추산되는데 대부분은 비 이슬람 흑인 여성과 아이들이다. 이들은 무슬림 아랍인에게 두 당 50 달러 정도에 거래되고 있다. 주인은 노예들에게 고문, 학대, 성폭행 등 모든 범죄 행위를 자행하고 있다. 알 바시르는 강압적인 정책으로 다소 경제발전을 이루었고 원유가 발견된 후에는 더욱 박차를 가했다.

알 바시르 수단 대통령, 2014년 3월 2일(사진. 작자미상, Wekimedia Commons 제공)

그러나 경제발전의 과실은 일반 국민에게는 그림의 떡이었다. 만성적인 인플레, 화폐 가치 하락, 보조금 축소, 필수품 및 에너지 가격 인상 등으로 인해 발전의 성과는 묻히고 국민은 높은 생활고에 시달리고 있으며 빈곤 감퇴 프로젝트의 이행도 지지부진한 상황이다.

북부와 남부 지역 간에 벌어진 제1차 수단내전이 1972년 종식되면서 남부는 종교적, 문화적 자치권을 얻었다. 그러나 오래가지 못하고 1983년부터 다시 내전에 빠져들었다. 니메이리 대통령이 수단을 이슬람 국가로 만들기로 결정한 것에 남부가 강력히 반발했기 때문이다. 전쟁의 원인은 여러 가지이다. 남부의 자치권 상실, 남부의 원유지대에 대한 북부의 욕심, 상대적으로 풍부한 남부의 수자원, 정부가 남부의 땅을 빼앗아 정부 관리들에게 나누어준 것, 수세기 동안 지속되어 온 영토와 국경 분쟁, 인종과 종교적 차이 등 다양하다. 내전 중 수단은 소련, 중국, 이집트, 이란 등으로부터 무기를 공급받았다.

수단 내전 시 악명 높은 사건으로는 소년병Child Soldier 문제가 있었다. 적게는 열 살 정도의 아이들까지 병사로 동원되었는데 양측 모두 가담했고 전체 수는 1만 명 정도에 이른다. 서로 밀고 밀리던 이 복잡한 내전은 22년간 계속되다가 국제사회의 부단한 노력으로 2004년 12월 포괄적 평화협정(CPA)이 체결됨으로써 2005년 10월 종식되었고 이 협정에 따라 2011년 7월 국민투표를 거쳐 남수단이 독립했다. 이 내전으로 약 2백만 명이 사망했는데 대부분 가뭄과 기근으로 인한 것이다.

알 바시르를 아프리카에서 빼놓을 수 없는 독재자이자 악명 높은 살육자로 만든 사건은 다르푸르Darfur 사태이다. 이 불행한 사건의 가장 큰 원인은 북부 아랍 유목민이 다양한 부족으로 구성되어 있는 남부 농민의 땅을 침범해 들어간 데 있다. 다수 의견은 아랍인이 기독교인을 박해한 사건이라고 하며 혹자는 남아프리카공화국의 아파르트헤이트Apartheid에 비유하기도 한다. 재미있는 사실은 다르푸르의 주민 대부분은 사실 기독교인이 아닌 무슬림이었다는 점이다. 그렇다면 한 무슬림이 다른 무슬림을 공격한 셈이 된다.

이 사건의 발단은 2004년 소규모의 반군 단체가 수단 정부의 군 초소와 경찰서들을 공격한 데서부터 시작된다. 이 반군들의 명칭은 수단해방군(SLA)과 정의와 평등운동(JEM: Justice and Equality Movement) 인데 이들의 목표는 수단 내 핍박받는 모든 사람을 보호하는 것이었다. 반군의 습격이 늘어나자 알 바시르는 공군기를 동원하여 반군을 공격했다. 그러나 반군이 비행기와 헬기 등을 파괴하고 80여 명의 병사들을 살해하는 등 물러설 기미가 없자 정부는 잔자위드Janjaweed라는 무장 아랍 유목부족을 동원하여 대응에 나섰다. 정부의 전폭적인 지원을 등에 업은 잔자위드는 다르푸르의 비 아랍계 주민 수천 명을 살해했으며 이로 인해 약 10만 명 정도의 난민이 국경을 넘어 차드로 피신했다. 잔자위드는 차드까지 침범하여 난민을 박해했으며 차드 군과 전투를 벌였다.

사태의 확대를 막기 위한 미국과 유엔 등 국제사회의 노력이 있었으나 알 바시르는 사건을 순전히 국내문제로 치부하면서 외국 세력의 개입을 불허했다. 잔자위드의 악행은 보스니아와 코소보 사태 때 인종청소 그리고 악명 높은 제노사이드가 발생한 르완다 사태와 비교될 만큼 잔혹했다. 살인과 집단 강간은 물론이고 신체 절단, 부녀자와 아동 학살, 마을 파괴, 납치와 고문 등이 횡행했다. 수단 정부는 다르푸르의 만행이 전해지지 않도록 모든 통신을 단절시켰다. 기자들이 투옥되고 학대를 받았으며 증인들은 살해되었다.

잔자위드는 아랍 부족은 손대지 않고 아프리카 계 마을만 공격 대상으로 삼았다. 그러던 중 2005년 수단 군이 차드의 도시인 아드레를 공격하여 300여 명의 반군을 살해하는 사건이 발생했고 이로 인해 수단과 차드 간에 전쟁이 발생했다. 이후 미국의 중재로 2006년 5월 수단 정부와 다르푸르 반군 간 평화협정(아부자 협정)이 체결되었으나 폭력사태는 계속되었다. 유엔, 미국, 유럽 등의 사태 종식 노력이 계속되었으나 알 바시르는 계속 국내문제임을 주장하며 외부의 어떠한 개입도 허용하지 않았다.

그러자 유엔은 다르푸르 사태를 인류에 대한 범죄로 다룰 것이라고 경고하였으며 코피 아난 사무총장은 알 바시르를 만나 잔자위드의 행위를 즉각 중지해줄 것을 요청했다. 2011년에는 도하 협정으로 알려진 제2차 평화협정이 수단 정부와 다르푸르 반군 간에 체결되었다. 이 협정은 다르푸르 사태 피해자에 대한 보상 및 다르푸르의 상황이 안정될 때까지 다르푸르 임시정부를 수립하는 것 등을 규정했다. 다르푸르 사태뿐만 아니라 수단과 차드 간의 전쟁도 보다 심각해졌다. 잔자위드가 마레나Marena와 티에로Tiero 등 마을을 포위하고 약 4백 명의 주민을 살해했기 때문이다. 부시 대통령은 수단이 공격을 멈추지 않을 경우 알 바시르 정부를 제재하겠다고 위협했고 국제형사재판소(ICC)는 수단의 인권문제 장관 아흐메드 하룬과 잔자위드 군사지도자 알리 쿠샵을 51개 반 인도적 범죄 혐의로 기소했다.

2007년 봄 알 바시르와 이드리스 데비 차드 대통령은 사우디의 중재로 평화협정을 체결했으나 이 지역의 정세는 나아지지 않았다. 인도적 위기가 지속되자 다르푸르에 체류하던 많은 국제 인도적 지원단체들이 철수했다. 구호요원에 대한 살인 등으로 신변 위협이 심각해지자 철수한 것이다. 유엔과 아프리카연합(AU: African Union)은 공동으로 유엔-아프리카연합 다르푸르 임무단(UNAMID: UN-African Union Mission in Darfur)을 창설하여 2만 6천 명의 병력으로 평화 유지 활동에 착수했다. 이들 중 140명 이상의 병력이 살해되었다.

2010년 수단과 차드 간 전쟁은 사실상 종식되었으나 다르푸르 사태는 좀처럼 끝나지 않았다. 알 바시르는 공식적으로 다르푸르에서 1만 명 미만의 사망자가 발생했다고 주장했으나 국제단체들은 사망자 수가 훨씬 많은 것으로 추산하고 있다. 유엔은 30만 명 이상이 사망하고 2백만 명 이상의 난민이 발생한 것으로 집계했다. 그러나 유엔은 잔자위드의 소행에도 불구하고 다르푸르 사태를 제노사이드로 규정하지 않았으며 아프리카연합은 인권 유린이 있었다는 사실은 인정하면서도 제노사이드는 아니라는 입장을 천명했다. 다르푸르 분쟁은 아직 끝나지 않았고 정부군과 다르푸르 반군 사이에 유혈 충돌은 여전히 간헐적으로 발생하고 있다.

국제형사재판소는 2008년 7월 전쟁 범죄, 인도적 범죄 및 제노사이드에 관한 개인적 형사 책임을 물어 알 바시르에게 체포영장을 발부할 것이라고 발표했다. 국제형사재판소가 살아 있는 권력인 현직 대통령에 대한 체포영장을 발급키로 한 것은 이것이 처음이었다. 알 바시르의 죄목 중 가장 심각한 것은 그가 강간, 살인, 강제추방 등을 통해 다르푸르의 3대 종족인 푸르Fur, 마살리트Masalit와 자가와Zaghawa의 멸절을 기도했다는 혐의이다. 알 바시르에 대한 체포영장은 공식

다르푸르의 주민, 뒤로 유엔-아프리카연합 다르푸르 임무단UNAMID의 탱크가 보인다. (사진. Sudan Envoy, 2009년 11월 20일)

적으로 2009년 3월 발급되었는데 반인도적 범죄 5개 항목과 전쟁범죄 2개 항목 등으로 구성되어 있다. 아프리카연합과 아랍리그 및 이슬람기구는 체포영장 발부에 대해 국제형사재판소를 비난했고 국제형사재판소 내에서도 일부 반대의견이 있는 등 영장과 관련한 논란이 있으며 알 바시르는 영장을 아예 무시하겠다는 입장이나 점차 부담이 되고 있는 것은 사실이다.

알 바시르는 자신에 대한 혐의 모두를 부인하고 거짓이라고 맹비난했으며 솔리다리티스Solidarities, 자선군단Mercy Corps과 옥스팜Oxfam 등 서방의 원조단체들을 스파이라고 비난하며 수단에서 추방했다. 2010년 7월 국제형사재판소는 기존 혐의에 세 가지를 추가한 후 두 번 째 영장을 발부했다. 알 바시르는 푸르, 마살리트 및 자가와 족을 몰살하기 위해 의도적으로 고문, 강간, 살해 등을 자행한 혐의를 받고 있다. 알 바시르는 강하게 모든 혐의를 부인하고 있으나 이로 인해 그의 명성이 크게 손상을 입고 있다.

차드, 이집트, 카타르 등이 체포를 거부함에 따라 알 바시르는 이들 국가를 여행하는 등 건재함을 과시했고 이밖에도 중국, 나이지리아, 케냐, 에티오피아, 사우디, 아랍에미리트, 지부티, 인도 등 여러 나라를 방문했다. 수단 정부는 대통령의 해외순방 때 국제형사재판소가 체포영장을 발부한다면 수단 공군기가 그를 보호할 것이라고 발표한 바 있다. 그러나 2015년 6월 아프리카연합 정상회담 참석차 남아프리카공화국 방문 당시 법원이 출국금지령을 내리는 등 시비가 벌어져 실제로는 해외여행에 상당한 제한을 받고 있는 것으로 보인다.

알 바시르는 2010년 대통령에 다시 출마하여 68퍼센트 득표로 재선되었으나 부정선거와 폭력 시비가 일었다. 알 바시르는 2015년 선거에서는 94퍼센트의 압도적인 지지로 재선됨으로써 건재를 과시하고 있다. 그가 언제까지 집권할지는 확실치 않으나 종신대통령을 노리고 있음은 분명하다. 서방측은 알 바시르가 막대한 재산을 부정 축재했다고 비난하고 있다. 루이스 모레노 오캄포 국제형사재판소 수석검사는 90억 달러에 달하는 알 바시르의 숨겨놓은 재산이 밝혀질 경우 그를 '이슬람 십자군'으로 존경하는 수단 내 여론이 '도둑'으로 바뀔 것이라고 말하고 있다. 이에 대해 알 바시르는 터무니없는 모함이라고 하면서 전적으로 축재를 부인하고 있다.

알 바시르는 강경 이슬람을 받아들이고 악명 높은 국제적인 테러지도자들을 수단으로 수용하면서 서방측과 거리가 멀어졌다. 특히 오사마 빈 라덴이 2001년 9.11 테러를 일으키면서 그를 비호했던 알 바시르는 서방측에 위해를 가할 수 있는 가장 위험한 인물 중 하나로 낙인찍혔다. 또한 알 바시르는 악명 높은 다르푸르 사태를 촉발한 장본인이다. 인종 청소, 종교 청소의 성격을 띤 다르푸르 사태는 한번 발생하자 걷잡을 수 없이 커졌고 인근 국가와 수단 간의 내전으로도 확대되었다. 유엔 등 국제사회의 노력으로 지금은 일시적으로 잠잠하지만 언제든지 재 점화될 수 있는 상황이다. 이는 이 사태가 근본적으로 인종과 종교를 둘러싸고 복잡하게 얽힌 분쟁의 성격을 띠고 있기 때문이다. 따라서 처음부터 사태 발생을 예방하는 노력이 가장 중요했는데 알 바시르는 오히려 사태를 촉발시키고 확대시켜버렸다.

국제형사재판소가 체포 영장을 발부한 것도 그가 저지른 잘못이 너무 엄중하기 때문이다. 그러나 역설적으로 국제형사재판소의 체포 영장 발부는 알 바시르의 권력 기반을 공고히 하는데 기여했다. 그는 이제 자신을 서방의 공격에 굴하지 않는 전설적인 이슬람 투사로 포장하면서 모든 권력을 틀어쥐고 종신 집권을 모색하고 있다. 그는 서방이 자신을 악으로 간주하고 공격하는 한 자신의 집권은 보다 안정적이라고 생각하고 있는 듯하다. 과연 어느 편이 최종 승자가 될까? 서방일까 알 바시르일까?

나가면서

오랫동안 독재자를 연구해온 준 스티븐슨June Stephenson에 의하면, 부조리하고 정의롭지 못한 사회에서 수치와 무력감을 느끼며 자란 아이가 훗날 권력을 쟁취했을 때 그 아이는 독재자나 폭군이 될 가능성이 높다고 한다. 이 책에서 다룬 독재자 삼인방이나 여타 독재자들은 예외 없이 불우한 어린 시절을 보냈다. 그들이 속해 있던 사회는 혼란하고 무질서했으며 외세의 지배하에 있었다. 노예와 같은 식민 지배를 견뎌야 했던 시절, 삶의 목표는 오직 생존이었다. 자유, 평등, 정의 이러한 단어들은 장식품에 불과했다. 이러한 시절을 겪은 사람들의 가슴 속에는 깊은 트라우마가 남았으며 나중에 운 좋게 정권을 잡았을 때 철권통치, 복수, 무자비한 탄압, 잔인한 처벌 등 부정적인 형태로 분노가 표출되었다.

마시아스 응게마나 이디 아민의 어린 시절을 아는 사람이라면 이들이 권력을 잡았을 때 나타날 행동을 예측하는데 별 어려움이 없었을 것이다. 이들은 절대 권력을 원했고 그 권력에 장애가 되는 요소는 어떤 수단을 써서라도 모두 제거하고자 했다. 그 결과 많은 사람이 희생되었고 나라는 파탄에 처하고 말았다.

전형적인 아프리카 독재자의 모습을 보자. 이들은 무엇보다 권력과 돈을 탐하며 과시욕이 강하다. 자신의 사진을 가능한 모든 곳에 걸어놓으며 거리, 축구장, 공공시설, 병원과 대학 등에 자신의 이름을 붙인다. 이름 앞에 박사, 정복자, 지도자, 현자 등 현란한 수식어를 붙이기 좋아하며 여러 명의 여자를 거느린다. 모든 정책을 마음대로 조종하며 약자를 희생시켜 대중의 지지를 얻는다. 여당 외에는 모든 정당을 금지하며 선거 시 부정을 자행한다. 사법부를 약화시키고 언론과 학계를 통제한다. 이미지 구축을 위해 교회에 출석한다. 신을 경외하고 백성을 두려워하는 사람으로 보이기 위해서이다.

독재자는 입만 열면 아프리카를 사랑하고 아프리카인을 구할 사람은 자신 밖에 없다고 주장한다. 그러나 그들의 집에 아프리카적인 것은 거의 없다. 유럽식 그림, 유럽식 가구와 식기 등 모두 유럽판이다. 유일한 아프리카산産은 그들의 하인들뿐이다. 하인들은 주인을 위해 노예와 같이 일해야 한다. 마치 신과 같이 절대적인 권력을 휘두르는 지도자에 대해 일반 대중은 무력하다. 그것은 아프리카인 대다수가 워낙 가난하고 힘이 없어 일찍 체념하는 탓이 크지만 문화적인 요소도 다분히 있다. 오랜 세월 소수 부족으로 나뉘어 살아온 아프리카인은 태생적으로 권력을 존중하고 힘을 행사하는 자를 두려워한다. 힘을 가진 지도자는 일반적으로 아버지의 이미지를 지닌다. 이들은 대중을 핍박하고 억압하면서도 때때로 자애로운 아버지처럼 행동하기도 한다. 아프리카의 체념주의는 이러한 복합적인 요소들이 합쳐진 결과이다.

전 세계를 통틀어 독재자들이 권력을 잡았을 때 나타나는 공통점이 몇 가지 있다. 첫째, 라디오, TV, 신문, 잡지 등 미디어를 우선적으로 장악한다. 이는 드나드는 모든 정보를 통제하여 자신들의 목적에 맞게 조종하기 위함이다. 둘째, 전 정권에 충성을 바친 사람이나 신 정권에 반대하는 사람을 색출하여 투옥하거나 살해한다. 셋째, 전 정부의 통치 구조를 파괴하고 새로운 판을 짜며 측근들을 자리에 앉힌다. 넷째, 모든 정당을 해산한 뒤 여당만을 유일한 존재로 만들어 일당 독재 체제를 확립하며 다당제 정치를 허용하지 않는다. 다섯째, 비밀경찰 등 보안 조직을 강화하여 철저한 감시 체제를 구축한다. 여섯째, 독재자를 신격화함으로써 일인 숭배 체제를 확립하고 그가 하는 모든 일은 오직 나라를 위한 것이라는 점을 부각시킨다. 일곱째, 외국은행에 비밀구좌를 만들어 외화를 빼돌리고 산업을 국유화하여 수익을 착복하며 수하들의 부정부패를 용인함으로써 국가 경제를 파탄에 빠뜨린다. 여덟째, 자신의 이념을 비판하는 지식인, 언론인 및 예술가 등을 탄압하고 이들의 활동을 금지시킨다. 대개 이런 것들인데 앞에서 다룬 아프리카 독재자들의 경우 이와 같은 공통점이 거의 대부분 들어맞는다는 사실을 알 수 있다.

아프리카 독재자들은 절대적인 권력을 행사하기 위해 거의 예외 없이 일당 체제를 구축했다. 일당 독재는 아프리카에서 새로운 규범이 된 후 큰 저항에 봉착하지도 않았다. 아프리카 지도자들은 다당제가 아프리카의 관행으로 보아 이질적이며 잘 운영되기만 하며 일당 체제가 보다 효율적이라고 주장했다. 아프리카의 철인으로 알려진 탄자니아의 니에레레도 일당 체제를 지지했다. 서양에서 유래한 다당제는 사회경제적 계층 간 경쟁의 결과로 인한 산물인데 아프리카 사회는 본질적으로 무계급사회이기 때문에 이를 취할 이유가 없다는 것이다. 그러나 현실적으로 일당 체제는 정권에 대한 반대세력을 제압하고 독재자를 권좌에 오래 앉아 있게 만들기 위한 도구로 사용되었다. 여당 독재는 오직 소수의 특권층을 보호하기 위한 시스템으로 작동했다. 견제 장치가 없는 일당 체제 하에서 권좌에 오른 자들은 물 만난 물고기와 같았다. 이들은 자신에게 주어진 권력을 치부하는데 사용했다. 권력자들은 마치 이집트의 파라오와 같이 군림했으며 평생 써도 남을 만큼의 돈을 긁어모았다. 그리고 추종자에게도 떡고물을 남겨주었다. 마시아스 응게마, 이디 아민, 보카사, 모부투, 무가베, 알 바시르 모두 같은 길을 걸었다.

세상에 변하지 않는 것은 없다고 하더니 어느덧 아프리카에도 변화가 찾아왔다. 특히 1990년대에 많은 아프리카 독재자들이 무너졌다. 대부분의 나라에서 철옹성을 구축하고 천년만년 권력을 휘두를 것 같았던 강성 독재자들이 거의 사라지고 선거를 통해서 4~5년 만에 정권이 바뀌는 것이 보편화되었다. 마시아스 응게마, 이디 아민, 보카사,

모부투, 아바차, 찰스 테일러 등과 같은 폭군들은 이미 모두 전설이 되었다. 아직도 20년 이상 장기 집권하고 있는 독재자가 7~8명이나 되니 아프리카는 여전히 '독재의 온상'이라는 말도 나오고 있지만 거의 모든 나라에서 독재가 행해졌던 과거와 비교하면 현재 상황은 상전벽해桑田碧海라고 해도 과언이 아니다. 장기적으로 볼 때 아프리카 정치에서 무소불위의 독재자를 찾아볼 가능성은 점차 낮아지고 있는 것이 현실이다.

정치 환경이 크게 바뀌고 있으며 사람들의 사고방식도 변하고 있다. 우선 많은 나라에서 다당제가 확립되고 언론의 비판적인 기능도 강화되었다. '치타 세대'로 알려진 젊은 세대는 모바일 폰이나 SNS 사용에 능하다. 이들은 다른 나라의 사정을 잘 알고 있으며 자국 정치인과 정부를 비판하는 것도 서슴지 않는다. 선거 때마다 모바일 폰 등 디지털 기기를 활용하여 눈을 부릅뜨고 부정을 감시한다. 앞으로는 과거처럼 독재가 쉽지 않고 특히 장기 집권을 꿈꾸는 자들은 국내외의 강력한 저항에 직면하여 좌초할 가능성이 높다. 하루아침에 정치, 사회의 구조가 바뀌고 민주주의가 꽃을 피우는 마법 같은 일은 일어나지 않겠지만 아프리카는 시련과 고통을 겪으면서도 꾸준히 희망의 길을 걸어온 저력을 가지고 있다. 아프리카의 저력이 발휘될수록 독재자들이 설 땅은 줄어들게 될 것이다.

참고문헌

김성진, 「독재자 리더십」, 서울: 황소자리, 2007.

헨리 키엠바, 이성룡·이엘라옮김, 「이디 아민: 아프리카의 식인대통령」, 서울: 미래문화사, 1991.

류광철, 「아프리카를 말한다」, 서울: 세창미디어, 2014.

류광철, 「아프리카의 극과 극: 만델라와 무가베」, 파주: 북스타, 2016.

우계근, 「이디 아민, 그 '피의 공포정치' 8년」, 서울: 세계평화교수협의회, 1986.

------「중앙아프리카공화국」, 서울: 아프리카미래전략센터, 2017.

------「우간다」, 서울: 아프리카미래전략센터, 2015.

나윤도, 「무자비한 폭정 일삼다 무너진 보카사 정권」, 서울: 세계평화교수협의회, 1986.

------「국별보고서: 적도기니 정치 경제 동향」, 서울: 한국무역보험공사, 2011.

마이클 포스너, 「자이르 모부투의 독재와 미국의 정책」, 서울: 세계평화교수협의회, 1987.

박희정, 「아프리카 개인주의 독재자 연구: 응게마, 보카사, 아민을 중심으로」, 서울: 한국아프리카학회지 제8집, 1996.

June Stephenson, 「Tyrants in Our Time: Lives of Fourteen Dictators」, Diemer, Smith Publishing Company, 2011.

Ramon Garcia Dominguez, 「Guinea: Macias」, Barcelona: Plaza and James, 1976.

John M. W. Smith, 「A Crazy Act in Uganda」, 2017.

Diane Law, 「Idi Amin & Emperor Bokassa Ⅰ」, London: Magpie Books, 2011.

William Webb, 「The Dictator: The Bloody History of Sudanese President Omar al-Bashir」, Minute Help Press, 2013.

William Pascoe Ⅲ, 「Mobutu's Zaire: A Crucial U.S. Ally」, The World & I Online.

Geoffrey Nyarota, 「The Graceless Fall of Robert Mugabe: The End of A Dictator's Reign」, South Africa: Penguin Books, 2018.

Samuel Decalo, 「Psychoses of Power: African Personal Dictatorships」, Gainesville and London: Florida Academic Press Inc., 1996.

Duncan Clarke, 「Africa's Future: Darkness to Destiny」, London: Profile Books, 2012.

Martin Meredith, 「The Fate of Africa: A History of the Continent Since Independence」, New York: PublicAffairs, 2011.

Peter Godwin, 「The Fear: The Last Days of Robert Mugabe」, London: Picador, 2010.

Philip Barclay, 「Zimbabwe: Years of Hope and Despair」, London: Bloomsbury, 2011.

Richard Dowden, 「Africa: Altered States, Ordinary Miracles」, New York: PublicAffairs, 2009.

Janvier T. Chando, 「The New Africa」, New York: TISI Books, 2014.

Robert B. Edgerton, 「The Troubled Heart of Africa: A History of the Congo」, New York: St. Martin's Press, 2002.

그 외 인터넷 자료.

살아 있는 공포
아프리카의 폭군들

2019년 3월 22일 초판 인쇄
2019년 4월 2일 초판 발행

지은이 류광철
펴낸곳 도서출판 **말글빛냄**
펴낸이 한정희
주소 파주시 회동길 445-1 경인빌딩 B동 4층
전화 02-325-5051 **팩스** 02-325-5771
등록 2004년 3월 12일 제313-2004-000062호
ISBN 979-11-86614-19-8 03900
가격 15,000원

* 잘못된 책은 구입하신 서점에서 바꾸어 드립니다

이 도서의 국립중앙도서관 출판예정도서목록(CIP)은
서지정보유통지원시스템 홈페이지(http://seoji.nl.go.kr)와
국가자료공동목록시스템(http://www.nl.go.kr/kolisnet)에서
이용하실 수 있습니다.(CIP제어번호: CIP2019009328)